Reden wir darüber

INHALT

EIGENTLICH

Ja, eigentlich war der Weg zu diesem Buch über und mit Michael Ludwig eine schnelle und doch überlegte Entscheidung. Schon 2017 entschied ich mich dazu. Ich fragte dann im neuen Jahr ein, zwei Freunde, ob sie mitschreiben wollen. Die Antwort war: „Eigentlich schon, aber wir können nicht, wir haben gerade ein bewegendes Buch geschrieben." Und ich fragte natürlich Michael Ludwig, den ich aus vielen Begegnungen schätzen gelernt hatte.

So sitze ich in meinem Lieblingsgasthaus, dem Hebenstreit im 1. Bezirk, und denke nach, wie ich es denn angehen werde. Es gibt keine Zufälle, so heißt es, und so übergibt mir Lisi, die Chefin des Hauses, ein Geschenk einer lieben Freundin, ein Buch, das für mich abgegeben wurde, ein Geburtstagsgeschenk. Das war der eigentliche, unmittelbare Start zum Schreiben dieses Buches. Ein besonderes Buch eines Wiener Autors war das Präsent. Eines Autors, eigentlich gerne abhebt, wenn er schreibt und doch ruhig und überlegt dranbleibt: Robert Seethaler animierte mich mit „Das Feld" zusätzlich, sehr fokussiert zu schreiben. Er ist übrigens ein Arbeiterkind aus dem 10. Wiener Gemeindebezirk. Er schreibt: „Ohne Würde ist der Mensch nichts", dem ist nur zuzustimmen. „Trauer und Trost sind Geschwister", auch das spricht mich an. Ruhig und doch, wenn notwendig, die Hintergründe deutlich aufzuzeigen, getragen von einer Rückwärtsschau, versucht Seethaler in seinem Roman, ein Leben Revue passieren zu lassen.

Politisch gesehen gilt es im Zusammenhang mit diesem ersten biografischen Hinschauen, den neuen Wiener Bürgermeister zu verstehen: Wer ist der politische Mensch Michael Ludwig?

Eigentlich wollte ich angesichts des Triumphs von Michael Ludwig am Parteitag gar nicht mehr so viel zurückschauen. Ich tue es allerdings, zumindest was die Zusammenhänge anlangt, in einem Kapitel für die Leserinnen und Leser sowie als gewisse zusammengefasste Geschichtsschreibung. Die Fragen lauten: Wer stand hinter den Protagonisten der beiden konkurrierenden Gruppen um den Parteivorsitz? Was hat sich tatsächlich zugetragen und welche Intentionen der einzelnen Akteure waren dabei entscheidend?

Und so versuche ich, die Nebel ein wenig zu lichten.

Neben der Jugendzeit, seinen ersten Schritten im Berufsleben als nebenberuflich arbeitender Student und in der Folge als Bildungspolitiker, ist ein Blick in diese erste und ambitionierte Phase des Vollblutpolitikers Michael Ludwig interessant.

Wie er in hundertjähriger Tradition des sozialen Wohnbaus ein Kernstück sozialdemokratischer Arbeit professionell absolviert hat und was er erreicht hat, ist eine wichtige Frage. Der frühere Wohnbaustadtrat Ludwig gibt die Antwort.

Ebenso lernen wir den Menschen Michael Ludwig besser kennen.

Im Mittelpunkt dieses Buchteiles stehen drei Kapitel: „Michael Ludwig auf dem Weg zum SP-Wien-Vorsitzenden" und der „Weg zum Wiener Bürgermeister" sowie „Der Zukunft verpflichtet" mit seinen Visionen, Überlegungen und Umsetzungen für ein Wien heute und in Zukunft unter seiner Führung.

Darüber hinaus wollen wir das Team von Michael Ludwig kennenlernen, das sehr ambitioniert an diese Aufgabe herangeht und sich aus Experten, Managern und Politikern zusammensetzt. Und seine Wegbegleiter, Unterstützer und auch den einen oder anderen Kritiker wollen wir hier zu Wort kommen lassen.

Claude Landsmanns Film „Shoah" rüttelt eine Erinnerung an die furchtbarste Zeit des organisierten Mordens der Zeitgeschichte wach, die wir lernen mussten, manche noch nicht ausreichend erlernten – es ist ein Film mit unglaublichen Interviews mit Holocaust-Überlebenden. Auch das hat Platz in diesem Buch, eben diese eindeutige antifaschistische Position Michael Ludwigs, wo manche in seiner Partei ihn nach rechts rücken wollten. Gerade ihn, der nachweislich jahrelang bei den sozialdemokratischen Freiheitskämpfern nachhaltig als solcher dort aufgetreten ist?

Eine entscheidende Weggabelung eröffnete sich mir bei einer früheren Buchpräsentation im Presseklub Concordia. Ich traf auf einen zeitgeschichtlich sehr bewanderten früheren Journalisten und Zeitgeschichteexperten, Rudolf Gelbard. Mit dem Holocaust-Überlebenden und Zeitzeugen entwickelten sich im Anschluss interessante Gespräche und eine Freundschaft.

Mit Michael Ludwig verbinden mich in erster Linie die zahlreichen Auftritte bei meinen Veranstaltungen. Hier konnte ich immer auf seine Verlässlichkeit zählen und da haben viele der Teilnehmerinnen und Teilnehmer den früheren Wohnbaustadtrat, zuletzt auch schon den neuen Bürgermeister kennen und schätzen gelernt.

Das war beim Club Cuvée oder bei meinen Symposien und Veranstaltungen wie der *vie-mobility,* der *vie-real* und bei unserem „Forum Wien – Wirtschaftsgespräche" oder „Michael Ludwig Im Gespräch", wo wir in den letzten neun Jahren Michael Ludwig von 2009 bis 2018 gezählte zehn Mal als Vortragenden oder Podiumsteilnehmer begrüßen konnten. Die letzten Höhepunkte waren seine Laudatio zu 15 Jahre Club Cuvée 2017 im Novomatic Forum, ein Wirtschaftsgespräch gemeinsam mit IV-Wien-Chef Wolfgang Hesoun im k-47 im Dezember 2017 und die 8. *vie-mobility* zum Thema „Regionen als Chance" gemeinsam mit Landeshauptfrau Johanna Mikl-Leitner und Landesrat Hans Peter Doskozil am Podium im Juni 2018. Immer wieder berichteten viele, wie sympathisch und interessiert Michael Ludwig bei den Veranstaltungen kommuniziert und im Dialog argumentiert.

REDEN WIR DARÜBER

Der Titel „Reden wir darüber" ist vom Motto Michael Ludwigs abgeleitet. „Durchs Reden kommen die Leut' zamm", ist der Leitspruch des neuen Wiener Bürgermeisters. Ich darf vorausgreifen, Michael Ludwig hat es in allen seinen beruflichen Lebensabschnitten so gemacht. Darüber reden setzt zunächst voraus zuzuhören, sich eine Meinung bilden, nach neuen Lösungen suchen und diese dann im Team umzusetzen. Leadership bleibt dabei unabdingbar, das heißt eine Entscheidung zeitnah zu treffen. Genau das lassen manche Politikerinnen und Politiker vermissen. Gleichzeitig geht's immer darum, gesprächsbereit zu bleiben und dies in einer modernen Sozialpartnerschaft zu leben.

Reden wir darüber, wie Michael Ludwig mit Menschen umgeht, zuhört, Lösungen anbietet und umsetzt. Reden wir aber auch darüber, wie manche es nicht getan haben oder wo Punkte noch offen sind. Gleichzeitig ist dieses Reflektieren der Arbeit und des Lebens Michael Ludwigs eine Bestandsaufnahme. Gemessen wird er als Bürgermeister in letzter Konsequenz an seinen Leistungen in der Zukunft. Sein Team und seine bisherigen Ergebnisse lassen durchaus positiv in die Zukunft blicken. Allerdings: „Reden wir darüber" bringt mit sich, dass dort, wo hingeschaut wird und Probleme bemerkt werden, auch Veränderungen stattfinden müssen. Hier ist Bürgermeister Michael Ludwig gefordert.

Also reden wir über ein sehr politisches Leben und erfahren wir mehr über Michael Ludwig. Auch mit dem einen oder anderen Hinweis, was notwendig sein wird, um das erklärte Ziel, die erste Wahl als Bürgermeister von Wien so zu gewinnen, dass eine Mehrheit gegen ihn schwer möglich ist. Herausforderungen über Herausforderungen, die angesichts eines mehr als intensiven internen SP-Wien-Wahlkampfes schon bisher gut gemeistert wurden und nun seine Fortsetzung finden.

Viele der Aufzeichnungen in „Michael Ludwig. Reden wir darüber" stammen aus den Überlieferungen von Wegbegleitern und aus den Interviews mit Michael Ludwig selbst, aus der historischen Literatur und Beobachtungen, die ich die letzten 15 Jahren selbst machen konnte.

Und nun zum Danke:

Besonders bedanken möchte ich mich beim Verlag Ueberreuter Sachbuch bei Verlagsleiterin Birgit Schott, die sich in allen Belangen umsichtig um dieses Projekt gekümmert hat, bei meiner Lektorin Marina Hofinger, die mir umfassend mit Rat und Tat zur Seite stand, die bessere Stringenz und Lesbarkeit war dabei immer entscheidend.

Vielen Dank an Rudi Mathias aus dem Bürgermeisterbüro, der mich sehr unterstützt hat und durch sein Engagement vieles ermöglichte.

Ein großes Dankeschön geht an Sabrina Dörfler, die Urenkelin des früheren Wiener Wohnbaustadtrates Franz Glaserer (1954–1968), die die Interviews ins Microsoft-Word brachte.

Einen lieben Dank an Ludwig Denich und Martin Engelberg, die Klassenkollegen, die uns einen guten Einblick in Michael Ludwigs Schulzeit geben konnten.

Einen besonderen Dank möchte ich an meine mehr als 35 Interviewpartner richten, die sich viel Zeit nahmen und oft wichtige Informationen kommunizierten.

Vizekanzler a. D. Hannes Androsch bin ich zu großem Dank verpflichtet, weil er ein umfassendes und weitblickendes Geleitwort für dieses Buch verfasst hat.

Und last, but not least, vielen lieben Dank Michael Ludwig für deine Zeit und die detaillierten Informationen, die dieses Buch erst möglich gemacht haben.

GELEITWORT VON DR. HANNES ANDROSCH, VIZEKANZLER UND FINANZMINISTER A. D.

„Mut steht am Anfang des Handelns, Glück am Ende"
(Demokrit)

Als Bürgermeister der Stadt Wien, in diesen Zeiten des Umbruchs, hat Michael Ludwig keine leichte Aufgabe übernommen. Wien, das war immer eine Stadt der Widersprüche. In den Jahrzehnten zwischen 1870 und 1930 war Wien mit seinem reichen Kultur- und Gesellschaftsleben, seinen Literaten, Künstlern und Wissenschaftlern eine Weltmetropole. Beginnend mit der kurzen liberalen Phase entwickelte es sich zum Zentrum der Moderne, zur Wirkstätte von Otto Wagner, Gustav Klimt, Egon Schiele, Koloman Moser und Adolf Loos, von Karl Kraus, Arthur Schnitzler und Joseph Roth, von Anton Bruckner, Gustav Mahler und Arnold Schönberg. Gleichzeitig war dieses „Laboratorium der Moderne" (William Johnston) aber auch eine „Versuchsanstalt für den Weltuntergang" (Karl Kraus), wo Sigmund Freud die Psychoanalyse entwickelte und der Antisemitismus weite Kreise zog. Und dort, wo kurz vor dem Ersten Weltkrieg mit Adolf Hitler, Josef Stalin und Josip Broz, später bekannt als Tito, drei zukünftige Diktatoren vorübergehend ihr Quartier aufgeschlagen hatten, lebten zeitgleich drei Wiener, die – in Reaktion auf die Schrecken des 20. Jahrhunderts – ihre gesellschaftlichen Gegenentwürfe formulierten: Joseph Schumpeter, Karl Popper und Friedrich Hayek.

Heute liegt Wien mit seinen bald zwei Millionen Einwohnern an zweiter Stelle in der Liste der größten deutschsprachigen Städte, hinter Berlin und knapp vor Hamburg. In der Europäischen Union ist es die sechstgrößte Metropole, in Gesamteuropa (einschließlich Russland und Türkei) die elftgrößte. Im Vergleich dazu liegt Österreich als Staat in der EU flächenmäßig nur auf dem 14., bevölkerungsmäßig auf dem 15. Platz. Was in der Ersten Republik so uncharmant als „Wasserkopf" beschrieben wurde, hat somit bis heute Gültigkeit: Wien ist nicht nur Bundeshauptstadt und damit Sitz und Zentrum der Politik, sondern auch wichtiger wirtschaftlicher und kultureller Knotenpunkt in Europa.

Dies zeigt sich nicht nur an den zahlreichen Touristen, die alljährlich die Stadt besuchen, sondern vor allem an der Tatsache, dass Wien schon seit mehreren Jahren immer wieder zur lebenswertesten Stadt der Welt gekürt wird. Ob es nun die Mercer-Studie, der „Smart City Index" des Beratungsunternehmens Roland Berger, die „State of the World"-Studie der Vereinten Nationen oder das aktuelle Ranking des renommierten britischen Magazins „Economist" ist: Wien liegt ganz vorne. Allerdings ändert dies nichts am typisch wienerischen Granteln darüber, dass alles schlechter wird. Das vielbesungene „goldene Wiener Herz", das sich oft scheu unter einer rauen Schale versteckt – ein weiterer Beleg für die symbiotische Beziehung der Gegensätzlichkeiten hier in Wien.

Das heißt nicht, dass es nicht tatsächlich Kritikwürdiges und notwendig Veränderbares gibt – im Gegenteil. Die Herausforderungen, vor denen die Stadt in diesen Zeiten des rasanten Wachstums und des Umbruchs steht, sind vielfältig. Sie reichen von notwendigen Verbesserungen im Bildungswesen und der Schaffung von leistbarem Wohnraum über neue Verkehrskonzepte und Maßnahmen zur Standortsicherung bis hin zum Gesundheits- und Pflegebereich. Die zunehmende Digitalisierung vieler Lebens- und Arbeitsbereiche wird hier ebenso eine wichtige Rolle spielen wie die Tatsache zunehmender Diversität durch Zuwanderung.

Mit seinen Widersprüchen ist Wien eine Stadt, die immer schon starke Persönlichkeiten als Bürgermeister brauchte und oft auch hatte. Die Bezeichnung Michael Ludwigs als „strenger Gentleman" durch eine österreichische Tageszeitung zeigt die Erwartung, dass er sich in diese Reihe einordnen wird. In diesem Sinne wünsche ich Michael Ludwig mit den Worten des griechischen Philosophen Demokrit sowohl Mut zum politischen Handeln als auch das notwendige Glück für seine Zeit als Wiener Bürgermeister.

DER MOMENT – MICHAEL LUDWIG IST BÜRGERMEISTER

Gemeinderatssaal, Wiener Rathaus, 24. Mai 2018, die Wahl des neuen Wiener Bürgermeisters und des neuen Stadtsenates: Die Galerie, die Bühne, der Saal, die Abgeordneten, die Freunde, die Kollegen – kurze Momente und Blicke, Michael Ludwig: „Als die Wahl gerade vorbei war, schaute ich hinauf zu meiner Frau, zu meiner Mutter, zu meinen Freunden, die mich alle unterstützt haben. Und viele Blicke meiner Unterstützerinnen und Unterstützer trafen sich mit meinem." Der Moment der Erleichterung war groß, den kannte Michael Ludwig schon vom Wahlparteitag im Jänner 2018, als er zum SP-Wien-Vorsitzenden gewählt wurde. Im Gemeinderat waren es 56 Ja- zu 43 Nein-Stimmen, bei einer ungültigen Stimme, die den neuen Bürgermeister fix machten. Michael Ludwig: „Man kommt in der Situation gar nicht zum Nachdenken, man ist ja in einem permanenten Go, von einer zur anderen Herausforderung, zum nächsten Interview, zum nächsten Gespräch, zur nächsten Wortmeldung, sodass man einfach versucht, die unmittelbar nächste Hürde zu meistern. Man kommt da gar nicht zum Reflektieren. Die Bilder sagen allerdings oft mehr als so manche Worte."

Die Bilder sind tatsächlich sehr aussagekräftig, sie zeigen eben Erleichterung, Freude, ein wenig Zufriedenheit. Ebenso war die Erleichterung dem neuen Stadträte-Team Michael Ludwigs ins Gesicht geschrieben, das auch mit einem guten Votum gewählt wurde.

Barbara Novak, die neue Landesparteisekretärin, die seit Februar 2018 dieses wichtige Projekt begleitete: „Der Tag der Wahl zum Bürgermeister war ein sehr aufregender. Und ich war auch sehr stolz, dass alles so gut gegangen ist. Viele Menschen begleiteten diesen Augenblick. Und es gab unterschiedliche Stimmungen. Einerseits haben sich viele für Michael Ludwig und sein Team gefreut, andererseits waren viele traurig wegen des Abschieds von Michael Häupl."

Natürlich war das ein großes Thema: Einer, der lange Zeit stark und hochintelligent agierte und mit bestem Humor ausgestattet ist, dessen Zeit als Langzeitbürgermeister ging gerade in diesen Minuten zu Ende. Seine Mitstreiterinnen und Mitstreiter, aber auch alle anderen wussten, das ist ein besonderer Moment. Eine Ära ging nun zu Ende, eine neue begann. Michael Häupl wünschte Michael Ludwig schon im Jänner vor allem die nötige Fortune, Häupl in gewohnt launiger Art: „Auf Wienerisch gesagt: A Glück brauchst a. Weil auf der Titanic waren a alle gesund, aber Glück haben's kans g'habt."

An diesem Tag des Abschiedes im Gemeinderat zog Häupl der Langzeitbürgermeister in seiner rund 45-minütigen Ansprache Bilanz: „Es war über weiteste Strecken eine tolle Zeit." Alle Fraktionen – außer der FPÖ, in deren Reihen nur vereinzelt geklatscht wurde – würdigten ihn mit minutenlangem Applaus und Standing Ovations.

Das war ein bewegender Moment kurz vor der Wahl Michael Ludwigs. Die Wahl als solche war dann laut dem neuen Ersten Landtagspräsidenten Ernst Woller „fast normal, die Entscheidungen wurden schon vorher getroffen, der 24. Mai war eigentlich nicht mehr so dramatisch".

ERSTE PRÄGENDE WEGE

Ist es nicht prägend, wie wir aufwachsen? In welcher Familie, unter welchen Rahmenbedingungen, zum Beispiel pekuniär, in welchen Räumlichkeiten, mit viel oder weniger Liebe, mit einer Aufgabe, einem Ziel vor Augen?

Michael Ludwig ist, wie er selbst schildert, in einfachen Verhältnissen im 7. Bezirk aufgewachsen. Seine Mutter arbeitete als Hilfsarbeiterin in einer kleinen Fabrik, die für Sodawasserflaschen die Verschlüsse herstellte. Die Firma ist heute international tätig und ein Spitzenunternehmen in der Herstellung von Verschlüssen für Airbags. Der Standort des Unternehmens liegt jedoch nicht mehr im 7. Bezirk, sondern in Floridsdorf, wo Michael Ludwig später ebenfalls hingezogen ist.

Die Mutter Michael Ludwigs hatte ein gutes Einvernehmen mit ihrem Chef, so konnten die Kinder, seine Schwester und er selbst, die Schlüssel zur nahe liegenden Wohnung abholen, wenn sie von der Schule kamen.

Oft brachte die Mutter Heimarbeit mit und auch Michael Ludwig und seine Schwester halfen mit. Schon von klein auf waren sie daran gewöhnt mitzuarbeiten: Die Aufgabe war, für die Verschlüsse der Flaschen Gummiringe auf Kupferstöpsel zu geben. Schon in der Volksschule wurde mitgearbeitet. Mutter Ludwig ging auch noch putzen und am Wochenende hat sie oft beim Servieren ausgeholfen. In einem Schutzhaus auf der Wasserwiese hat Michael Ludwig mit 13 Jahren schon beim Tischeabräumen geholfen.

Michael Ludwig schildert seine Kindheitserlebnisse im Kaiserpark im 7. Bezirk, heute der Josef-Strauß Park: „Außer einer runden Betonrutsche, wie sie früher modern waren, gab es nur eine kleine Sandkiste und einen Kletterturm aus Metall mit einem Asphaltboden, sonst nichts. Viel mehr Interesse hatten wir damals an Kletterbäumen und Büschen, wo wir uns verstecken konnten und uns mit einfachen Mitteln einrichteten. Kreatives Spielen war angesagt." Auf die Frage, wie denn damals das „Leben" im Park stattgefunden habe, beschreibt er: „Es war zu dieser Zeit auch schon so, dass es die ersten Zuwanderer gegeben hat, die ihr Revier verteidigten. Etwas zu nahegekommen, bekam ich damals meine erste unmotivierte Watsche. Ich war nie ein besonderer Raufer und war auch der Meinung, dass man jeder Rauferei aus dem Weg gehen sollte. Doch wenn man in die Situation kommt, in der man sich dem stellt, dann sollte man auch bereit sein hinzuhauen. Im Park lernte man schnell, wie die Regeln in der Gesellschaft mitunter sind."

Ein anderes einprägsames Ereignis in der Kindheit Michael Ludwigs war eine schwere Erkrankung. Als Kind in der ersten Volksschulklasse hatte er eine schwere Lungenentzündung, die der Arzt aber nicht sofort diagnostizierte. Der schlechte Gesundheitszustand und das Drängen seiner Mutter führten zur Einlieferung ins Krankenhaus. Dort wurde ihm ein halber Liter Wasser aus der Lunge gepumpt, was für ein kleines Kind sehr viel ist. Der Aufenthalt dauerte drei Monate. Trotz alledem konnte er die Volksschulklasse noch gut abschließen.

Als der Vater Michael Ludwigs früh verstarb, zog die Mutter die Kinder alleine groß. Das innige Verhältnis zu seiner Mutter kommt stark aus dieser Zeit und den folgenden Jahren mit ihr als Alleinerzieherin. Michael Ludwig dazu: „Sie nimmt starken Anteil an meinem Leben und hat auch immer gesagt, dass man als Arbeiterin nur die SPÖ wählen kann. Sie selbst hatte aufgrund der intensiven Arbeit keine Möglichkeit, sich politisch zu engagieren. Sie war aber immer davon überzeugt, dass die Sozialdemokratie Heimstätte der arbeitenden Menschen sein muss."

Schon früh befasste sich also Michael Ludwig damit, wie die Gesellschaft bzw. das Zusammenleben der Menschen funktionieren. Warum es reichere und ärmere Menschen gibt, hat ihn schon immer sehr beschäftigt. Wenn man selber in der Situation war, dass man gegen Ende des Monats beim Greißler anschreiben lassen musste, dann lernt man schwierige Lebensumstände kennen. Heute gibt es genug Familien, die die letzten zehn Tage im Monat kein Geld mehr haben. Erst, wenn man das selbst erlebt hat oder in der Familie kennenlernte, dann weiß man, was das heißt.

Michael Ludwig erinnert sich, dass seine Mutter immer gepredigt hat, dass man den gesellschaftlichen Aufstieg nur durch Bildung erreichen kann: „Sie hat mich auch immer sehr dazu gedrängt, einen weiterführenden Bildungsweg einzuschlagen."

Zurück zu den Lebensumständen in den 60er- und frühen 70er-Jahren: Es war damals normal, keine Zentralheizung in der Wohnung zu haben, mit dem Ölkanister zur Tankstelle zu gehen oder die Kohlen aus dem Keller zu holen. Das WC am Gang war durchaus üblich, insbesondere in den Häusern der Jahrhundertwende. Gemeindebauten waren da schon moderner und oft mit Bad und WC in der Wohnung ausgestattet. Der Wandel im Wohnen war ein großer Schritt, ebenso die Veränderung der Produktionen in den Unternehmen. Bei Fabriken aus der Vorkriegszeit waren oft mitten in der Stadt alle Produktionen integriert.

Wenn man Michael Ludwig zuhört, merkt man, wie sehr er auf die Gegebenheiten und die Rahmenbedingungen des Lebens in dieser Zeit hinweist:

„Die Selbstverständlichkeit, dass mithilfe der Sozialdemokratie in Wien circa 500 000 Gemeindewohnungen und geförderte Genossenschaftswohnungen gebaut wurden und heute einem großen Teil der Wiener Bevölkerung ein Zuhause bieten, ist eben keine Selbstverständlichkeit. Wenn wir im Durchschnitt zwei Menschen pro Wohnung annehmen, sind das etwa eine Million Menschen in Wien. Mehr als die Hälfte der Menschen der 1,9 Millionenstadt Wien lebt demnach in leistbaren, geförderten Wohnbauten, das ist einzigartig auf der ganzen Welt."

Ein einschneidender Moment in Ludwigs Leben war auch der Umzug nach Floridsdorf. Als der 16-Jährige mit Mutter und Schwester nach Floridsdorf zog, war die Begeisterung nicht sehr groß. Das Wochenmagazin „Profil" beschreibt den Wechsel der Familie Ludwig von der Kaiserstraße im 7. Bezirk nach Floridsdorf so: „Er erinnert sich noch an die erste Fahrt mit der Bim. Kilometerweit nichts als Gewerbebetriebe und Felder. ‚Wie in der Einschicht', sagt Ludwig. Sie bekamen eine 44 Quadratmeter große Wohnung in einem klassischen Gemeindebau aus den 1920er-Jahren – keinem jener Bauten mit klingenden Namen und Einschusslöchern aus den Februartagen 1934."

Damals wurden auch schon Gemeindebauten errichtet, die neu in der Wiese standen, aber auch das Haus aus den 20er-Jahren, in das die Ludwigs einzogen, war ohne eingebaute Blumenkästen, die Fassaden glatt, keine Verzierungen und Erker, Floridsdorf 1977, ein Haus, das schon einige Jahre hinter sich hatte.

DIE SCHULZEIT, ARBEITEN UND BUNDESHEER

Talent zur guten Kommunikation zeigte Michael Ludwig schon früh. Nach Volksschule und Realgymnasium in der Albertgasse war die Handelsakademie am Hamerlingplatz die nächste Station. Dort bildete er zusammen mit vier Freunden, die die „bösen Buben" genannt wurden, eine freundschaftliche Gruppe. Ludwig Denich, der Klassensprecher, war laut der Maturazeitung „der Goscherte, Spitzname ‚Bubu', ein starker Marlboro-Raucher, intelligent, aber stinkfaul, daher mittelmäßiger Schüler inklusive Herbsttermin, exzessiver Diskothekengeher und Nachtschwärmer mit Bierbauchambitionen" und ist heute Vertriebsleiter.

Michael Ludwig, Spitzname „Gowi", stellvertretender Klassensprecher, wird in der Maturazeitung so beschrieben: „Engagierter junger Floridsdorfer mit athletischem Körperbau, fanatischer Basketballer, konnte von den marxistischen Theorien und deren Vorteilen überzeugen, hochintelligent, musste jedoch auch einmal zum Herbsttermin antreten, strebt beim Bundesheer eine Ranger-Ausbildung beim Jagdkommando an, hielt in Deutsch ein achtstündiges Referat über Bertolt Brecht, was sogar seinen Professor in Erstaunen versetzte. Ein sowohl bei Schülern und Lehrern sehr beliebter Schüler." Er ist heute Bürgermeister von Wien.

Weiters Martin Engelberg, der Dritte im Bunde, Spitzname „Masa", Sohn eines Schuhproduzenten in England, wird als „lebenserfahrener Feschling mosaischen Glaubens und Womanizer beschrieben, seit Langem Besitzer einer Jahreskarte im Krapfenwaldbad, verdiente sein Geld beim Würfelpokern und besserte damit sein ohnehin üppiges Taschengeld auf, war erster Mercedes-Fahrer in der Klasse". Heute ist er Psychoanalytiker und Nationalratsabgeordneter der ÖVP.

Der Vierte in der Runde war Walter Huber, „aus der Eier-Dynastie ‚Pegina', als sehr leutselig und beliebt beschrieben, Rapid-Fan – grünweiß bis auf die Knochen", heute noch Eiergroßhändler und im Wirtschaftsbund Ottakring tätig.

Der fünfte der „bösen Buben" der HAK am Hamerlingplatz war Werner Neubauer, Spitzname „Novus", tituliert in der Maturazeitung als „Fischauge, sportlicher Brillenträger und Minifahrer, guter Schüler und Top-Handballer", heute Finanzdirektor bei Rewe International.

Eine illustre Runde waren also die „bösen Buben" dieser HAK, nur drei aus dieser Klasse studierten: Ludwig, Engelberg und Neubauer. Noch heute treffen sich alle einmal im Jahr. Die Handelsakademie am Hamerlingplatz war als „tiefschwarze" Schule bekannt, betrieben vom „Fonds der Wiener Kaufmannschaft". In diesem VP-Umfeld konnte Michael Ludwig schon früh die politischen Meinungen der Lehrer und seiner Mitschüler prüfen und mit ihnen diskutieren. Jeden Tag brachte er zwei Zeitungen in die Schule, die „Krone" und den „Kurier", die sich Engelberg und er teilten. Die „Arbeiter-Zeitung" hatte er nicht mit, die ließ Ludwig in den Sektionen in Floridsdorf.
  Dass Michael Ludwig mit 24, also circa 1985, ein linientreuer Sozialdemokrat war, ist Martin Engelberg bei einem Treffen mit ihm aufgefallen, als Michael Ludwig einen vorbeikommenden Genossen mit geballter Faust und „Freundschaft" begrüßte.

Martin Engelberg schätzt an Michael Ludwig besonders seine gute Kommunikation: „Was er sich bis heute erhalten hat, ist das Normale, wir können auch heute noch ganz normal miteinander reden, das hat er sich bewahrt. Er hatte immer so etwas Quirliges, Bodenständiges, einen witzigen Schmäh und trockenen Humor, man konnte mit ihm immer gut lachen, er strahlt eine Volksverbundenheit aus. Der Michi mag die Menschen, er ist ein Naturtalent als Politiker, das spürt man sofort. Michael hat tolle Arbeit geleistet und umgibt sich mit den richtigen Leuten. Auch wenn ich politisch mit ihm nicht immer einer Meinung bin, wie z. B. beim Mietrechtsgesetz, habe ich bewundert, wie er bei so viel Gegenwind bei der internen SP-Wien-Wahlauseinandersetzung mit Ruhe und Übersicht gewonnen hat. Aus VP-Sicht war man auch sehr sicher, dass er gewinnt."
  Insgesamt war Michael Ludwig auch den schönen Seiten des Lebens zugewandt, trank aber im Vergleich zu seinen Freunden wenig Alkohol

und war auch nicht ganz so viel unterwegs wie die anderen. Eine frühe Ernsthaftigkeit war damals schon zu erkennen.

Auch seine Finanzen hatte Michael Ludwig gut im Griff, was notwendig war, wurde gekauft, mehr nicht. Lesen gehörte schon früh zu seinen Leidenschaften, so konnte er seine Kenntnisse in der Diskussion mit seiner Französisch-Professorin einbringen, die weiter links als er argumentierte. Das sprach für die liberale Einstellung dieser HAK. Andere Lehrer mussten da schon mehr überzeugt werden, wenn z. B. der Mathematikprofessor vom „geschulten Ohr der Front" sprach.

Noch heute trifft sich die Runde zum Beispiel beim „Leupold", das nächste Treffen ist laut Klassensprecher Bubu Ludwig Denich in Planung. Damals waren der Heurige Brunner-Diem oder die „Galerie-Bar" angesagt. Denich, der als Einziger aus der Fünf-Mann-Runde auch aus sozialdemokratischem Hause stammt, sieht Michael Ludwig in all den Jahren ihres gemeinsamen Zusammenkommens als „herzensguten Menschen", der allerdings genau weiß, was er will. In der Kommunikation offen, in der Sache bestimmt.

Die Herkunft des Namens der Runde der „bösen Buben", ist bis heute nicht ganz geklärt, vermutlich trauten sich die Fünf ein bisschen mehr als die anderen. Lange Zeit dürfte die Klasse recht brav gewesen sein, doch in den letzten beiden Oberstufenklassen wurde das Messen mit manchen Lehrern etwas anstrengend für diese. Bei Michael Ludwig war es das beginnende Interesse für Politik und die Leidenschaft für Basketball, was Zeit für die anderen Fächer raubte.

Die HAK II am Hamerlingplatz duellierte sich immer wieder mit der HAK I am Karlsplatz um die Schulmeisterschaft. So kam es dann auch, dass das Trainieren und die Spiele manchmal im Vordergrund standen, was die Buchhaltungslehrerin den Basketballbegeisterten übel nahm. Obwohl die Spieler der Schülerliga vom Turnlehrer und Direktor für das Training immer freigestellt wurden, war die Lehrerin der Meinung, es gehe um die Entscheidung „Buchhaltung oder Basketball". Für Michael Ludwig oder Kollegen Engelberg ging es tatsächlich um die Frage, ob man zum Training fahren soll oder die Buchhaltungsstunde besucht. Michael Ludwig: „Na, wenn sie mich so fragen, dann entscheide ich mich für Basketball", wurde der Buchhaltungslehrerin mitgeteilt. Sie nahm das allerdings dann sehr persönlich, indem sie die Sportler demonstrativ vor der gesamten Klasse prüfte und damit zeigte, wer das Sagen hatte.

2018 gab es dann eine späte „Genugtuung" für Michael Ludwig, als er von der HAK am Hamerlingplatz vom Fonds der Wiener Kaufmannschaft zum „Absolventen des Jahres" ernannt und von Wirtschaftskammer Wien Präsident Walter Ruck ausgezeichnet wurde.

Viel wurde also ausprobiert, die „bösen Buben" waren nicht wirklich böse, allerdings dürfte es sich schon, wie oft in diesem Alter, um eine Phase des Aufbegehrens gehandelt haben.

Neben den „bösen Buben" hatte Michael Ludwig von der Volksschule an einen Freund, mit dem er in allen Klassen zusammensaß. Es war Herbert Stojan, in der Maturazeitung als „Istvan-Baci und Zigeunerbaron" und Leichtgewicht mit „45 Kilo inklusive Bekleidung" bezeichnet, als „Busenfreunde und unzertrennliches Duo" sind beide festgehalten. Herberts Mutter stammte aus Ungarn, deshalb hatte er auch immer einen großen Bezug dorthin, sowohl privat als auch in beruflicher Hinsicht. Michael Ludwig: „Herbert war ein lieber Freund, den ich schon seit meiner frühen Kindheit kannte, seine Eltern hatten ein Bastlergeschäft gleich neben uns im 7. Bezirk, er begleitete mich all die Jahre bis zur Matura."

Lernen und Arbeiten zieht sich bei Michael Ludwig durch seine ganze Schul- und Studentenzeit. Er hat während der Schulzeit im Sommer und unter dem Jahr am Bau gearbeitet und Eisenbahnschienen an der Westbahnstrecke verlegt. Auch die Post war ein wichtiges Betätigungsfeld, wo er im Sommer Briefe austrug. Dort stieß Ludwig auch auf den bekannten Fußballer Peter Pacult. Er sah ihn als sympathischen Kollegen, der immer als Erster fertig war, um zum Training auf den Fußballplatz zu kommen. Im Winter war dann die Paketumleitung am Südbahnhof/Ostbahnhof sein Arbeitsplatz. Hier konnte er gutes Geld verdienen, ab 18 waren dann auch Nachtdienste möglich. Michael Ludwig: „Ich kann mich gut erinnern, da bekam ich 1000 Schilling von Samstag auf Sonntag, das war viel Geld. Es war eine Zwölf-Stunden

Schicht und sehr anstrengend. Dafür gab es aber doppelte Zulagen, wir haben in dieser Zeit circa 400 Postsäcke eingeschlichtet."

Insgesamt kamen zumeist recht unterschiedliche soziale Gruppen bei dieser Tätigkeit zusammen. Entweder waren es Studenten oder auch „Strafversetzte" innerhalb der Post, was recht unterhaltsam sein konnte. Und da traf er vor dem Maturajahr auch auf einen Kollegen, mit dem er sich ganz gut verstand. Sogar zum Bundesheer, zur HSNS, dem Jagdkommando, wollten sie gemeinsam einrücken: „Ich habe mich dann allerdings mit ihm zerstritten, da er die Schwächeren immer geärgert und einen sogar gequält hat. Als ich diesen Kollegen verteidigen wollte, haben wir fast zu raufen begonnen. Später, als ich nicht zum Jagdkommando, sondern zur Stabskompanie kam, habe ich dann als Ausbildner genau den Typen bekommen, mit dem ich mich bei der Post zerstritten hatte. Er konnte sich noch gut an unsere Auseinandersetzung erinnern und spielte seine Machtposition dementsprechend aus. Ich dachte mir, das muss schon Schicksal sein, dass man genau den Menschen, den man am wenigsten braucht, dort wieder trifft. Er bildete mich circa drei Monate aus, in denen er mich schikanierte. Erst als wir lernten, mit scharfer Munition umzugehen, und einige Schießübungen machten, sagte er mir, dass ab heute alles vergessen ist."

Fasst man die Schulzeit Michael Ludwigs zusammen, ist bemerkenswert, dass er schon früh den Zug zum Tor hatte und Wesentliches von Unwesentlichem trennte. Eine fundierte wirtschaftliche und kaufmännische Ausbildung war seiner Mutter immer wichtig, „du sollst was Gescheites lernen und die Basis dafür nützen, auch um eventuell später studieren zu können." Die gute Kommunikation, ein trockener Schmäh, zuhören und pointiert antworten, lernte Michael Ludwig schon in der Schulzeit. Aber auch zu wissen, dass nur harte Arbeit ihn zum Erfolg bringt, indem er als Jugendlicher der Mutter half. Ob bei der Heimarbeit und als „Abräumer" im Gasthaus oder später bei der Post und als Bauarbeiter, wurde deutlich: ohne Fleiß kein Preis.

Wenn wir Michael Ludwig die letzten Jahre beobachten, ist festzustellen, dass das auch heute noch so ist: von früh bis spät bei Terminen, bei den Menschen draußen und weniger im Büro und im Roten Salon im Rathaus.

DIE ERSTEN SCHRITTE
IN DER POLITIK

Von einigen politischen Diskussionen in der Schule abgesehen war damals noch nicht erkennbar, dass Michael Ludwig in die Politik gehen würde, auch wenn seine ersten 20 Lebensjahre natürlich von den eigenen sozialen Lebensbedingungen und der Familie, seinen Mitschülern und Lehrern geprägt waren. Klare Positionen zu bestimmten Fragen waren schon in dieser Zeit zu beobachten. Und doch war er, neben dem spätberufenen Klassenkollegen Engelberg, der erst Ende 2017 in den Nationalrat gewählt wurde, der Einzige aus seiner Klasse, der Berufspolitiker wurde. Sehr schnell fasste er nach dem Bundesheer und während des Studiums der Politikwissenschaft und Geschichte in der SPÖ Fuß, in seiner unnachahmlichen engagierten, kompetenten und freundlichen Art.

Der Beginn der politischen Laufbahn von
Michael Ludwig

Mit circa 17 Jahren hat Michael Ludwig bereits begonnen, politisch zu arbeiten. Die SPÖ als Regierungspartei war damals weniger interessant und als Jugendlicher dachte man zu dieser Zeit eher oppositionell. Nach intensiver Beschäftigung mit den Inhalten der Partei entschied sich Michael Ludwig trotzdem für die Sozialdemokratie.

Dabei hatte er in einigen Parteien gute Freunde, die er aus der HAK und aus Jungschar-Zeiten kannte. Das eine oder andere Mal war Micheal Ludwig auch mit den Heiligen Drei Königen unterwegs und sammelte Geld für Kinder in Afrika. Er war schon früh der Meinung, dass solche Aktionen für einen guten Zweck zu unterstützen sind.

Hier stellt sich die Frage, wie Michael Ludwig zur Kirche, zum Christentum und zur Religion steht: „Ich sehe natürlich in jeder Bewegung, die über Jahrhunderte tätig ist, auch viele Schattenseiten. Ich sehe aber auch das Positive, das in der Kirche passiert. Die Menschen, die für die

Kirche tätig sind, leisten zum Beispiel im Sozialbereich sehr viel Gutes. Das hat mich schon als Kind fasziniert, dass man Geld sammelt für Kinder in Not und Schwächeren hilft. Das halte ich heute auch parteiübergreifend für wichtig."

Hier drängt sich auch die Frage auf, wie Michael Ludwig zum Glauben und zur Religion steht. Glaube ist etwas sehr Persönliches. Michael Ludwig: „Ich bin dem Ganzen auch mit vielen Zweifeln gegenübergestanden. Natürlich stehen am Beginn der Auseinandersetzung mit dem Glauben immer das Bewusstsein der Endlichkeit des Lebens und die Frage, was nach dem Tod passiert, im Mittelpunkt."

Die Überreichung des „Goldenen Rathausmannes" an den Maler Herwig Zens anlässlich seines 75. Geburtstags fällt Michael Ludwig in diesem Zusammenhang ein. Zens ist ein Maler, der sich besonders intensiv mit dem Tod beschäftigt. Er hat auch den Totentanz als Zentrum seines Schaffens in verschiedenen Städten realisiert. Er ist ein bildender Künstler, der sehr berührend in seinen Werken ist. Sie berührten Michael Ludwig schon vor seiner Überreichung der großen Auszeichnung an ihn.

Schon früh kam Michael Ludwig mit Kultur, Zeitgeschichte und Schriftstellern in Verbindung. Sein Vater hatte eine Buchhandlung in der Nähe der Kaiserstraße und dort ist er auch groß geworden. Dadurch war die Affinität zu Büchern immer sehr stark und ist es auch heute noch. Später, als die Hauptbücherei in der Skodagasse eröffnet wurde, war das eine Sensation. Als Kind am Boden sitzen zu können und in den Büchern zu wühlen, war etwas ganz Besonderes. Es gab dann auch die Bücherbusse der Stadt Wien, bei denen alle Wienerinnen und Wiener Bücher ausleihen konnten. Lesen ist Bildung und dafür war die Stadtpartei der Sozialdemokraten in Wien schon sehr früh eingetreten. Es ist der Schlüssel zu besserer Ausbildung und letztendlich zu mehr Qualifikation der Menschen, egal welcher Herkunft.

SPÖ Floridsdorf Sektion 11: die Heimat Michael Ludwigs

Der erste Schritt von Michael Ludwig in die SPÖ erfolgte in die Sektion 11 in Floridsdorf. Dort ist er noch immer stellvertretender Vorsitzender,

VHS-Chef Helmut Schweiger leitet sie. Michael Ludwig merkt man den Stolz an, dort nicht nur Mitglied, sondern auch Funktionär zu sein. Wie funktioniert eigentlich eine Partei wie die SPÖ? Die Sozialdemokratie hat eine überaus breite Basis und ist in 2800 Ortsorganisationen bzw. Sektionen in ganz Österreich organisiert. Die nächsthöhere Organisationseinheit sind die Bezirksorganisationen. In Floridsdorf gibt es zum Beispiel heute neun Sektionen, diese sind meistens nach Teilen des Bezirkes benannt, wie Strebersdorf oder Großfeldsiedlung. Früher gab es mehr Mitglieder und somit auch mehr Sektionen, hier hat sich viel geändert. Trotzdem ist die Wiener SPÖ noch immer eine starke Mitgliederpartei, das sieht man am 1. Mai, wo mehr als 100 000 Leute auf den Rathausplatz strömen.

Nachdem Michael Ludwig 1981 der Partei beigetreten war, wurde er bald danach Bildungsreferent in der Sektion 11 und organisierte Bildungsabende, Vertrauenspersoneninformationen mit Vortragenden usw. Damals waren große Sektionen wie die 11-er sehr aktiv und es gab auch Fahrten zu politischen Gedenkstätten, zu denen Michael Ludwig sogenannte Sektionsausflüge organisierte. Es war ihm immer wichtig, inhaltliche Punkte in den Mittelpunkt zu rücken, z. B. bei Fahrten nach Mauthausen.

Eine der Mentorinnen von Michael Ludwig in der Sektion 11 war die spätere Unterrichtsministerin Hilde Hawlicek: „Er war von Anfang an sehr fleißig und in erster Linie an inhaltlicher Arbeit interessiert, der Weg als Bildungsreferent konnte schon damals als vorgezeichnet gesehen werden. Dabei war es später für uns Akademiker wie Androsch, Ludwig oder mich nicht leicht im Arbeiterbezirk Floridsdorf, wir wurden nicht mit offenen Armen empfangen." Das Thema blieb allerdings für alle das gleiche: sozial Schwachen zu helfen und „Leistung, Bildung, Aufstieg" von Bruno Kreisky für alle umzusetzen.

Wie stark die Stimmung in der Sektion 11 in Floridsdorf für die SPÖ war, konnte an Alois Balek, einem der Sektionsmitglieder, festgemacht werden. Er war ein ganz einfacher Arbeiter im Gaswerk und ein glühender Sozialdemokrat. Für ihn war der Sozialismus wie eine Religion. „Man muss immer daran glauben, dass es möglich ist, die Lebensumstände der Bevölkerung zu verbessern", meinte er immer wieder. Balek ist für eine gerechte Gesellschaft eingetreten und war laut Michael Ludwig ein sehr liebevoller Mensch, der diesem bei seiner Sektionsarbeit immer sehr geholfen hat. So zeigte man sich in den 80er-Jahren auch sehr kämpferisch. Enthusiasmus, aber auch das Ziel aufzusteigen waren präsent.

Sehr bald war Michael Ludwig dann Sektions-Bildungsreferent und kam in den Bezirksbildungsausschuss. Eine gute Zusammenarbeit mit Hilde Hawlicek begann. Später wurde Ludwig stellvertretender Bezirks-Bildungsvorsitzender, Hawlicek war Vorsitzende. Dann übertrug sie Harry Kopietz diese Funktion, dem späteren SP-Wien-Landesparteisekretär und Ersten Präsidenten des Wiener Landtages.

Im Bezirkskulturverein „Forum 21" arbeiteten Michael Ludwig und die spätere Unterrichtsministerin ebenso eng zusammen, beide führten diese Institution. Lesungen mit renommierten österreichischen Autoren wie Dietmar Grieser, Franz Schuh, Peter Rose fanden im „Forum 21" statt.

Michael Ludwig, der Mann der Basis, der Motivator

Michael Ludwig war immer sehr engagiert, dadurch machte er sich auch viele Freunde an der Basis. Als Literaturreferent tätig, erfand er in den 80er-Jahren gemeinsam mit Ernst Woller den „Bücherkoffer" und die „Bücherboxen". Sie dienten dazu, eine Grundausstattung an sozialdemokratischer Literatur an neue Mitglieder zu geben, um diese bestens zu informieren. Mit dieser politischen Literatur ist man dann zu Veranstaltungen gefahren und baute einen Büchertisch auf. Ludwig: „Ich habe das natürlich alles vorher gelesen und habe versucht, den Menschen das nahezubringen. Manche kauften, glaube ich, aus Mitleid eine Broschüre. Ich wurde dann auch Wiener Literaturreferent und habe in dieser Bücherbox dann auch verschiedene Broschüren von Josef Hindels, von Max Adler usw. zusammengestellt. Diese Bücherboxen haben wir in den Bezirken und den Sektionen angeboten. Als eine kleine Standardbibliothek, die man immer und überall dabeihaben kann." Es wurden zusätzlich noch Broschüren herausgebracht über die Aufgaben des Sektionskassiers und des Sektionsvorsitzenden.

MICHAEL LUDWIG, DER BILDUNGSMANAGER UND BILDUNGSPOLITIKER

Michael Ludwig ist schon seit vielen Jahren Bildungsvorsitzender der SPÖ und Vorsitzender der Wiener Volkshochschulen. Diese Aufgaben nun abzugeben, ist für ihn nicht leicht, lässt er doch die Hauptphase seiner Bildungsarbeit in der Sozialdemokratie oder von Bildungsinstituten zurück. Doch auch als Wiener SPÖ-Vorsitzender ist er in der Lage, die Bildungsarbeit und die Volkshochschulen zu unterstützen.

Was besonders auffällt, ist, dass Michael Ludwig seiner Zeit als Bildungspolitiker und Bildungsmanager seine weitere Karriere verdankt. Genau dort hat er sowohl inhaltlich als auch emotional sowie organisatorisch sehr viel gelernt. Seine Begabung zu reden, zu diskutieren und dabei den Fokus nicht aus den Augen zu verlieren, genau das ist für einen glaubwürdigen Politiker wesentlich. Inhaltlich am Punkt, durchschlagskräftig und gleichzeitig verbindlich zu sein, sind nur einige seiner Attribute. Und dabei hat Ludwig von der Basis her mitgearbeitet, mitverfolgt und mitgestaltet, und das mit Respekt vor seinen Mitmenschen, den Mitarbeitern oder den Vorgesetzten. Gleichzeitig hat sich sehr bald herausgestellt, dass er auch sehr gut inhaltlich überzeugen kann: „Reden wir darüber" war damals schon sein Motto.

Der AZ-Verkäufer und missionarische Referent

Eine „lustige" Funktion hatte Michael Ludwig Anfang/Mitte der 80er-Jahre inne, wie er selbst beschreibt: „Ich war ehrenamtlich ein sogenannter AZ-Referent der Arbeiterzeitung. Ich habe immer versucht, für die AZ zu werben und Leute zu animieren, die Zeitung zu abonnieren. Die AZ war eine sehr gute Zeitung. Ich habe heute noch die Beilagen, die sich mit Zeitgeschichte beschäftigt haben."

Michael Ludwig bedauert, dass die Zeitung damals eingestellt wurde. Das geschah allerdings auch deswegen, weil die Unterstützung der eigenen Partei überschaubar war. Journalisten wie Hoffmann-Ostenhoff, Lackner, Hochner, Sichrovsky oder Pelinka waren bei der AZ und machten später in anderen Medien Karriere.

Peter Pelinka beschreibt als letzter Chefredakteur folgende sich zugetragene Geschichte: „Wir hatten ein Literaturquiz in der AZ, das anspruchsvoll war. Der Gewinn war eine Wochenendreise nach Istanbul. Peter Pelinka meinte zur Sekretärin: ‚Wann kommt denn der, der den Preis gewonnen hat?‘ Sie deutete auf Michael Ludwig und Pelinka meinte: ‚Das ist ja der Michael Ludwig, das ist ja unser AZ-Referent aus Floridsdorf. Das glaubt uns aber niemand, dass er das Quiz gewonnen hat.‘“ Es waren dann allerdings nicht viele, die richtig geraten hatten, und so blieb der Gewinn trotz allem bei Michael Ludwig.

Es drängt sich die Frage auf, wie ideologisch geprägt Michael Ludwig in jungen Jahren seiner Parteiarbeit war. Später vielfach als Pragmatiker gesehen, war und ist Ludwig einfach jemand, der klare Vorstellungen von der sozialdemokratischen Arbeit hatte und hat. Aufzuwachsen eben nicht nur in der Sozialdemokratie, sondern auch im sozialistischen Erbe einer Rosa Jochmann oder eines Josef Hindels, bedeutet, inhaltlich deutlich links für die Menschen zu sein. Pragmatisch kann allerdings heißen, im Ton verbindlich zu sein, in der Sache aber am Punkt zu bleiben. Das ist auch Michael Ludwig.

Er sieht sein Wirken in dieser Zeit weniger als ideologisch, sondern eher als sehr missionarisch: „Ich war immer ein sehr begeisterter Volksbildner. Ich habe schon in meiner Studienzeit begonnen, an Kursen, Vorträgen und Veranstaltungen an der Volkshochschule teilzunehmen. Entdeckt wurde ich im Bezirksbildungsausschuss von dem damaligen Direktor der Volkshochschule Wien-Nord, Ende der 70er, Anfang der 80er-Jahre, von Professor Karl Hochwarter. Er hat damals meinen missionarischen Eifer erkannt und mir die Möglichkeit gegeben, an der Volkshochschule Kurse zu halten. Ich habe eine Geschichtswerkstätte betreut und uns Stadtteile nähergebracht. Heute ist das Standard, aber damals war das relativ neu.“

Die Arbeit Michael Ludwigs war es auch, als Historiker und Politikwissenschaftler Stadtteilmanagement zu machen und Exkursionen zu organisieren, um zum Beispiel aufzuzeigen, dass anhand der Baugeschichte von Groß-Jedlersdorf die Entwicklungsschritte des sozialen und geförderten Wohnbaus nachweisbar sind. Erst als Michael Ludwig Jahrzehnte später die politische Verantwortung für den geförderten Wohnbau übernahm, erkannte er, wie wertvoll die vorherige Bildungsarbeit war. In den 80er-Jahren war laut Michael Ludwig in den Kursen, in denen man von der Siedlungsbewegung, den Gemeindebauten und geförderten Wohnbaueinheiten lernte, schon ein Stück Geschichte des sozialen Wohnbaus seit 1920 inkludiert. Mit Gesprächskreisen zwischen den Generationen konnten Alt und Jung angesprochen werden.

Bei den Hauptversammlungen im Floridsdorfer Volksheim, waren an die 150 bis 160 Menschen in einer Sektion anwesend. Heute sind alle froh, wenn sie so viele Mitglieder haben. Damals gab es 1000 Mitglieder.

Was hat sich hier gedreht? Vermutlich sind heute Enthusiasmus für ehrenamtliche Arbeit und inhaltliche politische Tätigkeit immer weniger mehrheitsfähig. Eng mit dem Lernen und Lesen von Michael Ludwig war auch sein Studium verbunden. Zeitgeschichte war seine Leidenschaft. In der Politikwissenschaft konnte Ludwig dann so manche tagespolitische Erfahrung in das Studium einfließen lassen.

So war Michael Ludwig schon in den 80er-Jahren von einem intensiven Arbeitsleben geprägt: Gearbeitet als Ferialpraktikant, in der Freizeit studiert und ebenso begonnen, politisch in der Partei zu referieren und zu organisieren. Ludwig: „Das war auch der Grund, warum ich bei einer Programmdiskussion, die es damals gegeben hat, die sogenannten ‚Perspektiven 90‘, einer der meist eingesetzten Referenten war. Die ‚Perspektiven 90‘ wurden 1983/84 abgehalten." Politik als Praxisseminar hatte für Michael Ludwig sein Studium angereichert.

Gemeinsam mit Herbert Tieber, er war später Geschäftsführer der Arbeitsgemeinschaft für Gemeinwirtschaft und leitete die „Perspektiven 90" und ein „ausgesprochen intelligenter Mensch", hat Michael Ludwig viele Seminare gehalten. Als ehrenamtlicher Bildungsfunktionär ging es von Sektion zu Sektion, Basisarbeit von der Pike auf. Tieber, der auch

Nationalratsabgeordneter war, ist sehr früh, 1990 gestorben, er galt als einer der großen Zukunftshoffnungen der SPÖ.

Die Ergebnisse der „Perspektiven 90" wurden im Anschluss im Bundesparteivorstand diskutiert. Um die Basis miteinzubeziehen, wählte man sechs ehrenamtliche Mitarbeiterinnen und Mitarbeiter, die sich in diesem gesamten Prozess engagierten. Damals war Ludwig einer der sechs, die sich stark einbrachten. Wegen Herbert Tieber hat sich Michael Ludwig viel mit der DDR beschäftigt und seine Dissertation über ein DDR-Thema geschrieben.

Durch das Kulturabkommen Österreich/DDR konnte er 1986 nach Berlin fahren und sich im Auftrag von Herbert Tieber vor Ort umsehen. Während Michael Ludwig über die DDR der Gegenwart schreiben wollte, veränderte sich gerade alles. Am 9. November 1989 fiel die Berliner Mauer und Michael Ludwig war vor Ort: „Ich war an der Bornholmer Straße am ersten Grenzübergang, der geöffnet wurde. Es war sehr beeindruckend. Man hat gemerkt, dass es ein wirklich historischer Augenblick war, den man nur einmal im Leben so nah miterlebt."

Bei den ersten Vorlesungen an der Humboldt-Universität in Berlin verstand Michael Ludwig nahezu nichts, die Sprache war mehr als unverständlich und er befand sich in einer ganz anderen Welt in der DDR. Ziel war es, die wirtschaftlichen und die gesellschaftlichen Veränderungen näher kennenzulernen. Langsam entstanden neue Parteien, die sich alternativ zu den Blockparteien entwickelten und stark von informellen Mitarbeitern des Staatssicherheitsdienstes (SED) unterwandert wurden. Generell war dann die Hilflosigkeit des politischen Apparates zu spüren, der dem Wunsch der Bevölkerung nach mehr Demokratisierung wenig entgegenzusetzen hatte. In seiner Dissertation zu diesem Thema ist Michael Ludwig darauf dann später näher eingegangen.

Beruflich begann Michael Ludwig in der Volkshochschule Wien-Nord, dann in der Volkshochschule Floridsdorf. In der Erwachsenbildungsorganisation, die immer in sehr enger Verbindung mit der Wiener Sozialdemokratie stand, hatte er sein erstes Angestelltenverhältnis. Als Zweigstellenleiter in Groß-Jedlersdorf und dann als pädagogischer Assistent an der Volkshochschule 1985. Es hat immer zwei Schwerpunkte gegeben, die Michael Ludwig sehr interessiert haben: Die Arbeit in der Bildungsorganisation und die in der Sektions- und Bezirksarbeit – Kommunalpolitik pur.

Das Unterrichten und Organisieren an der Volkshochschule faszinierte Michael Ludwig besonders, die Zusammenarbeit mit Karl Hochwarter erinnerte ihn an eine Generation, die nach 1945 keine Scheu hatte mitanzupacken. Karl Hochwarter, der die erste Volkshochschule in Floridsdorf gründete, unternahm in den 50er-Jahren die ersten Studienreisen nach Skandinavien und Deutschland, um befreundete Institutionen der Erwachsenenbildung zu besuchen. Die Volkshochschule Wien-Nord mit Karl Hochwarter an der Spitze sah immer den Menschen im Mittelpunkt, mit seinen Bedürfnissen und Wünschen. So bot die Erwachsenenbildungsschule den Lehrlingen bald Lehrgänge zur Weiterbildung im zweiten Bildungsweg an. Ganz im Sinne von Leistung, Bildung und Aufstieg.

Wichtiger Bestandteil waren auch Bildungsreisen, mit dem Ziel, Land und Leute kennen und vor allem verstehen zu lernen.

Neue Entwicklungen in den 80er-Jahren auf dem Gebiet der Computertechnologie und deren Anwendung später in der EDV wurden im Programm genauso angeboten. Aber nicht nur das Angebot war wichtig, auch die Notwendigkeit aufzuzeigen, Neues zu lernen, war immer ein Anliegen.

All das hat Michael Ludwig quasi mit der politischen Muttermilch in der Sozialdemokratie in Floridsdorf aufgesogen, von und mit seinen Unterstützern und Vorreitern, unter anderem mit Hilde Hawlicek, Karl Hochwarter oder Herbert Tieber. Er hat versucht, wie er bescheiden sagt, einiges davon mitzunehmen. Wenn man die vielen Stimmen zu ihm und zu seiner Arbeit, aber auch seine eigenen Erinnerungen heranzieht, dann weiß man, dass es genauso war.

Hilde Hawlicek erinnert sich an die Begegnung mit Karl Hochwarter, wo sie zu ihm kam und ihm vorschlug, 1968 einen Klub für junge Mütter in der Volkshochschule aufzunehmen. Hawlicek: „Er war sehr offen dafür und ich war froh, dass er uns aufnahm. Väterlich begleitete er unseren Klub mit dem Ziel, den jungen Müttern aufzuzeigen, wie sie sich weiterentwickeln, weiterbilden können."

Anlässlich seines 90. Geburtstages würdigten Michael Ludwig und Hilde Hawlicek Ende 2016 ihren früheren Kollegen und Mentor in einer Festschrift. Nach zehn Jahren Kreisky-Regierung zitierte Hawlicek aus dieser Zeit Fred Sinowatz und dessen Bildungspolitik: „Die Erwachsenenbildung muss stärker in den Gesamtbereich der Bildung, der Gesellschaft und der Politik eingebunden werden." Das galt 1981 und gilt 2018. Ebenso wird in diesem Zusammenhang auf die Berufsreifeprüfung der Volkshochschule Nord verwiesen, die ein Studium ohne Matura ermöglichte.

Als entscheidend erachtet Hawlicek – offensichtlich hatte Michael Ludwig gut zugehört –, dass das Gespräch geführt und hingehört werden muss, welche Bedürfnisse die Menschen haben. Genau das zieht sich bei Michael Ludwig durch alle seine Aufgaben – von der Bildungsarbeit über die Zeit als Wohnbaustadtrat und sicherlich auch als Bürgermeister von Wien: auf die Leute zugehen, zuhören, reden und unmittelbare Lösungen finden.

Der Freiheitskämpfer nicht nur in Floridsdorf

Die antifaschistische Arbeit war immer ganz wichtig in der Bildungsarbeit der SPÖ und so reihte sich Michael Ludwig schon früh in diese Tradition ein.

Der damalige SPÖ-Bezirksvorsteher von Floridsdorf hatte sich offensichtlich mit der ÖVP darauf geeinigt, dass drei Straßen neu nach historischem Hintergrund benannt werden. Dabei gab es die Vereinbarung, dass die Straßen nach den drei Offizieren, die am Spitz im April 1945 von den Nazis gehängt wurden, benannt werden sollten. Michael Ludwig sprach sich dann dagegen aus, dass nach einem von ihnen, Karl Biedermann, eine Straße benannt wurde, weil er im Februar 1934 als Offizier des Bundesheeres für die Beschießung des Karl-Marx-Hofes verantwortlich war. Er hielt eine Brandrede, dass die Mehrheit des Bezirkes die Straßenbenennung nicht wolle, und stellte sich damit gegen den eigenen Bezirksvorsteher und die Vereinbarung mit der ÖVP. Damit war die Straßenbenennung Geschichte. Michael Ludwig: „Damals war dieser jugendliche Eifer schön, heute würde ich es wahrscheinlich nicht mehr so machen. Es war allerdings damals etwas Besonderes, als Jugendfunktionär gegen den Bezirksvorsteher anzukommen und zu spüren, dass die Mehrheit hinter einem steht."

Michael Ludwig arbeitete im „Jugendkontakt-Komitee" mit, das Rosa Jochmann, die Abgeordnete, Widerstandskämpferin und sozialdemokratische Freiheitskämpferin, gegründet hatte. Zu dieser Zeit war es nicht möglich, als Nicht-Widerstandskämpfer, dem „Bund der sozialdemokratischen Freiheitskämpfer" beizutreten. Michael Ludwig war einer der jüngsten, der dort mitmachen durfte, er war Vertreter des Jugendkontakt-Komitees im sozialistischen Jugendrat. Die antifaschistische Arbeit für junge Menschen interessierte ihn besonders. Später war es dann möglich, dass bei einer Bundeskonferenz der Freiheitskämpfer auch jüngere Menschen dem Bund beitreten konnten.

Parteiarbeit in der Wiener Bildung

Michael Ludwig war lange Zeit schon ehrenamtlicher Funktionär der „Wiener Bildung" und hatte Ende der 80er-Jahre schon die Wiener Parteischule geleitet. Als Ernst Woller Vorsitzender der Wiener Bildung nach Ernst Nedwed wurde, wurde Michael Ludwig gefragt, ob er Ernst Woller als Bildungssekretär nachfolgen wolle. Und so wechselte er von der VHS zur Wiener-SPÖ-Bildung. Die Reihenfolge der Bildungssekretäre war dann Woller, dann folgte Ludwig und später bis heute Marcus Schober.

Im Zentrum der Bildungsarbeit stand für Michael Ludwig immer die Parteischule. Ludwig: „Diese Arbeit hat mich sehr erfüllt und auch geprägt. Ich war jahrelang Leiter der Parteischule. Sie dauerte damals drei Semester, heute sind es zwei Semester, und sie war immer berufsbegleitend. Damals gab es ein sehr strenges Aufnahmeverfahren. Es wurden nur Personen genommen, die von Bezirken und Organisationen empfohlen wurden, und es fanden immer ein Schulungsabend pro Woche und ein Wochenendseminar pro Monat statt. Exkursionen, Reisen usw. machten wir auch. Ich hatte dabei immer drei Ziele: Zum Ersten wollte ich den Teilnehmerinnen und Teilnehmern die politischen Inhalte vermitteln, zum Zweiten wollte ich, dass sie Personen kennenlernen, die in der Sozialdemokratie eine große Rolle spielten, und zum Dritten dass sich die Lehrgänge zu einer Gemeinschaft entwickeln."

Oft sind Absolventinnen und Absolventen im Anschluss an die Parteischule ganz unterschiedliche Wege gegangen. Ein Teil ist in der Partei oder in parteinahen Organisationen geblieben, andere haben außerhalb Karriere gemacht. Ein Gemeinschaftserlebnis war es in jedem Fall, viele Anekdoten und Erlebnisse ranken sich um jeden Jahrgang. Die inhaltliche Vermittlung von zentralen Themen steht natürlich im Mittelpunkt der Parteischule, wie zum Beispiel die Geschichte der Arbeiterbewegung, Struktur, Aufbau und Gestaltung von Bezirks- und Gemeinderatswahlen und aktuelle Politikthemen. Begleitet wird das Ganze von einer intensiven Kommunikationsausbildung.

In der Wiener Bildung initiierte Michael Ludwig eine Reihe von neuen Symposien. Zum Beispiel zum Thema „März 1938", in dem im Floridsdorfer Arbeiterheim die letzte Betriebsrätekonferenz vor dem Einmarsch der deutschen Wehrmacht abgehalten wurde. 1988 gedachte man gemeinsam mit der Gewerkschaft der letzten Atemzüge der österreichischen Republik.

Ebenso war ein Symposium zum „Oktober 1950", den Streiks im Jahr 1950, ein Thema und auch andere Veranstaltungsreihen wurden konzipiert, zum Beispiel in der Zusammenarbeit mit Rudolf Schicker, dem späteren Verkehrsstadtrat. Um die Jahrtausendwende war Ernst Woller immer stärker in der Kulturpolitik tätig und so wurde in der Bildungsarbeit immer mehr die Handschrift von Michael Ludwig sichtbar. Schicker: „Wir haben für die Visionen 2010 – für die Wiener Wahl im Jahr 2001 – auch seine Inputs aus dem Bildungsbereich sehr gut brauchen können. Damals war sein Schwerpunkt Bildung, aber auch die Frage der Wahlberechtigung für Junge, die damals sehr intensiv diskutiert worden ist. Auch die Frage der Öffnung der Gemeindebauten ist noch einmal zur Diskussion gestanden." Als Michael Ludwig dann in den Gemeinderat kam, wurde schnell deutlich, dass er in der Lage ist, gute Reden zu halten. Obwohl er zu diesem Zeitpunkt inhaltlich noch nicht in allen Themen so firm sein konnte, war er jemand, der pointiert rhetorisch argumentieren konnte. Rudi Schicker: „Als er neu war, konnte ich ihn gut unterstützen, er war auch immer in der Lage, in einer Rede das Thema zuzuspitzen."

Innovative Erwachsenenbildung

Eine weitere Aufgabe der „Wiener Bildung" war die Dokumentation der wichtigsten Ereignisse im Laufe der sozialdemokratischen Bewegung. Die inhaltliche Gestaltung und Produktion von Bürgermeister-Büchern bzw. -Broschüren rückten Michael Ludwig immer wieder in die Nähe der Vorsitzenden, genauso wie die Veranstaltungen. Er machte sich hier unentbehrlich, mit viel Fleiß ließ er seine Handschrift bei den Veranstaltungen erkennen. Legendär und einzigartig war eine Podiumsdiskussion, bei der Leopold Gratz, Helmut Zilk und Michael Häupl, also drei (Ex-)Bürgermeister, auftraten. So begleitete er laufend die entscheidenden Persönlichkeiten in der Partei. Sein Wissen, seine Organisationsgabe und sein Gefühl für besondere Ereignisse mit entsprechenden sozialdemokratischen Kernbotschaften ließen ihn als Macher in Erscheinung treten. Gleichzeitig war er auch Ideenlieferant.

Werner Gruber, der „Mister Verständliche Physik", der bodenständig und mit Hausverstand die schwierige Materie einfach erklärt, war auch maßgeblich eine Erfindung Michael Ludwigs. Die Aktion hieß damals „University Meets Public", bei der er Universitätsvortragende an die Volkshochschulen gebracht hat. Der Erste war eben Werner Gruber. Ludwig: „Er hat mir deshalb so gut gefallen, weil er einen sehr innovativen Zugang gehabt hat, Dinge einfach zu erklären. So erklärte er anhand eines Papierfliegerbaus, wie physikalische Verhältnisse funktionieren. Noch innovativer war der Zugang, Physik anhand der knusprigen Kruste eines Schweinsbratens zu erklären. Das war für die Zuseher und Zuhörer sehr faszinierend." So war es Michael Ludwig mit seinem Team möglich, neue Türen aufzustoßen und Interesse für technische Themen zu erreichen. Genau das eröffnete neue Möglichkeiten für neue Zielgruppen in der Erwachsenenbildung.

Darüber hinaus wurde die Ausbildung für wichtige Zukunftsfächer, wie zum Beispiel die EDV, intensiviert und dafür Interesse geweckt, so wie das heute für die Digitalisierung und die entsprechende Ausbildung der Fachkräfte entscheidend am Arbeitsmarkt ist.

Unterstützend und federführend waren hier Bernd Galo und Alfred Ebenbauer, maßgebende Universitätsrektoren, die die Dinge vorangetrieben haben. Am Anfang war sehr viel Basisarbeit zu machen und es war herausfordernd, die „University Meets Public" ins Leben zu rufen. Galo und Ebenbauer haben der Aktion allerdings viele Türen geöffnet.

Intelligenter und integrativer Wissenstransfer stand im Mittelpunkt der Bildungsarbeit. Die Volkshochschulen waren sicher die ersten Bildungseinrichtungen, die sich koordiniert mit der Vermittlung von Deutsch, aber auch mit Demokratieerziehung für Zuwanderer beschäftigt hatten. Und das schon früh, in den 80er-Jahren. Integration war damals schon ein ganz bedeutendes Thema. Mit geringen Mitteln konnte oft das Bestmögliche herausgeholt werden.

Als Einrichtung gelang es später auch, EU-Projekte zu nützen. Die enge Zusammenarbeit mit der EU bekam eine besondere Bedeutung, um den Gedanken der gemeinsamen Erreichung der Ziele unter einem Dach zu realisieren.

Beispiel einer guten internationalen Bildungszusammenarbeit war die Initiative einer Internationalen Sommerakademie. Dieser Dialog von europäischen und internationalen Politikern wurde zu einer Institution. Michael Ludwig konzipierte und organisierte im Auftrag von Michael Häupl diese Veranstaltungen. Häupl und Ludwig waren dazu auch gemeinsam einige Male in Brüssel. Europäische Themen beschäftigten die Sozialdemokratie besonders nach der Öffnung des europäischen Ostens. Die enge Zusammenarbeit der beiden dauerte über viele Jahren, immer mit großer gegenseitiger Wertschätzung. Die Bestellung Michael Ludwigs später zum Wohnbaustadtrat oder zum Vizebürgermeister entstammte letztendlich der Auffassung Michael Häupls, dass eine gute inhaltliche, aber auch politisch nahe Zusammenarbeit Sinn macht.

Michael Ludwig war bekannt dafür, dass er viele Veranstaltungen besuchte und viele von ihm neu organisiert wurden, wie zum Beispiel 1992 die mittlerweile traditionelle Kundgebung zum Februar 1934 im

Karl-Marx-Hof. Diese Veranstaltung wurde mit Ernst Nedwed, dem früheren Abgeordneten und Vorsitzenden der Freiheitskämpfer, gemeinsam mit Ernst Woller entwickelt. Diese Gedenkveranstaltung wird inzwischen jedes Jahr an einem anderen Standort abgehalten, die Intention Ludwigs war es, die diversen Kampfplätze des Februar 1934 bei den Feierlichkeiten zu besuchen.

Das Bildungszentrum in der Praterstraße ist bis heute der Mittelpunkt, das Zuhause der Wiener Bildung. Der damalige Bildungssekretär Michael Ludwig und der Vorsitzende Ernst Woller konzipierten eine ganze Reihe von neuen Veranstaltungen. Als Ort der Begegnung baute zuerst Ernst Woller und später Michael Ludwig das Bildungszentrum um. Dieser Ort war allerdings ab 1934 und später ein furchtbarer Ort der Begegnung: Zuerst hatten die Austrofaschisten das Haus in der Praterstraße 25 übernommen und ab 1938 war es ein Anhaltelager der Nazis, wo Juden und Andersdenkende von dort in KZs transportiert wurden. In diesem Zusammenhang macht es Sinn, Zeitgeschichte entsprechend zu reflektieren.

Hier hat Michael Ludwig immer klare Positionen bezogen und ist viele Jahre an vorderster Stelle bei den Gedenkfeiern der sozialdemokratischen Freiheitskämpfer aufgetreten.

Das Bildungsteam: Ernst Woller und Michael Ludwig

Die Bildungsorganisation hat sich seit 1980 maßgeblich verändert. Der Bildungsausschuss bestand aus 18 Personen, wie heute auch. Nur damals war ein einziger, der Vorsitzende Ernst Nedwed, im Gemeinderat und später Nationalratsabgeordneter. Heute sind unter den 18 Mitgliedern der SP-Vorsitzende, zwei Stadträte, fünf Nationalratsabgeordnete und drei Gemeinderäte. Mit Ernst Woller wurde schon 1979 ein Bildungssekretär benannt, der viel neuen Schwung hineinbrachte. 1981 kam Michael Ludwig zu Ernst Woller: „Mich schickt die Hilde Hawlicek, ich soll mir einen Bücherkoffer abholen." Woller war schon damals aufgefallen, dass er der fleißigste und erfolgreichste Literaturreferent aller Bezirke war, und so kam er auch bald in die Wiener Bildung.

Später saßen sie dann zwei Jahre als Bildungssekretäre im gleichen Zimmer und bauten die neue Bildungsorganisation auf. Von 1993 bis heute ist Ernst Woller Vorsitzender der Wiener Bildung und Michael Ludwig war von 1993 bis 2007 Bildungssekretär. Im Anschluss, als Ludwig elf Jahre Wohnbaustadtrat war, blieb er Stellvertreter des Wiener Bildungsvorsitzenden Ernst Woller. In der Bundesbildung ist Michael Ludwig Vorsitzender – vor ihm war das der Europa-Abgeordnete Hannes Swoboda – und Woller dort sein Stellvertreter. Das lässt auch Schlüsse zu, warum Michael Ludwig Ernst Woller, den langjährigen Gemeinderat zum Ersten Präsidenten des Wiener Landtages machte: Ein großes Vertrauen war durch 25 Jahre enge Zusammenarbeit gegeben.

Die Volkshochschule, ein weiteres Baby von Michael Ludwig

Nach den ersten Schritten in der Partei hatte Michael Ludwig 1984 während seines Studiums seine erste Anstellung an der Volkshochschule Floridsdorf als Zweigstellenleiter in Groß-Jedlersdorf und dann als pädagogischer Assistent an der Volkshochschule. Noch bis vor Kurzem war er Vorsitzender des Verbandes der Wiener Volksbildung und ehrenamtlicher Aufsichtsratsvorsitzender der Wiener Volkshochschulen GmbH. Als Erwachsenenbildner bezeichnet sich Michael Ludwig heute noch und rekrutiert daraus seine Fähigkeit, Gespräche zu führen, zuzuhören und die wichtigsten Themen für die Bedürfnisse der Menschen dabei zu ergründen. Durch seine lange Zeit als Vortragender an der VHS, aber auch später in der Wiener Bildung der SPÖ hat er unzählige Diskussionen geführt, er weiß auch aus der Zeit, wo der Schuh bei den Menschen drückt. Und das hat er immer fortgesetzt, sein Motto „Beim Reden kommen die Leut' zsamm" ist eines, das er als Wohnbaustadtrat und auch jetzt als Vorsitzender der Wiener Sozialdemokratie und als Wiener Bürgermeister pflegt.

Herbert Schweiger, der Landesgeschäftsführer der Wiener Volkshochschulen, beschreibt, was für Michael Ludwig all die Jahre inhaltlich wesentlich war: „Er möchte, dass der Grundgedanke der Wiener Volkshochschulen erhalten bleibt. Dass dieses offene Kurswesen, der

freie Zugang der Menschen und die Leistbarkeit, für alle so weiterge-
führt wird. Und eben in allen möglichen Bereichen die besten Kursprogramme zur Verfügung stehen, die eine weiterführende Ausbildung für
Erwachsene sicherstellen und diesen im Beruf oder auch in der Freizeit
weiterhelfen."

Natürlich impliziert das auch, in vielen Ausbildungslehrgängen Platz
für die politische Bildung im Sinne einer demokratischen, sozial aus-
gerichteten und den Menschenrechten verpflichtenden Republik zu
finden, die auch auf die jüngere Zeitgeschichte Rücksicht nimmt, um
aus dieser zu lernen. Genauso wesentlich und heute wie damals entscheidend ist, sich auf die neuesten Herausforderungen im Berufsleben
rechtzeitig einzustellen. Das war laut Schweiger in den 90er-Jahren der
Computer mit allen seinen Herausforderungen und ist heute die Digitalisierung, alles Themenbereiche, um die sich die Volkhochschule intensiv kümmert und die Kursprogramme darauf ausrichtet.

Herbert Schweiger ist sich sicher, dass für den neuen SP-Vorsitzenden
in Wien folgendes Kernthema bleibt: Eine Gesellschaft im Auge zu haben, in der es für niemanden eine soziale Lücke gibt. Schweiger: „Ich
glaube, er will eine Gesellschaft, in der, soweit möglich, alle Menschen
miteinander können und voneinander lernen, in der es keine Trenn-
linien bzw. Brüche gibt, das bleibt eine seiner stärksten Motivationen."

Den großen Schritt, den Michael Ludwig maßgeblich begleitete, war
die Gründung der Wiener Volkshochschule GmbH 2008, um das Ganze auf Managementbeine zu stellen und als Wirtschaftsbetrieb zu sehen
und nicht nur als Verein. Schweiger: „Hier konnte ich besonders seine
Managementqualitäten kennenlernen, seine Teamfähigkeit genauso wie
sein Führungsgeschick. Er hat klare Vorstellungen, lässt sich die wichtigsten Themen präsentieren, ließ uns aber immer selbständig arbeiten,
ohne laufend hineinzuregieren oder zu reklamieren. Das alles kann man
ihm absolut zuschreiben." Und wenn Herbert Schweiger über die weiteren Stärken Ludwigs befragt wird, kommt er ins Schwärmen: „Seine Stärke ist, dass er immer die richtigen Fäden zieht. Er hat etwas
vor, übernimmt zum Teil Vorschläge, wenn etwas gut ist, dann zieht er

das auch durch und er versucht, die richtigen Mechanismen und die richtigen Leute zu finden. Er hat eine unheimliche Überzeugungskraft. Michael Ludwig hört sich alles an, bewertet es und kann, auch wenn er Zweifel hat, sich überzeugen lassen und setzt sich dann dafür ein."

In seinem sehr ambitionierten Arbeitsstil verlangt er sehr viel von sich selbst und geht an seine Grenzen. Das heißt nicht, dass Michael Ludwig das genauso von seinen Mitarbeitern verlangt, er möchte aber, dass jeder das, was er kann, auch mit viel Engagement angeht. „Er ist ein Mensch, der ganz klar Regeln aufstellt und sie auch braucht. So kann es dann auch hin und wieder etwas strenger zugehen, sogar mit Menschen, die er mag und gut kennt. Aber er ist ein Mensch mit Handschlagqualität, auf ihn kann man sich absolut verlassen", ergänzt Schweiger und beschreibt eine Begebenheit mit ihm, als er schon fast den Job hinschmeißen wollte, indem Michael Ludwig Folgendes sagte: „Herbert, das ist deine Geschichte, aber ich sehe deine Zukunft hier." Michael Ludwig hatte seinem Mitarbeiter vermittelt, ohne großen Druck auszuüben, dass man manchmal etwas aussitzen muss und manche Dinge ein bisschen Zeit brauchen.

Das Gedenkjahr 2005 und der Wechsel ins Wohnbauressort

Das ganze Jahr über fanden zahlreiche Veranstaltungen zum Gedenken an das Kriegsende und die Befreiung Österreichs im April 1945 sowie zur Erinnerung an den Staatsvertrag statt. So auch das 13. Hindels-Symposium, bei dem Gemeinderat Michael Ludwig Podiumsdiskussionen moderierte: „Vom zusammenbrechenden NS-Regime zum Aufbruch ins neue Österreich" mit Nationalökonom Heinz Kienzl, Historiker Wolfgang Neugebauer, dem früheren Leiter des Dokumentationsarchivs, Nationalrat a. D. Alfred Ströer zum Beispiel. Eine weitere bedeutende Veranstaltung wurde im SPÖ Bildungszentrum organisiert: „Zeitzeugen der Zweiten Republik" mit dem früheren Klubobmann im Nationalrat, dem Minister und Wiener Bürgermeister Leopold Gratz. Im Wiener Rathaus fand ein weiterer Event anlässlich der Wiedergründung der SPÖ vor 60 Jahren, „Tage im April", statt, mit der Festansprache von Bundeskanzler a. D. Fred Sinowatz, mit den damaligen Politikergrößen Bürgermeister Michael Häupl sowie Bundeskanzler Alfred Gusenbauer. Und dann auch noch eine Präsentation von Manfred Scheuch und seinem Buch „Der Weg zum Heldenplatz", passend im Gedenkjahr 2005 mit Vizekanzler a. D. Hannes Androsch, Verleger Leo Mazakarini und dem Autor selbst.

Solche bedeutenden Veranstaltungen organisierte und moderierte Michael Ludwig. Hier wird nachvollziehbar, dass er damit eine jahrelange Bekanntheit in der Partei aufbaute und diese inhaltlich gestaltete. Er war sicherlich einer der belesensten in der SPÖ, der auf diesen Podien bestehen konnte, und auch als Moderator geübt. Bekannt war das einer größeren Öffentlichkeit nicht, zu sehr konzentrierte sich Ludwig auf seine jeweils unmittelbaren Tätigkeiten. Sein Background aus der Wiener SPÖ Bildung erleichtert es ihm heute noch bei jeder politischen Veranstaltung, auf dieses Wissen zurückgreifen zu können.

Nach und nach kristallisierte sich heraus, dass Michael Ludwig für noch höhere Weihen in Frage kam. Als Werner Faymann in die Bundesregierung wechselte, wollte Michael Häupl keine große Stadtregierungsumbildung vornehmen, daher war „nur" das Wohnbauressort frei. Rudolf Schickers Anmerkungen zu dieser Zeit: „Als es darum gegangen ist, die Nachfolge von Werner Faymann in der Funktion als Stadtrat zu übernehmen, war ich dann in Vertretung 14 Tage lang Wohnbaustadtrat, bis Michael Ludwig die neue Aufgabe übernahm. In dieser Situation war es Bürgermeister Häupl sehr wichtig, jemanden dort sitzen zu haben, der hohe Loyalität zu ihm lebte. Und das hat Michael Ludwig gegenüber Michael Häupl immer bewiesen."

MICHAEL LUDWIG:
DER WOHNBAUSTADTRAT

Michael Ludwig begann 2007 als Wohnbaustadtrat, viele sahen ihn
eher in der Bildung oder Kultur, weil er in beiden Bereichen viele Jahre
als Gemeinderat oder als Erwachsenenbildner in der Volkshochschule
und in der Wiener SPÖ-Bildung zu Hause war. Doch Michael Häupl
wusste schon damals, dass für Michael Ludwig der Stadtrat für Wohnen, Wohnbau und Stadterneuerung am besten passte. Das hatte sowohl inhaltliche Gründe als auch mit der starken Orientierung Michael
Ludwigs hin zu den Menschen zu tun.

2007 zogen allerdings schon die ersten Wolken am Wirtschaftshim-
mel auf. Die Folgejahre hatten Europa und die Weltwirtschaft an den
Rand des Machbaren geführt. Gerade in dieser Zeit den sozialen Wohnbau weiterzuentwickeln, war eine besondere Herausforderung

Der soziale Wohnbau in Wien – ein historischer Rückblick

Neben dem Gesundheitssystem und den sozialen Errungenschaften für
Arbeiter und Angestellte ist das Wohnen das Herz der Wiener Sozial-
demokratie. Ganz einfach deshalb, weil Wohnen, wie die Arbeit und die
Gesundheit, große Bedeutung für das Leben hat. Die Miete sollte nicht
zu hoch sein, um für anderes wie Freizeit, Anschaffungen, Lebensmittel,
Urlaub und Hobby noch Geld zur Verfügung zu haben. Um den Maßnahmen der Sozialdemokratie in der Ersten Republik folgen zu können,
muss man in die zweite Hälfte des 19. Jahrhunderts zurückblicken. Die
Bevölkerungszahl nahm damals zwischen 1850 und 1900 von 400 000
Menschen auf zwei Millionen zu. Hinzu kam, dass nach dem Ersten
Weltkrieg durch die Kriegsheimkehrer eine sehr schwierige Situation
entstanden ist. Etwa 1,3 Millionen Arbeiterinnen und Arbeiter wohn-
ten 1910 in kleinsten Substandardwohnungen, die Lebensverhältnisse
in Wien hatten sich dramatisch verschlechtert. Parallel dazu wurde von

den Hauseigentümern durch Spekulation und horrende Mietpreise die Wohnungsnot zusätzlich angeheizt. Kurz vor dem Ausbruch des Ersten Weltkrieges schloss man immer öfter monatsweise Mietverträge ab, was viele Menschen auf die Straße trieb. Obdachlose stritten sich um die besten Plätze unter den Brücken. Die Folge war, dass 1917 im österreichischen Teil der Monarchie eine Kriegsverordnung erlassen wurde, die die Mieten wieder auf das Niveau der Vorkriegsjahre zurückführte, und ein befristeter Mieterschutz festgelegt wurde.

Sogenannte „Zinskasernen" mit kleinen Wohnungen – Zimmer, Küche manchmal mit Kabinett und WC und Wasser am Gang, die Bassena-Wohnungen – waren ganz normal in einfachen Verhältnissen. Über zehn Personen lebten in solchen Wohnungen, als die Miete immer teurer wurde, wurden sogenannte „Bettgeher" in diese Wohnungen aufgenommen, damit die Wohnungsmiete finanziert werden konnte.

Nach dem Krieg verschärften die Sozialdemokraten das Mieterschutzgesetz in entsprechender Form. Zusätzlich startete die Stadt Wien mit dem ersten sozialen Wohnbau.

Von der Stadt wurden Grundstücke zur Verfügung gestellt, die Siedler bebauten. Durch das gemeinschaftliche und solidarische Bauen wurden sehr viele Arbeitsstunden eingebracht. Die kleinen fertiggestellten Häuser verloste man, um sicherzustellen, dass überall die gleich gute Arbeit geleistet wird, keiner wusste ja, welche Wohnung er erhielt. Diese Siedlungen waren oft weit draußen, weit entfernt von jeder Infrastruktur. Heute liegen diese zumeist sehr gut angebunden an Straßenbahn- und U-Bahn-Linien.

Möglich wurden diese Siedlungshäuser und die späteren Gemeindebauten durch den Wahlsieg der Sozialdemokraten, die 1919 ein positives Wahlergebnis mit einer absoluten Mehrheit erreichten. Damit konnte vieles politisch umgesetzt werden, was sich die Sozialdemokratie vorgenommen hatte.

Als Nächstes begann die sozialdemokratische Stadtregierung, Gemeindebauten zu errichten. Voraussetzung dafür war unter anderem, dass Wien 1920 ein eigenes Bundesland wurde und damit die Möglichkeit hatte, eigene Steuern einzuheben. Der damalige Finanzstadtrat Hugo Breitner führte eine Wohnbausteuer ein, durch die es möglich war, in der Ersten Republik eine große Anzahl von Gemeindewohnungen zu errichten. In einem Zeitraum von etwas mehr als 14 Jahren – vom Start der ersten Siedlungshäuser 1919, dem ersten Wohnbauprogramm 1923 bis zur Ausschaltung der Demokratie im März 1933 – wurden 65 000 Gemeindewohnungen geschaffen. Diese Gemeindebauten waren damals eine unglaubliche Leistung, das kommunale Wohnbauprogramm Wiens war international sehr anerkannt und ist bis heute die Basis des gesamten geförderten Wohnbaus.

Zusätzlich wurden auch 15 000 Reihenhäuser im Rahmen der Wiener Siedlerbewegung, der neu gegründeten Genossenschaften, gefördert. Es waren relativ moderne Wohnungen mit WC und Waschstelle, teilweise Duschen, alles in der Wohnung, und unter dem Motto „Licht, Luft, Sonne" wurde darauf geachtet, dass die Lebensverhältnisse sich verbesserten.

Die Attraktivität der Gemeindebauten der Ersten Republik wurde nach 1945 gar nicht so geschätzt, erst mit Beginn der 80er-Jahre, als die alten Gemeindebauten renoviert wurden, hat man ihre Bedeutung erst wieder erkannt.

Michael Ludwig dazu: „Ich kann mich erinnern, ich habe 1980 in Bologna und Venedig eine Ausstellung gesehen, ‚Vienna Rossa‘, wo man sich mit dieser Tradition beschäftigt hat. In Wien wurde anlässlich des 70. Geburtstages von Bruno Kreisky eine große Ausstellung mit dem Titel ‚Mit uns zieht die neue Zeit‘ über die Arbeiterkultur 1918–1934 in der Koppreiterremise in Meidling organisiert. Es gab auch ein Kulturprogramm mit Lesungen, schauspielerischen Auftritten, Musik usw., wo diese Zeit vor den Vorhang geholt wurde. Mit diesem Programm wurde deutlich gemacht, dass die Sozialdemokratische Partei politische Aufgaben hat, aber auch eine Kulturbewegung, eine Bildungsbewegung ist. Das hat damals einen großen Schub gegeben und Bruno Kreisky konnte damit einen Teil seiner Biografie wiede miterleben, was ihn sehr gefreut hat."

Kreisky war beim Sozialistenprozess 1936 unter anderem gemeinsam mit dem späteren Wiener Bürgermeister und Bundespräsidenten Franz Jonas angeklagt worden. Die Hauptangeklagten Karl Hans Sailer und Maria Emhart waren sogar von der Todesstrafe bedroht, das internationale, große Medienecho brachte dann aber vergleichsweise milde Urteile mit zwölf Monaten Gefängnis für Kreisky, Jonas wurde freigesprochen.

Michael Ludwig konnte als Vorsitzender des Bruno-Kreisky-Archivs die Tradition der historischen Ereignisse hochhalten und weitergeben. Eine weitere Verbindung mit Kreisky ist auch die Gabe, sich Menschen zu merken: den Namen, das Gesicht und eventuell auch noch eine Geschichte dazu. Herbert Schweiger, Geschäftsführer der Wiener Volkshochschulen über Kreisky: „Er hatte eine vergleichbare Gabe. Bruno Kreisky trifft im Wahlkampf einen niederösterreichischen Bürgermeister und sagt zu ihm: ‚Kannst dich noch erinnern, vor 13 Jahren sind wie gemeinsam am 1. Mai marschiert‘, worauf ihn der Bürgermeister ungläubig anschaute, dass der Bundesparteiobmann das noch wusste." Michael Ludwig versteht sich darauf ebenfalls, auf die Frage, ob es da einen Trick gibt, sich Name, Gesicht und eventuell eine Begebenheit zu merken, sagt Ludwig: „Nein es ist relativ einfach, wenn man sich für Menschen interessiert, muss man nur vom ersten Augenblick des Gespräches die volle Konzentration auf den Menschen richten. Dann merkt man sich sehr viel, auch das, was die Menschen einem mitunter an schicksalhaften Dingen erzählen. Was ich nicht mag, ist, dass manche schon woanders hinschauen, während man sich die Hand gibt."

Wiederaufbau, Stadterweiterung und Stadterneuerung

Die Wohnsituation war nach dem Zweiten Weltkrieg noch schlimmer als 1914. Fast 87 000 Wohnungen waren zerstört oder beschädigt, 6000 Wohnungen wurden von den Besatzungsmächten beansprucht und 30 000 Flüchtlinge waren unterzubringen. Es fehlte an allem, Baumaterial, Baumaschinen und Transportmittel waren Mangelware. Die Wiederaufbauära schaffte dann wieder großartige Leistungen: Von 1948 bis 1960 wurden viele Wohnungen und Häuser renoviert bzw. wiederhergestellt, zusätzlich baute die neue Stadtregierung über 40 000 Gemeindewohnungen. Die Architektur wurde später viel kritisiert, sie war innen und außen einfach, ja zum Teil billigst gebaut, was Bürgermeister

Franz Jonas 1958 so beschrieb: „Unsere Aufgabe war es, möglichst billig und somit viele Wohnungen zu bauen, es musste gespart werden, bei der Architektur, den Materialien und bei der Innenausstattung." Wenn sie in den 60er-Jahren in einen Gemeindebau ziehen konnten, waren viele Familien glücklich. Sie fanden ein neues Heim, endlich eigene vier Wände mit einer modernen Grundausstattung vor. Manche hatten vorher in Wien oder in den Bundesländern in einer kleinen Mansarde oder Substandardwohnung teils ohne Bad oder WC gelebt.

Nach 1960 wurde nach und nach mit Fertigteilen gebaut, was dem Mangel an Facharbeitskräften Rechnung trug, aber auch den steigenden Löhnen. Das war der Beginn der Serienproduktion, denn es mussten effiziente Strukturen für günstig herzustellende Wohnungen geschaffen werden. Zwei Beispiele: die Großfeldsiedlung mit über 5500 Wohnungen in Floridsdorf oder die Per-Albin-Hansson-Siedlung in Favoriten mit über 6000 Wohnungen, benannt nach dem schwedischen Sozialdemokraten, der entscheidenden Anteil an der Einleitung von Hilfsaktionen für die hungernde Bevölkerung hatte.

Einer der Väter der Stadterneuerung war Planungsstadtrat Fritz Hofmann, mit dem Michael Ludwig in Floridsdorf gut zusammenarbeitete und die sich sehr schätzten. Sie brachten 2013 das Buch „Wiener Stadterneuerung. Der Weg zur lebenswertesten Stadt" heraus, das heute als Standardwerk zur Wiener Stadtplanung und Stadterneuerung gilt.

Hofmann war mit einer Unterbrechung von 1969 bis 1987 Planungs- und Verkehrsstadtrat. In die über zwölf Jahre seiner Arbeit fallen viele Großprojekte in Wien. In den 70er-Jahren waren noch circa 40 Prozent der Wohnungen Substandard, heute sind es nicht einmal drei Prozent. Viele Gesetze und Novellen schafften die Veränderung: vom Wohnbauförderungsgesetz über das Altbau-Sanierungsgesetz, Stadterneuerungsgesetz, den Leitlinien für die Stadtentwicklung bis zu einem neuen Mietrechtsgesetz. Die Stadt blühte in alten und neuen Gebäuden und Wohnhausanlagen auf.

Im Mai 2018 kondolierten der neue Wiener Bürgermeister Michael Ludwig und der neue Erste Landtagspräsident Ernst Woller anlässlich Fritz Hofmanns Ableben: „Fritz Hofmann hat als Verkehrs- und Planungsstadtrat wie auch als Landtagspräsident die Wiener Kommunalpolitik wesentlich geprägt. Errungenschaften wie die Donauinsel und der Bau der Wiener U-Bahn sind eng mit seinem Namen verbunden. Mit seinem leidenschaftlichen Engagement für die Stadterneuerung hat Fritz Hofmann Wien sein spezielles Aussehen gegeben. Unsere Stadt verliert einen großen Stadtpolitiker und Bürger von Wien."

Schon früh hatte man erkannt, dass die Partizipation, das heißt das Einbinden der Bevölkerung, entscheidend ist. Anfang 1970 wurden der breiteren Öffentlichkeit erstmals Planungsziele vorgestellt und zur Diskussion gebracht. 1973 hatte eine Bürgerinitiative zum Sternwartepark mit einer Medienkampagne Bürgermeister Slavik zum Rücktritt veranlasst. Sein Nachfolger Leopold Gratz nützte das Instrument der offenen Debatte besser, zum Beispiel mit Livediskussionen mit dem legendären Fernsehdirektor Zilk, der später selbst Bürgermeister wurde. In „Bruno Kreiskys Erinnerungen" zitiert Oliver Rathkolb den früheren Bundeskanzler Kreisky so: „Wir wollen die gesellschaftliche Demokratie verwirklichen, weil wir immer deutlicher erkennen, dass die politische Demokratie gar nicht mehr ausreicht. Was wir jetzt in den nächsten Jahren tun müssen, ist zugleich die Aufgabe, die ich mir selbst stelle, nämlich, neue demokratische Elemente in unser gesellschaftliches Leben einzuführen." Kreisky verlor die Abstimmung, die ebenso eine Abstimmung gegen ihn war.

Der geförderte Wohnbau im Mittelpunkt

Michael Ludwig war es als Wohnbaustadtrat immer wichtig, den geförderten Wohnbau in Wien zu erhalten und auszubauen. Hier gibt es einige Bereiche, die Wien von anderen Städten unterscheiden. Mit der Wohnbauförderung existiert ein Instrument, um den geförderten Wohnbau zu finanzieren. Ludwig: „Wir haben die Mittel aus dem Finanzausgleich für den geförderten Wohnbau auch in meiner Zeit in den Wohnbau investiert, zum Unterschied von anderen Bundesländern. Zusätzlich haben wir mit dem *wohnfonds_wien* ein Instrument geschaffen, um frühzeitig Grundstücke für den geförderten Wohnbau anzukaufen. Wir haben Grundstücke mit einer Fläche von 2,7 Millionen Quadratmetern im Portfolio, die wir schrittweise den gemeinnützigen Bauträgern zur Verfügung stellen. Darüber hinaus ist es mir wichtig, mit gemeinnützigen Bauträgern, die nicht gewinnorientiert sind, eng zusammenzuarbeiten und dadurch zu ermöglichen, dass es leistbare Wohnungen in Wien gibt." Auch wenn der Rechnungshof und die Opposition mitunter kritisieren, dass Grundstücke gemeinnützigen Bauträgern kostengünstig, also unter dem Marktpreis, zur Verfügung gestellt werden, war das seitens des Wohnbaustadtrates eine bewusste politische Entscheidung. Würde man sich an den Grundstückspreisen des Marktes orientieren, wäre der preislich günstige Wohnbau und damit verbunden sozial leistbares Wohnen nicht möglich. Die Entwicklung in anderen Städten Europas zeigt, was mit den Wohnpreisen passiert, wenn sie dereguliert sind: Sie steigen immens.

Und hier finden wir uns tatsächlich in einer Grundsatzdiskussion zwischen sozialdemokratischem und wirtschaftsliberalem Gedankengut. Wohnen führt immer zu kontroversiellen Diskussionen, weil es dabei um Geld geht. Für die einen, die es nicht haben, und für die anderen, die es haben und damit mehr Geld verdienen wollen. Die Diskrepanz zwischen günstigen, leistbaren Wohnungen und den frei finanzierten Wohnungen ist auch mit ein Grund, warum es im Bund zu keinem gemeinsamen neuen Mietrecht gekommen ist. Die SPÖ vertritt die Interessen der Mieterinnen und Mieter, die anderen Parteien, die ÖVP, jetzt auch die FPÖ und die Neos, die Interessen der Wohnungseigentümer und Immobilienbesitzer. Und das sind nicht nur große Immobilienkonzerne, sondern auch Investoren, die sehr viele Vorsorgewohnungen haben und dadurch ein Interesse daran, dass die Mieten hoch sind. Das ist ein nachvollziehbarer Interessengegensatz und alles, was die SPÖ in diesem Zusammenhang tut, wird massiv bekämpft, auch in der EU, wo man den sozialen Wohnbau nur mehr für sozial Schwache vorsehen wollte.

Dafür setzte sich Michael Ludwig ein und hat mit Unterstützung seines Vorgängers Michael Häupl eine Resolution verabschiedet, der sich 30 Bürgermeister großer europäischer Städte angeschlossen haben, um den geförderte Wohnbau in nationaler Kompetenz bleiben zu lassen.

Es ist wichtig, dass der soziale Wohnbau nicht nur für sozial Schwache, sondern auch für die Mittelschicht zugänglich ist, um eine soziale Durchmischung sicherzustellen. Damit ist gewährleistet, dass es keine Gegenden gibt, wo nur sozial Schwache leben oder nur finanziell Starke. Die Schere zwischen Arm und Reich wird so weniger spürbar, das Zusammenleben von unterschiedlichen Einkommensschichten macht Sinn.

Zum Stichwort Durchmischung in Wohngegenden: Hier bleibt es entscheidend, dass diese zwischen Menschen, die schon länger hier sind, und Migranten, die neu hinzuziehen, gegeben ist. So fremd vielleicht der eine oder andere Neue sein mag, es macht Sinn, gemeinsam zu leben. Es muss dabei aber wie in jedem Haushalt, in jeder Stadt eine Hausordnung geben, an die sich alle halten.

Das Miteinander kann funktionieren, wenn versucht wird, Integration zu leben. Das bedeutet eben auch, keine Gegenden zu schaffen, die von einer ethnischen, religiösen Gruppe dominiert werden. Außerdem sind für die Zuwanderer entsprechende Schulungen, sowie Deutschkurse zur besseren Integration notwendig.

Hans Peter Haselsteiner, der frühere Strabag-Hauptaktionär, einer, der nicht verdächtig ist, weit entfernt vom Großkapital zu stehen, hat einmal sinngemäß gesagt: Ihm sei es lieber, dass wir in soziale Absicherung und damit automatisch in Sicherheitsstandards investieren, weil er nicht, wie in Florida unter Reichen üblich, hinter einem gesicherten Zaun mit Wächtern leben möchte. Hier in Wien ist es möglich, sich frei und weitgehend sicher zu bewegen, und das ist gut so und soll so bleiben.

Die sanfte Stadterneuerung

Ein weiteres „Steckenpferd" von Michael Ludwig als Wohnbaustadtrat war die sanfte Stadterneuerung. Was ist das genau? Erstens die Erhaltung der historischen Bausubstanz bzw. deren Verbesserung und zweitens die Förderung für private Hauseigentümer von der Stadt durch einen hohen Mitteleinsatz. Für die bisherigen Bewohner dürfen die Mieten dann in der Regel 15 Jahre lang nicht erhöht werden, damit sichergestellt ist, dass es zu keiner sogenannten Gentrifizierung kommt, das heißt zu einem Austausch der Mieter in diesen Häusern von finanziell geringeren zu finanziell höheren Einkommen nach der Renovierung. Das ermöglicht eine gute soziale Durchmischung von alten und neuen Mietern. Die Bausubstanz wird dadurch im Sinne der Eigentümer deutlich verbessert.

2010 wurde der Stadt Wien für ihre Politik der „sanften Stadterneuerung" die wichtigste Auszeichnung der Vereinten Nationen im Bereich des Wohnens, die „Scroll of Honour 2010" der UN-Habitat (UNO-Weltorganisation für Siedlungswesen und Wohnbau), verliehen. Bürgermeister Michael Häupl und Vizebürgermeister Michael Ludwig nahmen die ehrenvolle Auszeichnung von Yury Fedotov, dem Generaldirektor des Büros der Vereinten Nationen in Wien, entgegen.

Weitere Wohninitiativen Michael Ludwigs

Die Frage war, wie man ergänzend zum geförderten Wohnbau eine weitere leistbare Schiene aufbauen kann. In Abstimmung mit privaten Finanzdienstleistern wurde überlegt, was man tun könnte, um frei finanzierte Wohnungen zu ähnlichen Mietkonditionen wie im geförderten Wohnbau zu schaffen. In einigen Gesprächen mit der Wiener Städtischen oder mit der Erste Bank wurden Modelle entwickelt, bei denen private Finanzdienstleister Mittel einbringen und einen leistbaren Wohnraum schaffen. Gleichzeitig sollen sich die Konditionen an denen des geförderten Wohnbaus orientieren. Das ist mit mehr als 6500 Wohnbaueinheiten gelungen, mit einem Schwerpunkt in der Seestadt Aspern, aber auch in anderen Teilen der Stadt. Das ist ein Modell, das auch international Interesse ausgelöst hat.

Eine weitere Initiative waren die „Smart-Wohnungen". Michael Ludwig erkannte, dass ein steigender Bedarf an besonders kostengünstigem Wohnraum vorhanden war: „Ich habe damals gesagt, wir müssen schauen, woran das liegt. Es gab mehrere Gründe. Einer war, dass die Bauqualitäten stark gestiegen sind und damit auch die Preise, und der zweite, dass auch die Quadratmeterzahlen der Wohnungen deutlich höher wurden. Wir haben in den 70er-Jahren pro Kopf noch 25 m² Wohnfläche gehabt, später 38 m² und in der Folge 42 m² bis 45 m² pro Person. Das hatte zur Folge, dass die Wohnungskosten stark gestiegen sind, im Regelfall stärker als die Gehälter. Wir mussten daher schauen, dass wir bei gleichbleibender hoher Qualität trotzdem die Leistbarkeit garantieren und Möglichkeiten finden, mit intelligenten Grundrissen zu punkten." Das war gar nicht so einfach, weil sich Architekten und Bauträger immer öfter an höheren Qualitäten orientiert haben, getrieben auch von Normen, die aus der Industrie kamen, und somit auch teuer gebaut wurde. Es war wichtig, dass es mit den Smart-Wohnungen zu einer Rückbesinnung auf die Verbindung von Qualität und Leistbarkeit kam. Zum Beispiel bei einer 65 m²-Wohnung mit drei Zimmern und integrierter Küche im Wohnzimmer, hier wurde fast eine Anleihe an den Gemeindewohnungen in den 60er-Jahren genommen. Ludwig: „Wir haben nichts davon, wenn alles teurer wird und sich viele das nicht mehr leisten können. Die Folge der kompakten Grundrisse sind auch niedrige Betriebskosten, da die Quadratmeteranzahl sich verringert." Einige tausend Smart-Wohnungen zu bauen und ein Umdenken zu initiieren, war Michael Ludwig wichtig.

Auf dem Sektor der Gemeindewohnungen gab es einen Vorstoß, neue zu bauen. Insbesondere frühere Kolleginnen und Kollegen aus der Stadtregierung ermunterten Michael Ludwig dazu. Er selbst ist kein besonderer Freund dieser Initiative, weil sich wegen der Ausschreibungskriterien, die heute abverlangt werden, das Bauen relativ teuer gestaltet. Der Grund ist einfach: Als Stadt ist das Nachverhandeln deutlich schwieriger, als wenn Genossenschaften oder soziale Bauträger dies machen. Das heißt, baut die Stadt, dann ist das teurer, die Folge ist, dass für ein vorhandenes Budget vergleichsweise weniger Sozialwohnungen hergestellt werden können. Trotzdem wird es 4000 neue Gemeindewohnungen geben, der politische Wille von vor einigen Jahren wird umgesetzt.

Im Rahmen von Sanierungen wird seit vielen Jahren dem ökologischen Wohnbau Rechnung getragen. Im geförderten Wohnbau ist der Niedrigenergiestandard verpflichtend.

Die Entwicklung der *Eurogate*-Bebauung – *Eurogate* ist die größte Passivhaussiedlung Europas – auf den Gründen des früheren Aspangbahnhofareals zeigt, wie es möglich ist, in Passivbauweise circa 2000 geförderte Wohnungseinheiten entstehen zu lassen. Dieses Projekt wollten die Grünen zum Anlass nehmen, in ganz Wien diese Bauweise zu forcieren und sich auf diese festzulegen. Auch hier machte Michael Ludwig deutlich, dass diese aufwendige und bei mehreren Geschoßen teure Bauweise die Kosten für den sozialen Wohnbau erhöht.

In seiner inhaltlichen Konsequenz bedeutet das, Wege zu gehen, die eine moderne Wohnbauweise dahingehend unterstützen, damit den demografischen Entwicklungen von Jungfamilien, Single- und Seniorenhaushalten Rechnung getragen wird, und gleichzeitig nachhaltige Maßnahmen zu setzen, die den sozialen Wohnbau absichern.

Dass heute über eine Million Menschen, das sind mehr als 60 Prozent der Wiener Bevölkerung, in sozial geförderten Wohnungen mit günstigen Mieten leben, ist besonders erwähnenswert. Im Vergleich zum privaten Wohnungsmarkt liegen diese Mieten zum Teil spürbar unter den freien Marktmieten, wodurch die Menschen mehr für das tägliche Leben übrig haben. Man kann sich vorstellen, was es bedeuten würde, wenn es zu Privatisierungen solcher Wohnungen kommen würde.

Wenn die Sozialdemokratie öfter vor dem Neoliberalismus warnt, mit Beispielen aus anderen Ländern und Städten mit Absichten zur Privatisierung der Wasserversorgung, des kommunalen Wohnbaus oder der Infrastruktur z. B. von Verkehrsbetrieben, dann hat das einen guten Grund. Die Beispiele aus dem Ausland, z. B. aus England, den USA und zuletzt aus Italien, zeigen, das Kommunen weitreichende Dienstleistungen der öffentlichen Hand anbieten und Private nicht in der Lage wären, die gleichen Dienstleistungen auf die Beine zu stellen. Die Folge in den USA: Die Infrastruktur ist völlig veraltet und schlecht gewartet. Die Energieversorgung, die Autobahnen oder die Bahn sind im Vergleich zu Österreich in einem zum Teil katastrophalen Zustand.

Neue Vergabesysteme im sozialen Wohnbau

Michael Ludwig hat mit seinem Team ein neues Vergabesystem und eine neue zentrale Servicestelle für die Wiener Bevölkerung geschaffen, die die Wohnungen anbietet und kostenlos berät. Früher wurden die Gemeindewohnungen direkt vergeben, im Jahr rund 9000 bis 10 000 Wohnungen. Dann führte Werner Faymann, der Vorgänger Michael Ludwigs, das *Wohnservice Wien* ein. Hier wurden die geförderten Gemeinde- und Genossenschaftswohnungen zusammengefasst. Michael Ludwig: „Wir haben das in einem längeren Prozess zusammengeführt. Wenn man jetzt eine geförderte Wohnung sucht – egal welche –, wendet man sich an diese eine Stelle. Das ist für den Konsumenten einfacher und es kann den Wohnungssuchenden auch ein größeres Angebot präsentiert werden. Viele wollten eine Gemeindewohnung, in der Meinung, dass alles andere zu teuer ist. Wir konnten aufklären, dass das grundsätzlich nicht stimmt. Es gibt Genossenschaftswohnungen, die günstiger sind als Gemeindewohnungen und umgekehrt. Dadurch wurde mehr Flexibilität erreicht und das war auch ein guter Schritt."

Diese Neuorganisation hat vor allem für viel Aufklärung gesorgt, gute Information schaffte mehr Kenntnis über den geförderten Wohnbau.

Der Wien-Bonus

Michael Ludwig erkannte, dass Menschen, obwohl sie erst kurz in dieser Stadt leben, eine Genossenschaftswohnung bekommen, und andere, die schon lange hier sind, darauf warten müssen. Der „Wien-Bonus" bedeutet, dass Menschen, die schon länger in unserer Stadt sind, auch früher das Anrecht auf eine geförderte Wohnung haben. Ludwig: „Der Wien-Bonus ist mir wichtig, weil er unmittelbar mit meinen politischen Überlegungen zu tun hat. Ich war oft bei Wohnungsübergaben dabei und habe mit den Menschen ein wenig geplaudert und sie gefragt, woher sie kommen und was sie machen. Dabei ist mir aufgefallen, dass Leute, die erst kurz in Wien waren, eine geförderte Wohnung bekommen haben. Umgekehrt haben mir viele erzählt, dass sie schon seit längerer Zeit suchen." Bei der Wohnungsvergabe war es immer so, dass es immer angreifbar war, wie die Wohnungen vergeben wurden. Eine Zeit lang wurden die Wohnungen über das Internet vergeben und um sieben Uhr früh ins Netz gestellt. Wer da zuerst dran war, hatte die besseren Chancen. Später wurde mit einem Zufallsgenerator gearbeitet. Egal, welches System im Laufe der Zeit versucht wurde, es war immer verbesserungswürdig. Ludwig: „Wir haben dann gesagt, wir sammeln die Interessenten und bewerten nach sozialen Kriterien. Und mir war wichtig, dass wir berücksichtigen, wie lange die Menschen schon in der Stadt leben, zum Beispiel weil jemand hier geboren ist oder weil jemand vor längerer Zeit schon zugezogen ist. Das sollte Berücksichtigung finden."

Somit wurde ein neues System entwickelt, das vorsieht, dass man, wenn man fünf Jahre in Wien wohnt, um drei Monate, wenn man bereits zehn Jahre in Wien lebt, um sechs Monate und wenn man 15 Jahre in Wien ist, um neun Monate auf der Warteliste vorrückt. Michael Ludwig: „Ein Vergleich ist die Kassa im Supermarkt, wer zuerst kommt, ist gleich dran, wer hinten ist, später, und es geht nicht, sich vorzudrängen. Entscheidend ist auch, dass man weiß, wie man dran ist. Wartezeiten sind bei entsprechender Information leichter zu ertragen."

Diese Vorgangsweise zeigt, wie Michael Ludwig sich bei vielen Themen im Detail um Veränderungen bemühte und nicht vom Schreibtisch aus agierte, sondern sich vor Ort ein Bild machte, um die Sorgen der Menschen besser zu verstehen. Ähnlich wie der legendäre frühere Bürgermeister Helmut Zilk, der durch Wien fuhr, stehen blieb und prüfen ließ, warum ein Haus noch nicht renoviert ist, so war auch Michael Ludwig als Wohnbaustadtrat unterwegs, um ein Gefühl zu bekommen, was tatsächlich relevant war und wo der Schuh für die Wienerinnen und Wiener drückte. „Beim Reden kommen die Leut' zsamm" war immer schon sein Leitspruch. Zuhören macht Sinn, um anschließend Lösungen umzusetzen.

Partner auf Augenhöhe

Die neuen *Wohnpartner* sind in der Zeit von Michael Ludwig als Stadt-rat ins Leben gerufen worden. Das sind etwa 150 hauptamtlich Beschäf-tigte, die im Wesentlichen zwei Aufgaben haben: Den Zusammenhalt von Hausgemeinschaften zu fördern und bei Konflikten als Ansprech-personen zur Verfügung zu stehen. Michael Ludwig: „Ich bringe im-mer mein eigenes Beispiel. In dem Gemeindebau, in dem ich gewohnt habe, war eine recht homogene Mieterstruktur, Gemeindebedienstete, Eisenbahner usw., die über Jahrzehnte in einer Gemeindewohnung ge-lebt haben, da hat sich jeder gekannt. Das ist heute aus verschiedenen Gründen anders: durch Zuwanderung, aber auch, weil die Lebensver-hältnisse flexibler geworden sind, durch Scheidungen, Trennungen usw. Dadurch leben viele Menschen immer wieder für kürzere Zeit in den Wohnungen. Das gibt es heute mehr als vor 30 Jahren. Die *Wohnpart-ner* haben die Aufgabe, auch bei einer flexibleren Lebensstruktur, dass Menschen sich irgendwie finden. Wir sind eben keine anonyme Groß-stadt und versuchen zu verbinden. Wenn es Konflikte gibt, sollen diese in einer Art Mediation aufgearbeitet werden." Das gelingt nicht immer, aber mehr als 80 Prozent der Konfliktfälle wurden mit den *Wohnpart-nern* gelöst. In den meisten Fällen geht es um bellende Hunde, wei-nende Kinder, Ruhestörung bei Partys und vieles mehr. Die *Wohn-partner* sind ein gutes Instrument, um das Leben im Gemeindebau zu verbessern.

Hausbesorger und Hausbetreuer

Begonnen hat es im Jahr 2000, als die erste schwarz-blaue Bundesregie-rung das Hausbesorgergesetz abgeschafft hat. Natürlich wäre es mög-lich gewesen, im Gesetz einige Verbesserungen vorzunehmen, es wurde allerdings komplett gestrichen.

Das hatte große Auswirkungen, denn *Wiener Wohnen* konnte keine Hausbesorger mehr einstellen. Dass das politisch motiviert war, kann nachvollzogen werden, die Stadt Wien und auch die Wiener Sozialdemokratie sollte damit getroffen werden. Allerdings gibt es für fast alles Lösungen und Werner Faymann gründete die „Haus- und Außenbetreuungs GmbH", eine Tochtergesellschaft von *Wiener Wohnen*, um sicherzustellen, dass die Gemeindebauten gereinigt werden, ohne private Unternehmen heranziehen zu müssen. Der Wunsch nach einem Hausbesorger hat sich aber trotzdem gehalten.

Der Nachteil bei der Haus- und Außenbetreuungs GmbH war, dass es immer unterschiedliche Leute waren, die ein Haus gereinigt und sich ausschließlich auf das Reinigen konzentriert haben. Weil der Wunsch nach einem Hausbetreuer so stark war, hat Michael Ludwig mehrere Anläufe unternommen, damit der Bundesgesetzgeber wieder ein Hausbesorgergesetz im Parlament beschließt. Ludwig: „Das war mit der ÖVP allerdings nicht möglich. Wir haben das sogar 2010 bei einer Volksbefragung zum Thema gemacht. Hier haben 84 Prozent angegeben, dass sie prinzipiell gerne die Möglichkeit hätten, wieder einen Hausbesorger zu bekommen. Ich habe dann wieder Versuche unternommen, es ist aber nicht zustande gekommen und dann habe ich beschlossen, einen Wiener Weg zu beschreiten." Es wurden die Wiener Hausbesorgerinnen und Hausbesorger neu eingestellt – mittlerweile sind es wieder circa 250 in ganz Wien –, allerdings immer unter der Voraussetzung, dass eine Mehrheit der Mieterinnen und Mieter bei einer Abstimmung in ihrem Wohngebiet für die Einführung eines Hausbetreuers ist. Das wurde dann auch umgesetzt, jedoch mit zwei Einschränkungen. Erstens: Hausbetreuer können zum Unterschied zu früher keine Dienstwohnungen mehr bekommen, dazu hätte es eines Bundesgesetzes bedurft. Und das Zweite war, dass wir den Winterdienst anders regeln mussten, weil dazu ebenso die Gesetzesgrundlage fehlte. Heute wohnen die Hausbetreuer entweder in der Anlage oder in der Nähe. Sollten Sie nicht dort wohnen, wird ein Aufenthaltsraum zur Verfügung gestellt, wo sie zu bestimmten Zeiten erreichbar sein müssen. Michael Ludwig erachtet das neue System als sehr professionell aufgestellt und es hat sich bewährt.

Smart City – Seestadt Aspern: innovativ, energieeffizient, weltweit einzigartig

Ebenso spannend sind die Entwicklung und der Bau der Seestadt Aspern, einer *Smart City*, wo in der Endausbaustufe 2028 mehr als 20 000 Menschen leben und ebenso viele potentielle Arbeitsplätze geschaffen werden. Als wachsender Stadtteil ist die Seestadt ideales Testfeld für neue Ansätze im Bereich der Stadtentwicklung. Der Mensch steht dabei im Mittelpunkt. Der Klimawandel und die Knappheit an Ressourcen prägen die künftige Gestaltung der Städte. Wien befindet sich hinsichtlich Lebensqualität, Infrastruktur und Innovation im Spitzenfeld der großen Metropolen in Europa. Um das auch weiterhin auszubauen, ist eine enge Zusammenarbeit von Wien, Niederösterreich und dem Burgenland sinnvoll, inklusive Bratislava sprechen wir von einem Großraum mit über fünf Millionen Menschen. Gerade durch die voranschreitende Digitalisierung und neue Betriebsansiedlungen unterstützen diese kraftvollen, gemeinsamen Initiativen den zukünftigen prosperierenden Entwicklungsraum.

Neben den interessanten und modernen Lebensqualitäten in Aspern mit einer exakt geplanten, ersten gemanagten Einkaufsstraße, neuen Bildungszentren, Freizeiteinrichtungen und perfekter Infrastruktur mit der U2 in die Seestadt sowie einem fahrerlosen Bus vor Ort sind der Wirtschaftsstandort und die Energieforschung für die Zukunft dort von besonderer Bedeutung.

Der Schweizer Technologiekonzern Hörbiger mit österreichischen Wurzeln hat mit 500 Beschäftigen schon 2016 begonnen, einen Teil seiner Produktion und Entwicklung in die Seestadt Aspern zu verlegen.

Die Seestadt ist Zukunftslabor und Vorzeigeprojekt zugleich, das ein ideales Umfeld für die Erforschung der Energiezukunft moderner Stadtentwicklung möglich macht. Die Aspern Smart City Research (ASCR) hat sich ganz diesem Thema verschrieben. Das Konsortium bestehend aus Siemens, Wiener Netze, Wien Energie, Wirtschaftsagentur Wien und Wien 3420 aspern Development AG hat 2013 im Technologiezentrum der Seestadt seine Arbeit gestartet und soll zeigen, wie Städte der

Zukunft klimafreundlich funktionieren können. Das gesamte System: Gebäude, Stromnetz, Kommunikations- und Informationstechnologie sowie das Nutzerverhalten fließen zusammen in ein großes Energieforschungsprogramm. Die Gebäude wie z. B. ein Studentenheim und ein Bildungscampus bilden die Smart-Building-Untersuchungsobjekte der ASCR, ausgestattet mit Photovoltaik, Solarthermie, Hybridanlagen, Wärmepumpen sowie verschiedenen thermischen und elektrischen Speichern. Michael Ludwig: „Dieses erfolgreiche Konzept der Energieeffizienz hat in der Welt schon großes Interesse hervorgerufen und bietet die Möglichkeit, unser Know-how für andere Städte einzubringen. Wien kann als innovativer Technologieentwickler somit Partner für intelligente Städte in der Zukunft werden, sozusagen Smart City live von Wien in die Welt."

Strengere Gesetze, sicheres gemeinsames Wohnen und Leben

Zur Erhaltung der Bausubstanz in der Stadt ist es notwendig, wieder mehr zu kontrollieren und auch strengere Gesetze einzuführen, die den Abbruch von Gründerzeithäusern massiv einschränken. Ziel dabei ist es, Bauspekulationen einen Strich durch die Rechnung zu machen. Michael Ludwig: „Mir war es immer schon wichtig, eine Mischung aus saniertem Altbau, renoviertem Sozialbau und neuen innovativen Wohnungen in Wien zu realisieren. Im Zweifelsfall bin ich auf der Seite der Mieterinnen und Mieter, darüber hinaus muss der Wirtschaft ebenfalls Rechnung getragen werden, damit genug Arbeit vorhanden ist. Das ist derzeit sehr ausgeprägt der Fall, weil die Bauvorhaben aufgrund der guten Auftragslage nur schwer abgearbeitet werden können, was dafür spricht, dass wir viele Investitionen fördern."

Die Sicherheit, insbesondere im Wiener Gemeindebau, aber auch bei genossenschaftlichen geförderten Wohnanlagen war Michael Ludwig immer ein großes Anliegen. Mit der Wiener Polizei wurde das neue Konzept „Gemeinsam sicher wohnen" ins Leben gerufen. Es ging darum, das Sicherheitsgefühl der Wiener Bevölkerung zu stärken. Karl

Mahrer, der damalige Wiener Polizei-Vizepräsident und heutige Sicherheitssprecher der ÖVP im Nationalrat, schlug vor, die Initiativen „Gemeinsam sicher" sowie „Gemeinsam sicher wohnen" umzusetzen. Michael Ludwig hatte diese Überlegungen schon länger in seinem Konzept und so wurden beide schnell einig, neue Strukturen dazu zu entwickeln.

Ein ganz wesentlicher Schritt war, eine Organisation zu finden, durch die *Wiener Wohnen* über die *Wohnpartner* eine Vernetzung zur Wiener Polizei findet. Mahrer: „Das war organisatorisch nicht leicht, wie kann man 2000 Wohnhausanlagen mit circa 500 000 Menschen erreichen, war die Frage. Das funktioniert nur, indem man ‚Reden wir miteinander' in eine neue Struktur einbettet. Michael Ludwig hat eine Enquete gemeinsam mit uns im Wiener Rathaus veranstaltet, bei der das Vernetzen im Mittelpunkt stand." Die Beteiligten *Wiener Wohnen*, die *Wohnpartner* und verschiedene Institutionen galt es nun miteinander zu verbinden. Vernetzt wurde mit 14 Sicherheitskoordinatoren und 100 Polizisten. Dann wurde definiert, in welchen Wohnhausanlagen vermehrt Probleme auftauchten. Dort wurde zuerst mit der Arbeit begonnen und man ist dann Schritt für Schritt von Anlage zu Anlage weitergegangen. Bis heute funktioniert diese Partnerschaft gut, man informiert sich gegenseitig und setzt im Anschluss die richtigen Schritte zur Konfliktbereinigung. Inzwischen wissen die Partner von *Wiener Wohnen*, wer von der Polizei dafür zuständig ist und umgekehrt. Der Vorteil der Polizei war, mit weniger Einsätzen auszukommen, da es besser ist, „um 17.00 Uhr zu reden als um 22.00 Uhr mit Blaulicht vorzufahren."

Karl Mahrer: „Die Unterstützung von Wohnbaustadtrat Michael Ludwig war sehr gut, er hat erkannt, wie wichtig die Sicherheit für die Wienerinnen und Wiener ist. Seine Stärke ist, dass er unterschiedliche Organisationen miteinander vernetzten kann. Dies war ein Baustein in unserer Zusammenarbeit. ‚Reden wir darüber' praktisch angewandt."

Der zweite wesentliche Eckpfeiler zu „Gemeinsam sicher wohnen" mit der Wiener Polizei war, dass in jedem Gebäude der Stadt Wien, das neu gebaut oder saniert wird, bestimmte Sicherheitskriterien zukünftig verstärkt Berücksichtigung finden. Dazu zählt zum Beispiel der Einbau von Sicherheitstüren oder auch, dass bei neu eröffneten Wohnbauten der Stadt Wien der Grätzelpolizist bei der Eröffnung dabei ist und gleich eine gute Vernetzung gewährleistet ist. Insgesamt wurde dabei Nachhaltigkeit bei den Maßnahmen vereinbart. Michael Ludwig und die Wiener Polizei sehen eine gemeinsame flächendeckende Prävention als wichtig an. Damit baut „Gemeinsam sicher wohnen" auf zwei Säulen: Eine ist „miteinander reden" und die zweite ist „präventiv bauen". In letztere Aktivitäten war auch die Wirtschaftskammer Wien involviert.

Im Unterschied zu seinen damaligen Kolleginnen und Kollegen in der Stadtregierung bzw. in der Klubleitung hat sich Michael Ludwig schon 2016 und 2017 für mehr Sicherheitsmaßnahmen in Wien ausgesprochen. Er gab zu verstehen, dass er lieber hinschaut als wegschaut. In einer Podiumsdiskussion des „Kurier" mit Karl Mahrer im Februar 2017 wurde deutlich, dass Michael Ludwig bereit ist, sich neue Maßnahmen, wie zum Beispiel das Alkoholverbot am Praterstern, als neue Aktivität für mehr subjektive Sicherheit der Bevölkerung gemeinsam mit der Wiener Polizei anzusehen. Mahrer wie Ludwig stellten insgesamt auch fest, dass Wien im internationalen Vergleich eine sichere Stadt ist. Wenn man sich die Kriminalstatistik ansieht, zeigt sich: „In den vergangenen 15 Jahren ist die Bevölkerung der Stadt um zwölf Prozent gestiegen, die Kriminalität aber zeigt ein Minus von 16 Prozent." Allerdings, so der Polizei-General damals weiter, steigen Körperverletzungen und Cyberkriminalität an.

Michael Ludwig sagt früher wie heute: „Wien kann nur dann eine sichere Stadt bleiben, wenn man sich laufend den Problemen stellt, die neu auf die Stadt zukommen." Mahrer ergänzte: „Ich glaube, seine Bereitschaft, Probleme zu erkennen, ist da, sie zu lösen ebenso."
    Zwei Broschüren zu „Sicheres Planen" und „Sicheres Wohnen" unterstreichen die gute Zusammenarbeit zwischen der Stadt und der Polizei in Wien.

Die Zukunft des Wiener Wohnens

„Gerade beim Thema Wohnen sieht man, wie der Bogen von der Geschichte der Sozialdemokratie und der Geschichte unserer Stadt gespannt wird und was für die Menschen in der Gegenwart und in der
Zukunft entscheidend ist", begeistert sich Michael Ludwig. In der Tat
ist der erfolgreiche soziale Wiener Wohnbau der letzten hundert Jahre,
mit Ausnahme der Unterbrechung durch den Austrofaschismus und
den Nationalsozialismus, auch international ein erfolgreiches Vorzeige-
modell. Auch wenn der eine oder andere Oppositionspolitiker die zum
Teil hohen finanziellen Anstrengungen der Stadt in diesem Bereich kritisiert.

Es wird auch in Zukunft so sein, dass man großen Wert auf Qualität und Leistbarkeit der Wohnungen legt, und Wien wird auf einige
gesellschaftspolitische Veränderungen reagieren müssen. Zum Beispiel
auf den Umstand, dass es immer mehr Singlehaushalte gibt. Michael
Ludwig: „Wir werden uns mit dem Umstand beschäftigen, dass die
Menschen erfreulicherweise immer älter werden und die meisten am
liebsten möglichst lange in ihrer ursprünglichen Wohnung bleiben
möchten. Deswegen habe ich auch eine Informationsstelle für barriere-
freies Planen, Bauen und Wohnen gegründet, um, was mir ein Anliegen
war, zwei Gruppen zu erreichen. Zum einen Architekten und Bauträger,
damit sie Wohnungen von Beginn an so errichten, dass sie barrierefrei
sind, und zum anderen die Nutzerinnen und Nutzer, um ihnen entsprechende Unterstützung zu geben." Oft kann durch kleinere Umbau-
arbeiten, indem etwa die Badewanne in eine Dusche umgebaut wird,
viel erreicht werden.

Gemeinsam garteln, gemeinsam helfen

Die Nachbarschaftsgärten, wo die Bewohner des Gemeindebaus bzw.
des Umfelds gemeinschaftlich ihre Gärten betreuen können, wurden
inzwischen sehr gut angenommen. Öffentliche Plätze dafür zur Ver
fügung zu stellen, erscheint im ersten Moment ungewohnt. Man geht

fast jeden Tag an der gleichen Stelle vorbei und plötzlich entsteht ein Gemüsegarten. Manchen ist das zunächst „fremd", doch mit der Zeit erscheint es als eine gute Idee. Die Menschen erfreuen sich mitten in der Stadt an ihren Gartenpflanzen, die sie hegen und pflegen. Auch hinsichtlich des Miteinanders kann das gut angenommen werden, die Bewohner lernen sich dort besser kennen, es ist Nachbarschaft im besten Sinne des Wortes.

Das Miteinander kann auch in der Integration Früchte tragen. So wurden zum Beispiel in einer Gemeindewohnungsanlage die Wände beschmiert, was großes Aufsehen erregte. Nach einigen Diskussionen ist es gelungen, die Bewohner der Anlage dazu zu bewegen, sie selbst zu entfernen. Zu guter Letzt war es wirklich eine gemeinsame Aktion, eine große türkische Gruppe half genauso mit wie alle anderen. Ein gemeinsames Grillfest im Anschluss unterstützte das gegenseitige Kennenlernen und baute eventuelle gegenseitige Vorurteile ab.

Highlights und berechtigte Bedenken

Michael Ludwig hat einige Ideen selbst eingebracht, aber vieles auch im Team erarbeitet. Ludwig: „Es sind nicht alles meine Ideen. Vieles entsteht in Gesprächen im Team und durch Zuhören. Ich bin ein begeisterter Erwachsenenbildner und ich muss sagen, man hat ja immer die Gelegenheit zu lernen, indem man zuhört, indem man als Politiker das Privileg hat, mit vielen Leuten in Kontakt zu treten. Und ständig zu lernen." Ein Ansatz der gut nachvollziehbar, allerdings eher selten anzutreffen ist. Das ist Michael Ludwig, wie wir ihn tagtäglich erleben. Ebenso ist es ihm wichtig, seine Nachfolgerin im Wohnbauressort gut einzuführen. Lange Gespräche helfen da, das Wohnbauressort bleibt ein entscheidendes. So konnte Michael Ludwig gleich nach der Wahl der neuen Stadtregierung am 24. Mai 2018 im Gemeinderat seine Nachfolgerin Kathrin Gaál zur Mieterbeiratsgala begleiten und sie offiziell vorstellen.

Die Highlights im Wohnbauressort sind vielfältig. Im Durchschnitt wurden jährlich 7000 qualitätsvolle und leistbare geförderte Wohnein-

Michael Ludwig 1971 in Klein-Mariazell

Michael Ludwig mit Mutter und Schwester

Michael Ludwig als begeisterter Basketballer mit Kollegen in der Schule

Michael Ludwig mit Schulkollege Ludwig Denich

Michael Ludwig auf Interrail-Reise

Michael Ludwig beim Bundesheer

Michael Ludwig mit BM a. D. Hilde Hawlicek

Michael Ludwig u. a. mit BK a. D. Franz Vranitzky, Bgm. a. D. Michael Häupl bei Gedenkfeier

Michael Ludwig mit Michael Häupl

Michael Ludwig mit dem Bildungsvorsitzenden NR. a. D. Ernst Nedwed

Michael Ludwig mit Ernst Woller und Gewerkschaftspräsident a. D. und Erstem Präsidenten des Nationalrates a. D. Anton Benya

Michael Ludwig mit dem „Bücherkoffer" und Autor Ralph Vallon

Michael Ludwig beim Club Cuvée und „Michael Ludwig im Gespräch" im k47 mit GR Christian Deutsch, Raphaela Vallon-Sattler, Club Cuvée, und Wolfgang Hesoun, IV-Präsident Wien

Michael Ludwig am geplanten „Campus der Religionen" in Aspern mit den Religionsvertretern

Michael Ludwig im Stephansdom

heiten errichtet. Das sind die wichtigsten Errungenschaften: neue Stadtviertel wie *Eurogate*, Nordbahnhof, Seestadt Aspern, Sonnwendviertel, neue Wohnungsmodelle wie die Smart Wohnungen, neue Wohnformen für Seniorinnen, junges und interkulturelles Wohnen, sinnvolle gesetzliche Veränderungen, z. B. Novellen der Sanierungsverordnungen, Flächenbevorratung für den sozialen Wohnbau, Einführung des Bonussystems bei der Vergabe, die sanfte Stadterneuerung, strengere Kontrollen zur Einhaltung der Gesetze z. B. bei Bausünden, 4000 neue Gemeindewohnungen, Stärkung der Mieterbeiräte, verstärkter Mieterschutz, Offensive für Geschäftslokale und Ordinationen z. B. in Gemeindebauten, soziale Wohnungssicherung im Sinne einer Verbesserung der Delogierungsprävention, sicheres und frauengerechtes Wohnen u. v. m.

In letzter Konsequenz ging es all die Jahre immer wieder um die Erhaltung und den Ausbau des sozialen Wohnbaus, um sicherzustellen, dass sozial Schwache und ebenso etwas besser Gestellte in den Wohnbauten zu vernünftigen, leistbaren Preisen wohnen können. Das ist der Verdienst der Sozialdemokratie in den letzten hundert Jahren und ebenso in den letzten elf Jahren Michael Ludwigs als Wohnbaustadtrat. Es ist auch in den zum Teil wirtschaftlich schwierigen Jahren gelungen, Fortschritte zu machen bzw. die bisherigen Standards zu erhalten.

Letztendlich ist auch die höchste Auszeichnung der UNO ein Zeichen, wie sehr Wien sich verändert hat, städtebaulich, mit ganz neuen Vierteln, ja Stadtteilen, mit Renovierungen, Parkanlagen, Parkraum oder mit neuen Hochhäusern. Es sind auch private Public Partnerships eingegangen worden, um die öffentliche Hand zu entlasten und verstärkt private Investoren hereinzunehmen. Einer engen Zusammenarbeit mit der Wiener Industrie und der Wirtschaftskammer Wien kommt in diesem Zusammenhang große Bedeutung zu, die Michael Ludwig auch als Bürgermeister weiterverfolgen wird.

Und doch ziehen gerade jetzt Wolken am Himmel des Mieterschutzes auf. Das aktuelle Programm der türkis-blauen Bundesregierung lässt Schlimmes für die Mieterinnen und Mieter befürchten. Michael Ludwig hat dies als Wohnbaustadtrat schon Anfang des Jahres 2018 als „eindeutige Handschrift neoliberaler Kräfte" bezeichnet. Im Vordergrund stehen dabei Profitinteressen von Hausherren und Lobbyisten aus der Immobilienbranche und nicht die Bedürfnisse der Mieterinnen und Mieter. Die Regierung plant wesentliche Änderungen im bestehenden Mietrecht, z. B. Einschränkungen der Weitergaberechte sowie die Aufhebung des Verbotes der Lagezuschläge in Gründerzeitvierteln.

Michael Ludwig sagte dazu noch als Wohnbaustadtrat: „Eine Aufhebung des Lagezuschlagsverbotes würde mit einem Schlag eine Verteuerung der Mieten um bis zu 2,50 Euro pro Quadratmeter bedeuten. Dies wäre bei einer durchschnittlichen 70 m²-Wohnung eine Verteuerung um 200 Euro inklusive Steuern im Monat."

Knapp 100 000 Altbauwohnungen wären davon betroffen. Der Anstieg würde in Teilen des 3. Bezirkes, des 18. und 19. Bezirkes bei einer 70 m²-Wohnung bis zu 3000 Euro im Jahr ausmachen. Es sieht nach dem Bedienen des VP/FP-Klientels bei den Zinshauseigentümern aus.

Ein weiteres Ziel der derzeitigen Bundesregierung ist es, in den geförderten und kommunalen Wohnbau einzugreifen. Besonders bedenklich sind dabei geplante regelmäßige Einkommensüberprüfungen und Mietzinsanpassungen für Besserverdiener. Das hätte schwerwiegende Folgen für alle Gemeindebaubewohner und Mieter von Genossenschaftswohnungen und geförderten sanierten Wohnhäusern. Konkret müssten acht von zehn Wienerinnen und Wienern zum Gehalts-Check. Michael Ludwig. „Wer arbeitenden Menschen, die ihr Einkommen verbessern, den Wohnraum nimmt bzw. diesen verteuert, handelt leistungsfeindlich und untergräbt die soziale Durchmischung. Wir wollen, dass Wohnen für alle leistbar bleibt und Leistung nicht bestraft wird. Ich sage ganz klar: Nein zu diesem Gehalts-Striptease. Nein zu diesen Erhöhungen durch das Kippen der Lagezuschläge, wir sind für sichere und faire Wohnverhältnisse. Die Menschen müssen sich auf bestehende Gesetze verlassen können."

MICHAEL LUDWIG, DER MENSCH: VERLÄSSLICH UND KONSEQUENT

In den Gesprächen mit seiner Partnerin, vielen Wegbegleitern und Freunden zieht sich die Geradlinigkeit Michael Ludwigs durch. Immer wieder werden seine große Verlässlichkeit, die Handschlagqualität und sein konsequentes Arbeiten mit hoher Umsetzungskraft betont. Hat er einmal eine Idee im Auge, verfolgt er diese sehr genau. Ludwig: „Verlässlich zu sein, ist mir wichtig, Intrigen liegen mir so gar nicht. Ich halte es für den Zugang zu den Menschen generell für besser, wenn man berechenbar und einschätzbar ist und man mit seinen Partnern auf Augenhöhe agieren kann. Das erwarte ich mir aber auch von den anderen."

Im Gespräch mit Irmtraud Rossgatterer

Ein besonderes Interview durfte ich mit Irmtraud Rossgatterer führen, der Frau an der Seite Michael Ludwigs. Als Bankerin kennt sie Verschwiegenheit, das gehört zu ihrem Beruf.

Wenn Irmtraud Rossgatterer über ihren Mann spricht, dann hört man seine Verlässlichkeit heraus: „Er hat in seiner Antrittsrede im Gemeinderat auch das Wort ‚treu' verwendet, und ich kann das nur bestätigen. Ihm ist das wichtig in einer Partnerschaft, beruflich wie privat."

Auch wenn es sich dabei um banale Sachen handelt, wie zum Beispiel eine Urlaubsplanung, er vergisst sie nicht, es bleibt dabei. Sich darauf verlassen zu können, ist für Michael Ludwigs Frau etwas „sehr Schönes". Das Zeitkorsett ist in einer Partnerschaft mit einem Politiker naturgemäß sehr eng. Es stellt sich die Frage, ob man wirklich sehr viel Zeit miteinander verbringen muss – ihre Antwort ist Nein. Die „Nettoqualitätszeit" ist vielleicht größer als in anderen Beziehungen. Irmtraud Rossgatterer: „Es geht darum, die Zeit, die man zu zweit hat, wirklich zu nützen und das Gemeinsame zu suchen. Das tun wir."

Wenn wenig Zeit füreinander zur Verfügung steht, ist das Thema Reisen nicht im Vordergrund, Irmtraud Rossgatterer: „Ich bin in meinem Leben Gott sei Dank schon sehr viel gereist. Einerseits beruflich und andererseits auch privat. Das hat schon damit begonnen, dass ich Interrail gefahren bin. Ich habe immer versucht, viel zu sehen. Im Moment reise ich auch öfter, teilweise mit Familie und Freunden, aber mit Michael reise ich an Plätze, an denen wir uns wirklich erholen können."

Irmtraud Rossgatterer kommt aus Oberösterreich, sie ist bis zum 14. Lebensjahr in einem kleineren Ort in Oberösterreich aufgewachsen und danach in Linz zur Schule gegangen. Anschließend hat sie dort Betriebswirtschaft studiert. Später zog es sie in ein größeres, internationaleres Umfeld, wo sie leben und arbeiten wollte. Die Bewerbungen hatte sie dann schon so gestaltet, dass es eigentlich nur noch Wien werden konnte.

Wie der Zufall es so wollte, lernte Irmtraud Rossgatterer Michael Ludwig 2006 im Flugzeug kennen. Also ein Jahr bevor er Stadtrat wurde. Sie kamen im Flugzeug ins Gespräch und schon damals faszinierte Irmtraud Rossgatterer die Aufmerksamkeit, die Michael Ludwig von Anfang an zeigte. Und es war zu spüren, dass es vom Herzen kommt. Bis beide ihre Treffen intensivierten, dauerte es fast ein halbes Jahr, es zeichnete sich damals schon ab, dass Zeit nicht im Überfluss vorhanden sein würde.

Die Verlässlichkeit ist bei Michael Ludwig etwas ganz Besonderes, beschreibt Irmtraud Rossgatterer. Wenn er bei einem Termin zugesagt hat, dann kommt er auch. Und wenn er da ist, ist er da, es passiert auch nicht, dass er 20 Dinge auf einmal macht, beim Gespräch unaufmerksam ist und nur kurz bleibt.

Ein anderes Thema, das in einer Beziehung mit einem in der Öffentlichkeit stehenden Mann eine große Rolle spielt, ist die mediale Darstellung und Wahrnehmung. Wie gehen Michael Ludwig und Irmtraud Rossgatterer damit um?

„Wir machen es uns relativ leicht, weil wir uns von Anfang an versprochen haben, dass wir Details unserer beruflichen Themen auslassen. Wenn wir miteinander über das, was wir erleben, sprechen, dann sind das persönliche Dinge. Natürlich reizt es mich, wenn ich etwas in der Zeitung gelesen habe, nachzufragen. Ich nehme mich aber sehr zurück und überlasse Michael, was oder wie viel er mir erzählen möchte. Wenn Michael oder ich unter Druck stehen, ist es wichtig, dass wir klarstellen, dass der Rückzug, den wir manchmal brauchen, nichts mit dem anderen zu tun hat, sondern mit der Situation und den Rahmenbedingungen."

So haben sich beide daran gewöhnt, dass bei allen elektronischen Geräten, die sie haben, Kopfhörer verwendet werden. Wenn der eine zum Beispiel Fernsehen möchte und der andere nicht, kann das hilfreich sein. Michael Ludwigs Frau dazu konsequent: „Da bin ich zwar freundlich, möchte aber nicht gestört werden."

Privat zeigt Michael Ludwig auch, dass er die Familie schätzt und dort einen Ort des Rückzuges, des Vertrauens und der Freude findet. So telefoniert er jeden Tag mit seiner Mutter und hält die Termine mit ihr konsequent ein. Wort Halten zum Beispiel bei den vereinbarten Essensterminen ist selbstverständlich. Irmtraud Rossgatterer: „Zu meiner großen Freude ist er ein Familienmensch. Bis jetzt war er bei jedem Geburtstag meiner Eltern dabei, was für ihn wirklich nicht einfach einzurichten ist."

Gemeinsame Freizeit heißt für beide zum Beispiel, am Sonntag laufen zu gehen und diesen Tag anschließend gemeinsam zu genießen.

Wandern steht ebenso auf dem Programm, in erster Linie im Urlaub. Auch Tanzen ist im Hause Ludwig sehr beliebt, findet allerdings eher in der Ballsaison statt, Michael Ludwig besuchte mit seiner Irmtraud 2018 einige Bälle, zum Beispiel den Ball der Wiener Wirtschaft. Genau eine Woche nach der Wahl zum neuen Vorsitzenden der Wiener SPÖ genoss Michael Ludwig sichtlich den Abend mit der Frau seines Herzens.

Das ganze Jahr über gibt es viele öffentliche Auftritte als Bürgermeister, schon als Wohnbaustadtrat waren es sehr viele. Wie geht man als Lebenspartnerin der Nummer Eins in dieser Stadt damit um? Es scheint „ganz normal". Irmtraud Rossgatterer: „Ich bin ab und zu bei Terminen dabei gewesen, habe mich aber absichtlich auf die Beobachterposition zurückgezogen, weil mich sehr interessiert, was sich abspielt, wie die

Leute auf Michael reagieren, wie er das so macht. Wenn notwendig, bin ich aber gerne für Michael und das wunderbare Wien zur Stelle."

Irmtraud Rossgatterer sieht, dass natürlich ihr Mann im Mittelpunkt steht. „Die Menschen möchten in erster Linie Michael Ludwig treffen, den sie wählen oder der sie interessiert, mit ihm sprechen, ihn kennenlernen und nicht seine bessere Hälfte."

Musik ist auch eine Leidenschaft im Hause Ludwig. Beide sind große Fans der Wiener Symphoniker. Inzwischen hat sich das musikalische Spektrum erweitert, wobei in der gemeinsamen Schnittmenge, auf die sie sich in letzter Zeit geeinigt haben, italienische Songs ebenso Berücksichtigung finden.

Die Seefestspiele Mörbisch stehen auch jedes Jahr auf dem Programm, hier trifft Michael Ludwig auf Landeshauptmann Hans Niessl. Harald Serafin, der legendäre frühere Intendant von Mörbisch, attestierte auch 2018: „Ich mag die beiden sympathischen Politiker, sie machen etwas für die Kultur und für die Unterhaltung der Menschen, wunderbar!"

Bei den Bregenzer Festspielen feierte Michael Ludwig mit seiner Frau 2018 Premiere, die geliebten Wiener Symphoniker spielten und Treffen mit zwei Landeshauptleuten standen auch auf dem Programm.

Michael Ludwig ist auch ein Genussmensch. Seine Frau kocht gerne und er hat ihr das ganz überlassen – da gibt's dann wenig dazwischenzureden. Wenn Irmtraud kocht, liebt das der vielbeschäftigte Politiker: „Einem guten Essen von Irmi kann und will ich mich nicht verschließen. Ich liebe es, wenn sie kocht, das ist großartig", schwärmt der neue Wiener Bürgermeister. Und angenehm ist, dass er fast alles gerne isst. „Ja, ich experimentiere gern und da geht Michi mit. Er weiß zwar, wie die Dinge schmecken sollen, wenn ich sie allerdings abwandle, ist er dafür offen. Ich verwende gerne verschiedene Gewürze aus dem Garten unseres kleinen Hauses in der Kleingartensiedlung", sagt die Frau des Bürgermeisters und betont, dass beide sehr gerne in Floridsdorf leben. Ein bodenständiger Politiker eben.

Gespräche mit den Nachbarn sind an der Tagesordnung, genauso ist er allerdings auch dankbar für die Zurückhaltung der Floridsdorfer, die die beiden ganz normal leben lassen. Ob das als Bürgermeister nun schwieriger werden wird? „Ich glaube nicht, die Menschen spüren, dass wir hier gerne leben, und geben uns auch den Freiraum, den wir brauchen, um uns zu erholen", sagt Michael Ludwig, der oberste Kleingärtner der Stadt.

Um der guten Kulinarik etwas entgegenzusetzen, machen Michael Ludwig und seine Frau jedes Jahr gemeinsam eine Mayr-Kur. Bei so viel Arbeit und Einsatz von Michael Ludwig ist es auch wichtig, sich zwischendurch zu entspannen. Das gelingt ihm auf unterschiedlichste Weise. Irmtraud Rossgartner: „Ganz viel Ruhe kann es zum Beispiel sein. Er hat die große Fähigkeit, dass er im Hier und Jetzt lebt. Das bewundere ich, denn das kann ich nicht so gut wie er. Michi kann sich hinsetzen und sich etwas komplett widmen, ohne dass er an andere Dinge denkt. Die Erholung geht relativ schnell bei ihm, aber auch nur, wenn er wirklich Ruhe hat. Deshalb ist es wichtig, dass er sich seinen Raum für Erholung immer wieder schafft, auch aus Verantwortung für die vielen Menschen, die ihn unterstützen." Dazu gehören unmittelbar seine große sozialdemokratische Familie, die vielen Sympathisanten außerhalb der Partei, seine Freunde, die Familie mit seiner Mutter und natürlich seine Frau.

Irmtraud Rossgatterer: „Wir haben jeden Tag eine Zeit, in der wir zusammen sind. Wir frühstücken gemeinsam und/oder essen am Abend gemeinsam. Michi hat leider die Angewohnheit, dass er untertags nichts isst und zu wenig Wasser trinkt, da er nur in Ruhe essen will. Mein kleiner Beitrag ist, dass ich später esse, als ich sonst essen würde." Das ist viel mehr als Begleitung, es ist eine wichtige liebevolle Unterstützung.

Diese Aufmerksamkeit, die Imtraud Rossgatterer bei Michael Ludwig besonders hervorhebt, erwidert ihr Mann, indem er „ihre Herzlichkeit, diese warmherzige liebevolle Zuneigung" betont, die ihm „von Beginn an aufgefallen ist".

Gegen Ende des Interviews erzählt Irmtraud Rossgatterer noch eine Situation aus dem Urlaub, die das Zusammenleben näherbringt.

Ein kurzfristiger Urlaub: Gebucht war nichts und so fuhren sie ins Waldviertel mit dem Ziel, ein bisschen Ruhe zu finden und allein zu sein. Irmtraud Rossgatterer: „Wir gingen in die Frühstückspension, machten die Tür auf und dachten ja, wir sind sozusagen im letzten Eck

Österreichs. Auf einmal sitzen zwei enge Freunde von Michael aus der Partei da und sagen: ‚Super, dass ihr auch da seid!‘ Nach einem Plausch sind wir fünf Stunden durch den Wald spaziert, plötzlich fing es stark zu regnen an und das Wasser floss durch meine Wanderschuhe. Es kam aus dem Misthaufen des nebenliegenden Stalls. Wir haben sehr gelacht. Das war eine der ersten Situationen, wo wir bemerkten, so leicht kann man uns nicht aus der Ruhe bringen.“

Das Ja-Wort: Michael Ludwig und Irmtraud Rossgatterer

99 Tage nach der Wahl zum Wiener Bürgermeister war es so weit: Michael Ludwig heiratete seine Irmi, wie er und Freunde sie nennen. Nach zwölf Jahren Lebenspartnerschaft war die Zeit gekommen, die Eheringe zu tauschen. Auf seiner Facebookseite mit dem Eintrag zur Hochzeit mit circa 3000 Likes und Herzen war zu lesen: „Heute habe ich mein Versprechen eingelöst und der Liebe meines Lebens im Wiener Rathaus das Ja-Wort gegeben. Es war ein magischer Moment im Rahmen einer schlichten Zeremonie im engsten Familienkreis. Danke für dieses unvergessliche Erlebnis. Wir sind überglücklich. Flitterwochen sind vorerst keine geplant. Wir lieben es, Zeit in Wien zu verbringen.“

Nur eine kleine familiäre Runde von 30 Personen war in den Roten Salon des Wiener Rathauses eingeladen und feierte mit den beiden Hochzeitern. Mit einem Fotografen scherzte Michael Ludwig noch ein paar Wochen zuvor am Neustifter Kirtag über die Hochzeitsringe, die richtige Auswahl für Braut und Bräutigam wurde dann doch gefunden: matte weißgoldene Ringe.

Nach einem Menü aus dem Rathauskeller war anschließend auch Tanzen angesagt. Das Brautpaar liebt es zu tanzen, so gab es Tango und Walzer, Letzterer wurde spontan aufs Parkett gelegt. Gerade noch rechtzeitig, am letzten Tag seiner hundert Tage Amtsführung als Wiener Bürgermeister, löste Michael Ludwig sein Versprechen zu heiraten ein. Geplant war die Heirat schon länger, Ende 2017 verlobten sich Michael Ludwig und Irmtraud Rossgatterer.

Ob die Umstellung nach der Hochzeit nun groß sei, fragte Ida Metzger im „Kurier" die Ehefrau Michael Ludwigs: „Das Leben hat eine ganz große Konstante für mich – und die sitzt hier an meiner Seite. Deswegen kann ich mich an die Veränderungen in meinem Leben, die sicherlich sehr groß sein werden, in einer gewissen Vertrautheit und mit einem Gefühl der Sicherheit gewöhnen. Bis jetzt sind die Veränderungen sehr positiv." Die Veränderungen sind für Irmtraud Rossgatterer, die ihren bisherigen Namen beibehält, doch etwas größer, weil „ich vor der Funktion meines Mannes großen Respekt" habe und das gilt auch, wenn man „nur im Windschatten dabei ist".

Ziel für Irmtraud Rossgatterer bleibt es, wie bisher „alles, was da kommt, sportlich zu nehmen und am Boden zu bleiben". Die Einladung für die Hochzeitsgäste, die in Form eines Boarding-Passes erfolgte, hatte seinen guten Grund. Sie lernten sich auf einem Flug von Hamburg nach Wien kennen, wo sie zufällig nebeneinander zu sitzen kamen. Zuerst plauderte man noch über Finanzen und Banken, am Ende des Fluges wurde es dann schon etwas persönlicher. Michael Ludwig: „Beim Aussteigen dachte ich mir, diese Frau würde ich gerne wieder treffen. Also schickte ich ihr am nächsten Tag ein Reisebuch in Anspielung auf unser erstes Zusammentreffen." Irmtraud Rossgatterer: „Ja, das hat mir schon sehr gut gefallen, am nächsten Tag ein Buch mit einem handgeschriebenen Brief zu bekommen, das hatte Stil." Und anschließend beschreibt sie dann ihren Mann „als einen Romantiker, was allerdings fast zu oberflächlich wäre: Michael ist ein Liebender. Ich bin eine sehr privilegierte Frau."

Irmtraud Rossgatterer, die in einem kleineren Ort in Oberösterreich aufgewachsen ist, beschreibt, dass die „Rossgatterischen" schon damals bekannt dafür waren, nicht „mainstream" zu sein: „So gesehen kann das Elternhaus nicht so sehr konservativ gewesen sein, aber ja, die Prägung in meiner Erziehung war sicherlich christlich-sozial." Schon damals schaute Irmtraud Rossgatterers Vater auf die gute Ausbildung seiner Töchter, was ihm am Stammtisch die eine oder andere Bemerkung einbrachte, „unsere Ausbildung sei eine Fehlinvestition". Später in Wien war es für Irmtraud Rossgatterer dann doch leichter, sich mit den Attributen einer offenen Großstadt zu identifizieren. „Mir ging es dann wie vielen, die vom Land nach Wien wechselten, dort wurde man schnell Sozialdemokratin", berichtete sie dem „Kurier".

Mit 57 zu heiraten, ist für beide schon eher spät, wenn man allerdings bedenkt, dass sich beide schon vor zwölf Jahren kennengelernt haben, ist das nur noch eine Draufgabe. Allerdings sieht Michael Ludwig schon einen Unterschied im Vergleich zum jungen Heiraten: „Man ist eher bereit, Kompromisse einzugehen, als junger Mensch sieht man manches anders, insofern ist Lebenserfahrung hilfreich in einer Beziehung."

Das Jahr 2018 hatte es in sich: Anfang des Jahres, nach durchaus turbulenten innerparteilichen Diskussionen zum Vorsitzenden der SPÖ-Wien und im Mai zum Bürgermeister gewählt zu werden und dann nach 99 Tagen „die Liebe meines Lebens" zu heiraten, wie es Michael Ludwig beschreibt, bleibt etwas sehr Besonderes. Wie geht der neue Bürgermeister mit so viel Erfolg, beruflich und privat, um? Michael Ludwig: „Mir ist immer sehr bewusst, dass alles fließt, ‚panta rhei', sagte schon der griechische Philosoph Heraklit. Nachdem ich in meinem Leben schon Höhen und Tiefen erlebt habe, weiß ich, wie ich das einzuschätzen habe: demütig." Und so geht Michael Ludwig Schritt für Schritt seinen Weg mit viel Kraft und Zuversicht weiter, unterstützt von seiner engsten Umgebung.

Mama Ludwig: fürsorglich und stolz

Laut Michael Ludwig war seine Mutter immer sehr gefordert und durch die viele Arbeit und die große Verantwortung als Alleinerzieherin war nicht so viel Zeit für tägliche Streicheleinheiten. Ihre Fürsorge war trotzdem sehr groß, insbesondere als Michael einmal sehr krank wurde. Das war vermutlich das einschneidende Erlebnis für sie: Seitdem waren das Schützende und sich Sorgende bei ihr besonders ausgeprägt. Als Michael Ludwig dann sehr bald in jungen Jahren selbständig wurde und auf eigenen Beinen stand, war für sie eine gewisse Entlastung spürbar.

Leistung stand schon früh im Hause Ludwig an oberster Stelle, der Fleiß der Mama war nicht zu übersehen und zeigte, dass ohne großen Arbeitseinsatz nicht viel zu erreichen ist. Michael Ludwig hat das von klein auf mitbekommen und als wichtigen Bestandteil des Lebens erlebt. So gesehen kann die Mama als Vorbild gesehen werden.

Stolz blickt heute die Mutter von Michael Ludwig auf die Leistungen ihres Sohnes, wie zum Beispiel bei Veranstaltungen. Kurz vor der Bürgermeisterwahl eröffnete ihr Michael mit Dompfarrer Toni Faber und Präsident Walter Ruck von der Wirtschaftskammer Wien den Stefflkirtag. Sympathisch und ruhig beobachte sie das Treiben inklusive einem spritzenden, übergehenden Bierfass.

Zwei enge Wegbegleiter: Christian Deutsch und Ernst Woller skizieren Michael Ludwig

Die Verlässlichkeit von Michael Ludwig ist immer wieder erkennbar, er überrascht auch Freunde oder Wegbegleiter. Das kann eine SMS, ein Anruf sein, wo doch normalerweise Stadträte oder gar Bürgermeister sehr sparsam mit der Kommunikation sind.

Wertschätzung ist ein anderes Attribut, das Michael Ludwig symbolisiert. Es findet ein Geburtstag von politischen Freunden statt, ein 50er wird bei einem Gemeindebaufest gefeiert. Michael Ludwig ist allein unterwegs. Die erste Hand einer älteren Frau, die er ergreift, wird dann gleich 15 Minuten festgehalten. Die Reaktion des bodenständigen Stadtrates: „Na, dann setzen wir uns einmal nieder." Das Gespräch dauerte 20 Minuten, er kann zuhören und erfährt so viel über die Menschen, ihre Sorgen und ihre Herausforderungen.

Auch für neue Ideen ist Michael Ludwig immer aufgeschlossen. Das Gespür, ob das gut wird, hat er, gleichzeitig aber auch das Vertrauen, dass jene, die das machen, das gut und mit viel Engagement tun.

Genauso besucht er Menschen im Krankenhaus. Im Sommer 2018 besuchte Ludwig zum Beispiel seinen langjährigen Weggefährten Rudi Gelbard. Er zeigt, dass er menschlich agiert, Menschen mag und sich um sie kümmert.

Christian Deutsch, ein enger politischer Wegbegleiter des neuen SP-Vorsitzenden seit 2016, kannte ihn auch schon davor gut. Deutsch beschreibt Michael Ludwig folgendermaßen: „Er ist ein Mensch, der sehr viele Gespräche führt, das hat er in allen seinen Tätigkeiten gemacht, ich kenne ihn ja länger aus der Bildung und aus der Volkshochschul-Zeit. Wenn man sich seinen ganzen Lebensweg anschaut, hat er immer hart gearbeitet, das zieht sich durch. Und er hat nie vergessen, wie die Lebensrealitäten tatsächlich ausschauen, das heißt, mit welchen Herausforderungen die Menschen konfrontiert sind. Was Michael Ludwig ebenso auszeichnet, ist nicht nur zuzuhören, sondern zu versuchen, Dinge zu verbessern, zu verändern. Im Sinne seiner langen Tätigkeit in der Erwachsenenbildung, ist er im wahrsten Sinne des Wortes ein Volksbildner." Es war ihm aufgrund seiner Ausbildung als Historiker auch immer ein Anliegen, Geschichte zu vermitteln, um Fehler nicht zu wiederholen, um in die Zukunft schauen zu können und diese zu gestalten.

Deutsch: „Wenn Michael Ludwig Dinge gut überlegt hat, trifft er anschließend eine Entscheidung und zieht diese dann konsequent durch. Er ist auch sehr mutig im richtigen Moment, z. B. vor dem Parteitag 2017, als er sagte, wenn Häupl nicht antritt, steht er zu Verfügung. Das hat ihm auch viele Streichungen gebracht." Auf seine Handschlagqualität angesprochen, bestätigt auch Christian Deutsch, dass man sich auf Ludwig verlassen kann. Ob Ludwig auch einmal ungeduldig oder gar grantig werden kann? Deutsch: „Er verlangt natürlich, dass man über Dinge nicht nur redet oder sie gar auf die lange Bank schiebt, sondern diese umsetzt. Wenn das nicht passiert, kann er auch einmal ungeduldig werden, aber nicht grantig."

Ein weiterer Punkt, der zu Michael Ludwig passt, ist, gegenüber neuen Ideen aufgeschlossen zu sein. So kam eines Tages der Bildungs- und Kulturkollege Gemeinderat Ernst Woller zu ihm und erzählte ihm, dass es da einen Ball der Friseure gebe, den ein sehr aktiver Versicherungsberater, dessen Frau Friseurin sei, organisiere. Die Frage war, ob er denn nicht die Eröffnung übernehmen würde. Michael Ludwig sagte zu und eine Woche vor dem legendären Wahlparteitag zum SP-Vorsitzenden fand am 20. Jänner 2018 der Ball in den VIP-Räumlichkeiten des

Allianz-Stadions statt. Über 1000 Teilnehmerinnen und Teilnehmer waren dort, Ludwig blieb vier Stunden, nicht um zu feiern, sondern um zu reden. Ursprünglich kannte er drei, vier Leute dort, am Ende waren es einige hundert. Seinem Leitspruch „Beim Reden kommen die Leut' zsamm" wird Michael Ludwig so immer wieder gerecht. Er mag die Menschen und das strahlt er auch aus und die Menschen geben es ihm zurück, sie mögen ihn.

Feedback: nachdenken, lesen und reden

Wenn man Michael Ludwig bei gewissen Überlegungen beobachtet, entsteht der Eindruck, dass er auch einen positiven Zugang zur Esoterik hat, im bestem Sinne des altgriechischen Wortes esoterikós – innerlich, sich eben immer wieder in den Spiegel zu schauen. Letztendlich geht es dabei um den inneren Erkenntnisweg eines Menschen, der nicht unbedingt spirituell sein muss.

Was ebenso auffällt, wenn man sich mit Michael Ludwig näher auseinandersetzt, ist seine große Liebe zum Lesen. Er ist sehr belesen, kennt sich wirklich aus und kann die Zusammenhänge bestens rezitieren. Befragt nach relevanten geschichtlichen Ereignissen, denkt er schnell an 1789 und die Französische Revolution mit der Parole „Freiheit, Gleichheit, Brüderlichkeit". Dieser historische Wahlspruch wird heute oftmals durch „Freiheit, Gleichheit, Solidarität" oder „Freiheit, Gerechtigkeit, Solidarität" ersetzt und findet in Grundsatzprogrammen einiger sozialdemokratischer Parteien Eingang. Der Begriff „Solidarität" schließt, im Gegensatz zur „Brüderlichkeit", Frauen mit ein, was natürlich wichtig ist.

Eine weitere, für Michael Ludwig geschichtlich bedeutende Jahreszahl – 1848 –, stand erst vor Kurzem im Mittelpunkt. Die Ausstellung dazu, die Anfang September 2018 im niederösterreichischen Landhaus eröffnet wurde, widmet sich der Revolution von 1848. Sie war die Geburtsstunde unserer heutigen Gesellschaft. Von Paris ausgehend sprang der Revolutionsfunke auch auf weite Teile Europas über. Im ehemaligen Landhaus der niederösterreichischen Stände nahm die Wiener Revolution ihren Ausgang. Quasi am „Originalschauplatz" war Michael Ludwig bei der Eröffnung der neuen Ausstellung „1848 – Die vergessen Revolution", die der Generaldirektor des Staatsarchivs, Wolfgang Maderthaner, verantwortet. Der frühere Bundespräsident Heinz Fischer, Regierungsbeauftragter für das Gedenkjahr 2018, betonte die Bedeutung von Ausstellungen bei der Eröffnung: „Einmal sehen ist besser als hundert Mal hören."

Gerne geht der neue Bürgermeister bei seinen Reden auf spezielle historische Ereignisse ein bzw. nimmt auch aktuell auf Themen Bezug. Veranstaltungsteilnehmer berichten immer wieder, wie sympathisch und interessiert Michael Ludwig vorträgt bzw. anschließend bei den Begegnungen kommuniziert. Wenn er mit jemandem spricht, gilt volle Konzentration auf das Gegenüber, „Reden wir darüber" bleibt keine leere Floskel.

Widder, im Aszendent Steinbock

Ein kurzer Ausflug zum Sternzeichen Widder, im Aszendent Steinbock – Michael Ludwig ist in diesem Sternzeichen geboren.

In Geburtshoroskopen können Persönlichkeitsmerkmale einer Person deutlich bzw. gewisse Tendenzen erkennbar werden. Vorauszuschicken ist an dieser Stelle, dass Michael Ludwig nicht viel von Astrologie hält, ist er doch auch eine sehr rationale Persönlichkeit, die allerdings Emotionalem durchaus zugeneigt sein kann. Da sich allerdings viele Menschen mit Astrologie beschäftigen, werden hier einige Eigenschaften des Widders mit Aszendent Steinbock angesprochen.

Menschen, die im Zeichen des Widders mit Aszendent Steinbock geboren sind, sind Arbeitsmenschen mit einem großen Durchsetzungsvermögen. Die Pflicht steht bei Widder-Menschen mit Steinbock eindeutig an erster Stelle, das Privatleben wird hingegen mitunter nach hinten gereiht. Um die eigenen Ziele durchzusetzen, kann ein Widder mit Steinbock sehr konsequent sein. Das Ziel wird nicht aus dem Auge verloren. Aufgrund der großen Beharrlichkeit und des Ehrgeizes schafft es der Widder mit Aszendent Steinbock, weitreichende Ziele zu verwirklichen und schwierige Aufgaben zu meistern. In der Kommunikation bleibt er meist verbindlich.

Es sind absolut zuverlässige und realitätsnahe Menschen, die auf den ersten Blick eher ruhig wirken. Allerdings sollte man sie nicht unterschätzen, denn mit ihnen ist immer zu rechnen. Sie können, mit einer Sache konfrontiert, völlig unerwartet reagieren, weil sie zuvor in der Lage waren, sich lange zu beherrschen, und häufig sehr methodisch vorgehen. Die Übereinstimmung zwischen Aufbruchsstimmung beim Widder und gründlicher Beharrlichkeit beim Steinbock kann von Vorteil sein.

Der Astrologe Norbert Giesow sieht in Widder-Geborenen jene, die darauf achten sollten, dass sie die eigenen Gefühle nicht vergessen. In letzter Konsequenz wird eine Familie, ein Heim im Laufe des Lebens immer wichtiger. Es gilt, die beruflichen oder gesellschaftlichen Ziele, den persönlichen Ehrgeiz und den Wunsch nach Familie und Geborgenheit miteinander zu verbinden.

Greift man einige Attribute als mögliche Parallelen heraus, könnten das bei Michael Ludwig die Zielstrebigkeit, die Ausdauer, die starke Arbeitsfokussierung, die Beharrlichkeit, der Familiensinn, die nötige Geduld, die Realitätsnähe, die Zuverlässigkeit, die gute Kommunikationsfähigkeit, das Pflichtbewusstsein und das Interesse und die Wertschätzung Menschen gegenüber sein. Das alles sind Eigenschaften des Widders mit Steinbock-Aszendet. Und Leadership als Führungspersönlichkeit ist beim Widder ohnehin ein wichtiges Thema, auch, wenn es manchmal vordergründig nicht so sehr präsent erscheint. Der Widder insbesondere mit Steinbock vergisst nicht und kann durchaus unerwartet durchgreifen. Der Ruf des Widders, ehrlich und offen zu sein, ist ebenso gegeben. Geradlinige, intensiv arbeitende Menschen haben für Intrigen keine Zeit. Das Tempo des Widders mitzugehen, kann durchaus eine Herausforderung bedeuten, ist es doch fast gleichbleibend hoch. Dass die Farbe des Widders hellrot leuchtend bis blutrot ist, bleibt bei Michael Ludwig eher eine zufällige Parallele, die allerdings tatsächliche Relevanz in der Parteifarbe hat.

MICHAEL LUDWIG AUF DEM WEG ZUM SP-WIEN-VORSITZENDEN

Der Weg zum Parteivorsitzenden von Michael Ludwig war alles andere als ein vorgezeichneter. Nach einer Reihe von Ereignissen rückte Michael Ludwig, als Vertreter der kritischen Stimmen, immer mehr in den Mittelpunkt. Und das lag in erster Linie an den Themen, die zu wenig Berücksichtigung fanden. Das Establishment der Partei mit dem Großteil der Stadtregierung stand der Gruppierung der Basis aus den oft großen Bezirken immer wieder gegenüber. Die Anliegen dort waren fordernd, die Themen daraus resultierend: die Migrations- und Flüchtlingsthematik, Sicherheit, Infrastruktur, Schulen und Kindergärten, leistbares Wohnen, Arbeitsplätze sowie Aus- und Weiterbildung.

Die kritische Gruppe in der Partei fühlte sich mit „ihren" Themen nicht ausreichend berücksichtigt. Das heißt, es ging nicht um rechts oder links in der Partei, es ging um die Berücksichtigung der Bedürfnisse der großen bevölkerungsstarken SP-Bezirke, aber auch der Meinungen aus anderen Bezirken.

Die Anfänge – ein Blick zurück mit Ernst Woller

Anfang 2009, als Michael Ludwig nach dem Rücktritt von Grete Laska Vizebürgermeister wurde, war das schon ein erster Hinweis, dass der Wohnbaustadtrat eines Tages höhere Weihen erlangen könnte. Renate Brauner, die Finanzstadträtin, war zu diesem Zeitpunkt ebenso Vizebürgermeisterin und sollte es auch noch eine Weile bleiben. Obwohl auch andere langjährige Funktionsträger „Anspruch" auf den Vizebürgermeister gehabt hätten, wie zum Beispiel Rudolf Schicker, entschied sich Michael Häupl für Ludwig. Er hielt große Stücke auf ihn, sie arbeiteten gut zusammen und er sah seine starke Außenwirkung ebenso wie seinen großen Wissensradius von der Bildung über Kultur und alle sozialdemokratischen Kernthemen.

Als bei der Gemeinderatswahl 2010 die absolute SPÖ-Mehrheit verloren ging, war klar, dass der neue Koalitionspartner den Anspruch auf einen Vizebürgermeister haben würde. Die Koalitionsverhandlungen 2010 wurden mit der ÖVP und den Grünen geführt, schnell kristallisierte sich heraus, dass Häupl das grüne Experiment wagen möchte. Früher hatte Michael Häupl eher zur ÖVP tendiert und hatte mit ihr in der Koalition gut zusammengearbeitet. Insbesondere die Achse zu Wirtschaftskammerpräsident Nettig war eine belastbare. Diesmal schien in der Wiener ÖVP kein starkes, verlässliches Gegenüber verfügbar. So wurde es eine rot-grüne Regierung und Maria Vassilakou Vizebürgermeisterin. Nicht Renate Brauner musste den Vize abgeben, sondern Michael Ludwig. Dies war allerdings für Michael Ludwig völlig klar; als ihn Michael Häupl zu einem Gespräch rufen wollte, antwortete er schon vorab: „Da brauchen wir gar nicht reden, ich verstehe, dass du Renate mit dem wichtigen Ressort Finanzen und Wirtschaft das Vizebürgermeisteramt lässt." Trotz dieser klaren Verhältnisse war es der Beginn einer Nachfolgediskussion. Renate Brauner und ihr Umfeld bildeten einen immer selbstbewussteren Machtzirkel. Die Achse Brauner/Häupl konnte all die Jahre als eine vertrauensvolle bezeichnet werden, auch lange nachdem die beiden privat kein Paar mehr waren.

Ernst Woller, der 30 Jahre Erfahrung im Gemeinde- und Bundesrat aufweisen kann, versucht rückblickend, die Lager um die mögliche Nachfolge Häupls von damals zu analysieren. Woller war viele Jahre zu keiner Gruppierung zuzurechnen, wenn überhaupt, dann in erster Linie zu Michael Häupl. Erst in den letzten Jahren seit 2015 tendierte der SP-Bildungsvorsitzende zur Gruppierung um Michael Ludwig. Dazu kam, dass er und Ludwig über Jahre in der Wiener SP-Bildung vertrauensvoll zusammengearbeitet hatten.

Woller sah schon zu dieser Zeit drei Frauen, die versuchten, gemeinsam mit Harry Kopietz, dem früheren Landesparteisekretär und späteren Ersten Präsidenten des Wiener Landtages, die Fäden zu ziehen: Die Stadträtinnen Brauner, Wehsely und Frauenberger hatten maßgeblichen Einfluss. Ernst Woller: „Ab 2015 wurde versucht, Michael Ludwigs Stern als sinkend darzustellen und ihn als einen Vertreter des rechten Flügels in der SP zu bezeichnen. Eine Koalition mit der FP wurde ihm angedichtet, was natürlich keinerlei wahren Hintergrund hatte."

Christian Deutsch: neue Wege und Gegenwind

Christian Deutsch, der im Herbst 2008 neuer Landesparteisekretär wurde, erhielt von Michael Häupl den Auftrag, die SPÖ-Wien weiterzuentwickeln. Grete Laska, ebenfalls eine langjährige Vertraute Häupls, stand im Zuge des Bauvorhabens Pratervorplatz einigermaßen unter Druck und verließ auf eigenen Wunsch die Stadtregierung. Harry Kopietz rückte als Dankeschön für seine langjährige Arbeit als Landesparteisekretär in die Funktion des Ersten Präsidenten des Wiener Landtages auf. Er hatte viele Wahlkämpfe für die SPÖ geschlagen und auch das Donauinselfest entwickelt und organisiert.

Christian Deutsch, ein strategisch gewandter Parteigeschäftsführer, war sehr intensiv bei der Parteibasis in den Bezirken präsent. Die größte Mitgliederbefragung in der Geschichte der Wiener SPÖ oder eine völlige neue Hausbesuchs-Tour mit 100 000 Kontakten wurde umgesetzt. Deutsch: „Mir war wichtig, parteiintern sehr aktiv zu sein. Ich habe damals mit meinem Team eine Tour durch alle Bezirke gemacht, um vor Ort zu sein und zu hören, welche Sorgen und Probleme die Menschen haben. Daraus sind dann die Kampagnen entstanden. So ist es uns gelungen, die weit verbreitete Meinung, eine Partei ist nur in Wahlkämpfen aktiv, zu widerlegen." Permanent präsent zu sein, eben während der ganzen Legislaturperiode, ist die Chance, mit den Wienerinnen und Wienern zu kommunizieren. Meinungsveränderungen mit klaren politischen Botschaften kann man am besten vor einem Wahlkampf erzielen, wenn die Aufnahmebereitschaft der Menschen noch größer ist. Im Wahlkampf selbst werden von allen Akteuren sehr viele Inhalte transportiert, sodass neue Themen schwerer zu platzieren sind.

Nach der Gemeinderatswahl 2010 wurden aufgrund der neuen Situation erste Unstimmigkeiten deutlich. Ob das an Michael Häupl vorüberging? Vermutlich nicht, er hat sich allerdings intern dazu kaum zu Wort gemeldet. Völlig unbestritten ist es, dass Michael Häupl ein sehr guter Bürgermeister mit viel politischem Instinkt, Intellekt, aber auch gutem Wortwitz war.

Langzeitbegleiter von Michael Häupl war zweifelsohne Harry Kopietz. Beide arbeiteten viele Jahre vertrauensvoll zusammen. Das Gleiche galt im Bezirk Floridsdorf für Harry Kopietz und Michael Ludwig, Kopietz förderte Ludwig. Die Grande Dame der Floridsdorfer Sozialdemokratie und frühere Unterrichtsministerin Hilde Hawlicek freute sich immer über das gute Verhältnis der beiden Floridsdorfer, erst in den letzten zwei Jahren beobachtete sie ein Abrücken Kopietz'.

Bis 2014 war Christian Deutsch Landesparteisekretär, er trat dann zurück, als er sah, dass es keine Möglichkeit mehr gab, effektiv und verantwortungsvoll weiterzuarbeiten. Er ist einer, der den Dingen sehr genau auf den Grund geht und politisch ein Profi ist, die Partei kennt wie kaum ein anderer. Darüber hinaus ist Deutsch sehr korrekt, alles, was nur einen Anflug von Unkorrektheit haben könnte, lehnt er grundsätzlich ab. Dieser Stil, den auch Michael Ludwig verinnerlicht hat, verbindet die beiden.

Der Nachfolger von Christian Deutsch wurde Georg Niedermühlbichler, der später, mit Christian Kerns Aufstieg zum SP-Vorsitzenden, neuer Bundesgeschäftsführer wurde. Zuvor hatte man schon Katharina Schinner 2013 als Stellvertreterin an die Seite Deutschs gestellt, die Alois Aschauer ersetzte, einen sympathischen, bodenständigen Parteimanager. Er wechselte später, in der Zeit der Umorganisation ins Echo-Medienhaus. Mit Katharina Schinner wurde aus dem Kreise der Finanzstadträtin Brauner eine loyal zu ihr stehende neue stellvertretende Parteimanagerin gekürt.

2014 war dann noch mit einem traurigen Anlass verbunden, als im Juli Norbert Scheed, der Bezirksvorsteher des 22. Bezirks, bei einer Wanderung in Norwegen einem Herzinfarkt erlag. Der umgängliche Donaustädter Politiker ging viel hinaus zu den Wienerinnen und Wienern, ihn interessierte, wie sie dachten und lebten. Norbert Scheed wurde von vielen als Zukunftshoffnung der Wiener Partei gesehen, sein plötzliches Ableben schwächte zunächst auch die Stimme der Außenbezirke.

Grundsätzlich ist eine Personaldiskussion in einer Partei etwas ganz Normales. Immer wieder möchte der eine oder andere Parteiflügel „seine" Leute an den Schalthebeln wissen. In der Wiener SPÖ war das nicht anders. Über die inhaltliche Debatte werden dann des Öfteren Auseinandersetzungen ausgetragen. Die öffentliche Wahrnehmung widerspiegelt dann einen eher linken oder rechten Parteiflügel mit den dazugehörigen Repräsentanten. Tatsächlich gab es diese Ausrichtungen, wie auch der frühere Bundespräsident Heinz Fischer unterstreicht, als „Links/Rechts-Schema", das in der Geschichte der Sozialdemokratie eine gewisse Rolle gespielt hatte, zum Beispiel bei den sozialistischen Studenten".

In der Wiener Partei war das im Zuge der Nachfolgedebatte Michael Häupls ähnlich. Proponenten eines sogenannten linken Flügels der Partei wurden im Zuge der Migrationsdiskussion besonders präsent. Als sich Michael Häupl mit Werner Faymann über ein Limit bei Flüchtlingen einigte, fand das großen Widerspruch bei Sonja Wehsely, Brauner & Co. Die Einführung der Obergrenze war die erste „Notbremse", die auch von der Sozialdemokratie mitgetragen wurde, einige in der Partei sahen das allerdings anders.

Gerhard Schmid, der Vorsitzende des 13. Bezirks, beschreibt in diesem Zusammenhang ein weiteres Problem: „Es wird in fast allen Gesprächen mit den Menschen deutlich, dass der Mittelstand mit einer Abstiegsangst konfrontiert ist und die unteren Einkommensschichten mit Existenzangst kämpfen." Das Schüren von Ängsten, insbesondere von Rechtsparteien, vergrößert zusätzlich diese Wahrnehmung.

Die bevölkerungsstarken Wiener Außenbezirke und einige andere haben schon früh damit begonnen, kritische Themen zu besetzten, die die Bevölkerung betreffen. „Es bleibt immer noch entscheidend, was die Leute denken, danach sollte sich die sozialdemokratische Politik ausrichten", war der Tenor. Das wurde von Ernst Nevrivy aus der Donaustadt, Doris Bures und Christian Deutsch aus Liesing, Kathrin Gaál in Favoriten, Harald Troch in Simmering, Josef Chap in Hernals, Gerhard

Schmid in Hietzing oder Barbara Novak in Döbling, um nur einige zu nennen, sehr ernst genommen.

Das Thema Sicherheit stand insgesamt an oberster Stelle: persönliche und soziale Sicherheit. Insbesondere die soziale Sicherheit, also eine sichere und qualitativ hochwertige Gesundheitsversorgung, auch in Zukunft sichere und leistbare Mieten oder sichere wertangepasste Pensionen bleiben im Vordergrund. Oder einen sicheren Arbeitsplatz zu haben bzw. wieder einen zu finden. Genau das betrifft die Menschen, die „Sehnsucht nach Sicherheit", beschreibt Gerhard Schmid, der frühere SP-Bundesgeschäftsführer, so: „Das Lebensgefühl der 80er- und 90er-Jahre war bestimmt von einer Sehnsucht, in die Welt hinauszukommen. Heute geht es oft um banalere Dinge: um meine Ausbildung, meine Arbeit, meine Wohnung usw."

Kathrin Gaál, Vorsitzende aus dem 10. Bezirk, und Barbara Novak aus dem 19. Bezirk artikulieren ihre Sorgen aus dieser Zeit folgendermaßen: Gaál: „Nachdem bei der Wahl 2015 in den großen, bevölkerungsstarken Bezirken, eben auch bei uns in Favoriten, Verluste eingefahren wurden, haben wir verlangt, stärker auf die Bedürfnisse der Menschen hier bei uns einzugehen. Themen wie Sicherheit, Migration, Arbeit und Bildung stehen dabei im Mittelpunkt. Nachdem Mitte 2016 die angekündigten Reformen noch immer nicht erkennbar waren, haben sich einige Bezirke, darunter auch Favoriten, erneut zu Wort gemeldet." Das heißt, es ging um die Antworten auf entscheidende Fragen. Es wurden neue Ausrichtungen inhaltlicher wie personeller Natur gefordert. Barbara Novak: „Wir hatten 2016 nicht den Eindruck, dass unseren Sorgen Rechnung getragen wurde. Die Bedenken wurden immer größer und das haben wir mit den geforderten Reformen auch zum Ausdruck gebracht. Als dann nichts passierte, führte das letztendlich zu dem Unmut, der dann in eine inhaltliche und personelle Debatte führte."

Maßgebliche Teile der Wiener Sozialdemokratie führten diese Diskussion und machten sich Sorgen um die Zukunft. Hier ging es übrigens nicht um einen linken oder rechten Parteiflügel, sondern um die Bedürfnisse der Menschen, die eben die Vertreter der bevölkerungsreicheren Bezirke besonders artikuliert haben. Michael Ludwig wurde in dieser Diskussion immer öfter als Vertreter dieser Ausrichtung gesehen.

Andreas Mailath-Pokorny, der frühere Kulturstadtrat und jetzige BSA-Präsident, wollte noch einen besonderen Akzent zum Thema „Öffentliche Aufgaben" kommunizieren wissen. Dazu gehören der soziale kommunale Wohnbau mit leistbarem Wohnraum, beste öffentliche Infrastruktur, ein funktionierendes, qualitativ hochwertiges Gesundheitssystem, gute Bildungseinrichtungen für alle, die letztendlich auch Verbesserungen am Arbeitsmarkt herbeiführen usw. Alles Errungenschaften, für die laut Mailath-Pokorny die Wiener Sozialdemokratie steht und die sie in den letzten Jahren weiterentwickelt hat. Mailath: „Natürlich gibt es auch den einen oder anderen Fehler in vielen Jahren einer Arbeit für diese Stadt zu erkennen, sie stehen nur, anders als uns der politische Mitbewerber immer wieder erklären möchte, in keinem Verhältnis zu den vielen positiven Leistungen dieser lebenswertesten Stadt Wien."

Dass es gleichzeitig neben der inhaltlichen Debatte auch um das Erringen von Machtpositionen ging, insbesondere in einer heiklen Nachfolgediskussion, bleibt ebenso unbestritten. Frei nach Max Webers Machtdefinition, die im politischen Sinn bedeutet: „Macht ist die Chance, innerhalb einer sozialen Beziehung den eigenen Willen auch gegen Widerstreben durchzusetzen."

Michael Ludwig in der Position des Herausforderers

Für Michael Ludwig war 2010 noch nicht deutlich erkennbar, dass sich eine Gruppe formiert oder gar wegen der Nachfolge Michael Häupls durchsetzen will. Vielleicht hätte man laut Ludwig schon früher ein Gegengewicht setzen müssen, damit nicht manche glaubten, dass sie über alle bestimmen können. Es war lange so, dass es eine latente Unzufriedenheit mit inhaltlichen und personellen Entscheidungen gab.

Gerade die Flüchtlingsmigrationswelle 2015 brachte in ganz Österreich große, außergewöhnliche Herausforderungen mit sich. Auch in der

SPÖ wurde rund um die Dynamisierung der Flüchtlingsthematik spürbar, dass es unterschiedliche Auffassungen gibt. Bürgermeister Häupl versuchte mit dem damaligen Bundeskanzler Faymann Anfang 2016 zu einer Lösung zu kommen – die Flüchtlingsobergrenze war zu dieser Zeit das Thema –, doch Stadträtin Wehsely und Finanzstadträtin Brauner sprachen sich vehement dagegen aus. Häupl einigte sich mit Faymann und seinen Landeshauptleutekollegen auf eine Obergrenze, die nicht „Obergrenze" heißen sollte.

Michael Ludwig: „Vor 2015 war für mich schon zu erkennen, dass es unterschiedliche Vorstellungen gab, aber dass sich daraus Intrigen entwickeln könnten, das hatte ich nicht angenommen. Erst im Wahlkampf 2015 konnte ich das bemerken, als mich eine Genossin einmal auf die Seite genommen hat und mir sagte, dass es ein Gerücht gebe, dass ich gemeinsam mit der FPÖ einen Putsch gegen Bürgermeister Häupl planen würde. Ich habe das zuerst für völlig unsinnig erachtet und dem keine große Bedeutung beigemessen. Für mich war es dann aber lokalisierbar, woher diese Gerüchte kamen, und ich habe es dann doch ernster genommen. Zuerst dachte ich, das würde in sich zusammenfallen, habe dann aber schnell gemerkt, dass versucht wird, dieses Gerücht am Leben zu erhalten, unter Einbeziehung der Medien."
Die Ausgangssituation war dann sicherlich die Diskussion rund um die Flüchtlingsthematik 2016, bei der Ludwig zum Unterschied zu anderen in der Stadtregierung der Meinung war, dass man die Bevölkerung in diese Entwicklung stark einbeziehen müsse. „Es war auch nötig, das Sicherheitsgefühl der Bevölkerung im Auge zu haben und ein anderes Grenzmanagement zu organisieren."
Michael Ludwig war schon damals einer in der Wiener Partei, der sich offen für ein geordnetes Vorgehen an der Grenze eingesetzt hat.

Es hat dann später auch die Überlegung gegeben, wenn in einem Teil der Partei eine personelle Veränderung getroffen wird, dass es in einem anderen Teil auch so sein müsse. Das heißt, sollte aus der Gruppierung Brauner-Wehsely jemand ausscheiden, sollte auch jemand aus der Gruppierung Ludwig ausscheiden. Michael Ludwig: „Das war dann der Versuch, dass ich aus dem Stadtsenat ausscheiden sollte. Daraufhin habe ich bemerkt, dass es kein Gleichgewicht gebracht hätte, wenn ich gegangen wäre. Vielmehr wäre es zu einem völligen Ungleichgewicht gekommen, weil ich der Einzige im Stadtsenat war, der das Vertrauen großer Bezirke der Partei genossen hat. So wäre das eher eine unglückliche Aktion gewesen, die weiter destabilisiert hätte." Michael Ludwig ging es nicht darum, die Stadtratsposition zu behalten, und er sagte auch dem Bürgermeister, dass dieser ihn berufen habe und natürlich auch das Recht habe, ihn abzuberufen. Gleichzeitig gab er ihm allerdings zu verstehen, dass er „nicht bereit ist, sich einfach absägen zu lassen." Ludwig: „Ich habe dies sehr glaubwürdig vermittelt, indem ich erklärt habe, dass ich mit meinen Freunden in der Partei über eine Mehrheit verfüge." Ab diesem Zeitpunkt war Michael Ludwig klar, dass es kein Zurück mehr gibt. Obwohl er damals noch keine politische Führungsfunktion angestrebt hat, wurde immer deutlicher, dass die Unzufriedenheit von Teilen der Partei immer größer wurde und man sich dem nicht entziehen konnte.

Nach der Wahl 2015, bei der die FPÖ neuerliche Stimmengewinne verzeichnete und seither einen Anspruch auf einen Vizebürgermeister hat, wurde die Koalition mit den Grünen fortgesetzt. Michael Ludwig hatte sich schon rechtzeitig Unterstützung von vielen starken Gruppen in der Partei, in erster Linie der Bezirke und der Gewerkschaft gesichert. Er war beliebt und hatte ausreichend Unterstützung. So blieb er Wohnbaustadtrat. Spätestens jetzt wusste Ludwig um die Situation in der Partei umfassend Bescheid.

Hohe Emotionalität, die Nachfolgedebatte, die Kandidatur

Hohe Emotionalität konnte schon bei der Klubtagung der SPÖ Wien im Kolosseum in Floridsdorf im März 2016 festgestellt werden, bei der eine kleine Gruppe von Studenten Werner Faymann, den damaligen SPÖ-Vorsitzenden, auspfiff und Transparente hochhielt. Fortsetzung fand das dann beim Landesparteitag 2016 mit gelben Abzeichen der „Gruppe Haltung", die demonstrativ den Saal verließ, als Werner Faymann seine Rede hielt. Die Abgeordnete Tanja Wehsely, die Schwester der damaligen Gesundheitsstadträtin Sonja Wehsely, ritt Attacken gegen Werner Faymann im Zusammenhang mit der Flüchtlingsdebatte. Die einflussreichen Bezirkspolitiker wie Ernst Nevrivy antworten postwendend: „Die SPÖ Wien steht für eine Politik, die realitätsnah ist", was ebenso von Kathrin Gaál, Barbara Novak und Christian Deutsch unterstützt wurde. Christian Deutsch in der „Kronen Zeitung" dazu: „Da wird vor dem 1. Mai immer von Solidarität gesprochen. Diese Solidarität sollte auch in der eigenen Partei gelebt werden."

Einige Tage später wurde am unrühmlichen 1. Mai der SP-Bundesvorsitzende und Bundeskanzler Werner Faymann am Rathausplatz von einer kleinen Gruppe eigener Genossen ausgepfiffen. In weiterer Folge kam es zum Rücktritt Werner Faymanns, bei dem eine Art der Auseinandersetzung festzustellen war, die in der Sozialdemokratie seinesgleichen suchte und schon ein Vorbote auf die kommenden Ereignisse in Wien war. Der ÖBB-Vorsitzende Christian Kern übernahm nicht unvorbereitet die Bundespartei und wurde Bundeskanzler. Der programmatische „Plan A" wurde Anfang 2017 proklamiert, in Wien köchelte es weiter, es kam zum Rücktritt der Gesundheitsstadträtin Wehsely, die schwer unter medialem Beschuss war.

Eine Kandidatur Michael Ludwigs als Bürgermeister wurde immer wahrscheinlicher, als 2016 die angekündigten Reformen nicht stattfanden. Die Folge waren Diskussionsrunden, die auch schon mit Bürgermeister Michael Häupl im März 2016 stattgefunden haben. Hier wurde konkret über die zukünftige Entwicklung der SPÖ Wien gesprochen.

Es trat dann eine Situation ein, in der Häupl sagte, dass er für eine Wahl 2020 nicht mehr zur Verfügung stehe. Hätte er gesagt, er setzt die Reformen um und geht mit voller Energie und einer Neuaufstellung in die nächste Wahl, hätte ihm wahrscheinlich niemand die Kandidatur streitig machen können und er wäre als Spitzenkandidat angetreten. So ist allerdings Folgendes eingetreten: Die Reformen wurden nicht in die Wege geleitet bzw. umgesetzt und auch in seiner Nachfolgefrage passierte nichts. Legendär war in diesem Zusammenhang der Ausspruch Michael Häupls, er sei kein Erbhofbauer, das heißt, er bestimme niemanden, der ihm dann automatisch nachfolge. Es wurden weder zeitlich noch personell in diesem Zusammenhang Schritte gesetzt.

Das war jene Phase in der Partei, in der es viele inhaltliche Debatten gegeben hat, über das Gesundheitswesen, über die Finanzen, über die Integration, die Sicherheit in unserer Stadt usw. Als Häupl allerdings dann schon langsam in der Mitte seiner Amtsperiode angekommen war und nach wie vor keine Anstalten machte, für eine Nachfolge zu sorgen, wurde die Partei aktiv. Der Grund war ein einfacher: Jede neue Kandidatin, jeder neue Kandidat musste die Gelegenheit haben, sich rechtzeitig zu positionieren und zu präsentieren, sollte der Wahlkampf 2020 erfolgreich gestaltet werden. Beispiele in anderen Bundesländern wie in Oberösterreich und in Niederösterreich waren inzwischen schon am Weg, nur in Wien tat sich in dieser Hinsicht nichts. Im November 2016 griff Christian Deutsch das Thema der Nachfolge medial auf, mit der Aussage: „Nicht nur Marcel Koller, sondern auch Michael Häupl braucht Mut zur Veränderung." Das war eine Ansage, die eigentlich in jedem Unternehmen üblich ist, ein ganz normaler Vorgang, dass man sich darum kümmert, wer die Nachfolge übernehmen kann. Deutsch weiter: „Die Klärung dieser Nachfolge ist doch keine Majestätsbeleidigung, Michael Häupl leistet Großes für die Stadt." Es hatte niemand von Rücktritt gesprochen, es ging darum, die Neuaufstellung für 2020 sicherzustellen. Danach gab es dann viele parteiinterne Sitzungen und Parteivorstandssitzungen.

Dass sich die Auseinandersetzung immer mehr zuspitzte, konnte man im November 2016 auch an einem E-Mail einer hohen Funktionärin erkennen, die in einem Rundlauf versuchte, Kolleginnen und Kollegen zu „motivieren", dem Bürgermeister und der damaligen Landesparteisekretärin Beschwerden über das „parteischädigende Verhalten" von „bestimmten" Genossen zu schicken. In diesem Zusammenhang gab es auch die eine oder andere Drohung an Funktionäre, die nicht dem Establishment angehörten, die Partei zu verlassen oder einen Ausschluss dieser Personen anzudenken.

Der Ton wurde rauher, als im „Profil" berichtet wurde, dass der Floridsdorfer Bezirksvorsteher Georg Papai die „gescheiterte Bobo-Politik" seiner Partei geißelte. Und Christian Deutsch forderte eine offene Debatte über das Leopoldstädter Bezirkswahlergebnis, wo die SPÖ 2010 noch über 42 Prozent der Stimmen erhielt, bei der ungültigen Nachwahl 2015 auf knapp 39 Prozent kam und bei der Wahlwiederholung im Herbst 2016 ein Minus von fast zehn Prozentpunkten einfuhr. Bezirkschefin war damals Sonja Wehsely.

„Offen über die Probleme der Wiener SPÖ zu diskutieren, war und ist gute sozialdemokratische Tradition. Es gibt Maulkörbe für Hunde, nicht für Menschen", erklärte Christian Deutsch in der „Kronen Zeitung" nach einem versuchten „Maulkorberlass" von der Wiener Löwelstraße, dem Sitz der SPÖ, nur einen Tag danach. Ernst Nevrivy, der SP-Bezirksvorsteher in der Donaustadt, ergänzte, auf fehlende Inhalte in der Partei angesprochen: „Das zeigen die Wahlergebnisse" und meinte die Nachwahl in der Leopoldstadt.

Ernst Nevrivy: „Für uns in der Donaustadt war vollkommen klar, dass Michael Ludwig, der ja einer aus unseren Außenbezirken war, sich eingebracht und Lösungen vorgeschlagen hat, wie z. B. den Wien-Bonus für Leute, die schon länger in Wien sind. Michael Ludwig kannte die Probleme und Bedürfnisse der Menschen und es hat sich schnell herauskristallisiert, dass er ein geeigneter Kandidat ist."

Harald Troch, SP-Bezirksvorsitzender in Simmering und Nationalrat, sah vor allem die Mehrheitsfähigkeit seiner Partei, wenn sie eine Volkspartei sein will, als entscheidend an und mit dem Kurs von Brauner, Wehsely & Co nicht gegeben. Es sei eben notwendig, genau hinzuschauen, wo die Probleme der Menschen liegen. Viktor Adler, der Begründer der Sozialdemokratischen Arbeiterpartei, hat sich schon damit beschäftigt und gesagt: „Es ist besser, mit den Massen zu irren, als gegen die Massen recht zu behalten." Troch: „Zuwanderung und Integration bleiben das große Thema und daher macht es Sinn, in diesem Zusammenhang eine realistische Integrationspolitik zu betreiben, die den Integrationswillen unterstützt. Zuerst reden und dann, wenn notwendig, auch Sanktionen setzen, zum Beispiel dann, wenn obligatorische Deutschkurse nicht besucht werden." Probleme sind laut Troch anzusprechen und nicht, wie einige aus der damaligen Stadtregierung meinten, auszuklammern.

Die Stadtregierungsumbildung: nicht wirklich Neues

Anfang 2017 wurde dann bei einer Vorstandssitzung eine Stadtregierungsumbildung bekannt gegeben – mit dem Rücktritt von Gesundheitsstadträtin Sonja Wehsely, der Nachfolge von Sandra Frauenberger in dieser Position und der Neubesetzung des Bildungsressorts mit Jürgen Czernohorszky, der bisher Stadtschulratspräsident war. Ihn ersetzte dort Heinrich Himmer aus Simmering. Als Angebot an die Kritiker des bisherigen Kurses konnte man das nicht ausmachen. Es blieben im Wesentlichen die gleichen Personen aktiv, nur in anderen Funktionen. Einzig neu war die Bestellung von Himmer, einem Lehrergewerkschafter.

Schon Gemeinderat Ernst Woller machte damals darauf aufmerksam, es wäre als Zeichen an die Gruppe um Michael Ludwig gut, zum Beispiel Gemeinderat Gerhard Schmid, den Bezirkschef aus dem 13. Bezirk und früheren SP-Bundesgeschäftsführer, oder Gemeinderat Josef Taucher aus der Donaustadt als Stadtschulratspräsident zu ernennen. Dazu kam es nicht.

Daher wurde diese Umorganisation in großen Teilen der Partei nicht als Reform gesehen, nicht einmal als „Reförmchen". Die Begleitumstände waren bei der Ablöse Wehselys darüber hinaus wenig erbaulich, sagte doch Häupl selbst, er hätte sie weiter in diesem Amt belassen, er sah keinen Grund für Veränderung. Faktum ist, dass es Sinn gemacht hätte, für neue Wege neue Kräfte hereinzunehmen.

Im Frühjahr 2017, noch vor dem Landesparteitag, gab es eine große Runde von über 20 Personen, die weite Teile der Partei repräsentierten. Dort wurde ein Gespräch über die weitere Vorgangsweise geführt. Häupl sagte in dieser Sitzung zu, dass nach der Nationalratswahl ein Sonderlandesparteitag stattfinden sollte, bei dem die Übergabe erfolgen sollte. Die Nationalratswahl fand dann im Herbst 2017 statt, sie wurde, durch die Aufkündigung der Großen Koalition durch die türkise Kurz-ÖVP um ein Jahr vorgezogen. Die Vereinbarung hielt trotz der Wahlvorverlegung und es wurde der 27. Jänner 2018 als Sonderparteitag für die Kür des neuen SP-Wien-Vorsitzenden festgelegt.

Michael Ludwig hatte schon vor dem Parteitag im April 2017, im Unterschied zu den üblichen Usancen, sich eher bedeckt zu halten, deutlich gemacht, dass er für die Funktion des SP-Wien-Landesvorsitzenden zur Verfügung stehen werde. Das ergab sich daraus, dass viele aus der Wiener Partei ihn dazu aufforderten, darunter der Arbeiterkammerpräsident Rudi Kaske, die erste Nationalratspräsidentin Doris Bures und viele mehr. Sie meinten, er wäre ein guter Vorsitzender und damit Bürgermeister- und Spitzenkandidat für die nächste Landtagswahl. Diese Zustimmung signalisierte schon damals eine Mehrheit für Michael Ludwig, obwohl die Wahl noch gar nicht im Mittelpunkt war und zunächst ein Wahl-Landesparteitag im April 2017 vor der Tür stand.

Schon bei diesem Parteitag wurden von den jeweiligen Gruppen der Unterstützer die jeweiligen Kandidaten gestrichen. Das bedeutete, dass die einzelnen Kandidaten weniger Prozentpunkte bei ihren Abstimmungen erlangten. Dies traf Michael Häupl genauso wie Michael Ludwig und Renate Brauner und andere. Etwa zeitgleich wurde eine Umfrage für Michael Ludwig präsentiert, die ihn im Vertrauensindex vor Michael Häupl sah. Darüber hinaus waren jene Stimmen für Michael Ludwig auch schon ein Probegalopp für den Wahlparteitag zum Vorsitzenden.

Im Herbst 2017 war aus Sicht der Gruppierung um Michael Ludwig, die der frühere Landesparteisekretär und Gemeinderat aus dem 23. Bezirk, Christian Deutsch, koordinierte, schon eine klare Mehrheit fix.

Bei den Hearings der Gewerkschaft, der FSG, die Ende 2017 stattfanden, wurden bei einer Abstimmung deutliche Mehrheiten für Michael Ludwig erzielt. Ebenso gab es in kleineren Organisationen wie den Freiheitskämpfern deutliche Mehrheiten.

Andreas Schieder und seine Kandidatur, die Gewerkschaft für Michael Ludwig

Es war der 15. Oktober 2017, als Andreas Schieder, SP-Klubobmann im Nationalrat, ankündigte, gegen Michael Ludwig anzutreten. Das Presseecho war dementsprechend groß und die nächsten Wochen gab es eine deutliche mediale Präsenz von Klubobmann Schieder. Der Wohnbaustadtrat reagierte sehr bald: Er stelle sich gerne dieser internen Wahl.

Beide Kandidaten verpflichteten sich, den kurzen internen Wahlkampf fair zu gestalten. Es gelang auch weitgehend, dass beide Kandidaten respektvoll miteinander umgingen. Das war aufgrund der aufgeheizten Stimmung gar nicht so leicht, es sollte sich allerdings zeigen, dass sowohl Schieder als auch Ludwig wussten, was auf dem Spiel stand.

Auch wenn die Wiener Parteiführung, einige Stadträtinnen und Stadträte und der Wiener Klubobmann sehr für Schieder eintraten, waren die Kräfteverhältnisse schon damals klar für Ludwig ersichtlich.

Bis zuletzt glaubte die Gruppe um Andreas Schieder zu gewinnen. Christian Deutsch und Rudi Kaske bemerkten dazu: „Wir beherrschen die Grundrechnungsarten", das heißt, für die Gruppe um Ludwig war klar, dass die Mehrheit auf ihrer Seite ist.

Es wurden auch Listen präsentiert, die einen Vorsprung von Schieder errechneten. Christian Deutsch sagte damals dazu: „Wir führen keine Listen, allerdings führen wir Gespräche und das ist die Stärke von Michael Ludwig, der immer sehr offen an diese herangegangen ist und seine Parteikollegen in den Gesprächen überzeugen konnte, sich Zeit nahm, zuhörte und eventuelle Lösungen gemeinsam ins Auge fasste."

Was in einigen Interviews zum Thema „Michael Ludwig auf dem Weg zum SP-Wien-Vorsitzenden" aufgefallen ist, ist, dass die Kandidatur Andreas Schieders von einigen Kolleginnen und Kollegen in der Wiener Partei besonders gewünscht wurde und der Druck auf ihn ausgesprochen hoch war.

Am 8. Jänner 2018 ging der einflussreiche Gemeindebediensteten-Gewerkschafter und Vorsitzende der „Younion – die Daseinsgewerkschaft", Christian Meidlinger, an die Presse und unterstützte Michael Ludwig mit ganzer Kraft. Diese nachhaltige Unterstützung der Gewerkschaft fand schon viele Monate davor durch Rudolf Kaske von der Arbeiterkammer und Erich Foglar vom Gewerkschaftsbund statt. Meidlinger spürte ebenso, dass der richtige Zeitpunkt gekommen war. Das war, so hörte man aus zuverlässigen Informationen, ein schwerer Schlag für die Gruppe um Andreas Schieder.

Bei Anfragen, wie denn das alles ausgehen werde, konnte Christian Deutsch, als rechte Hand Ludwigs und Vertreter dieser Gruppierung, immer wieder auf Mehrheiten in den Bezirken und in diversen Organisationen der Partei hinweisen. Von der Stadtregierung war Andreas Mailath-Pokorny der Einzige, der sich dazu nicht äußern wollte. Er schätzte Michael Ludwig, konnte aber auch mit Andreas Schieder gut. Der Druck auf ihn von Seiten einiger Kolleginnen und Kollegen in der Stadtregierung konnte allerdings bemerkt werden.

Die Haltung von Michael Häupl war in diesem Zusammenhang zwar nach außen nicht eindeutig erkennbar, weil er sich für keinen Kandidaten offen aussprach, bei genauerem Hinsehen wurde die Haltung pro Schieder allerdings deutlich. Eine SP-Landesparteisekretärin, die die Geschäfte der Wiener Partei führt, folgt in der Regel den Anweisungen ihres Vorsitzenden. Es war klar zu erkennen, für wen Sybille Straubinger votierte: für Andreas Schieder, was nicht nur beim Wahlparteitag am 27. Jänner 2018 zu bemerken war.

Im Vorfeld hatte sich allerdings auch die Haltung der einen oder anderen Sektion im Zuge der Wahl zum neuen SP-Vorsitzenden in Wien verändert, so etwa im ersten Bezirk, wo Georg Niedermühlbichler Vorsitzender ist. Da war eine starke, neue Sektion mit Heinz Altenburger an der Spitze, die in kürzester Zeit über 500 neue Mitglieder mehrheitlich aus „seiner" Berufsfeuerwehr rekrutieren konnte, die Michael Ludwig favorisierten. Eine andere, die „Sektion ohne Namen", schaffte durch offene Diskussionen und ein direktes Gespräch der Mitglieder bei Michael Ludwig neue Perspektiven. Viele junge Mitglieder erlebten, wie Ludwig offen mit ihnen diskutierte, „Reden wir darüber" live konnte eine Mehrheit überzeugen.

Letztendlich war laut Christian Deutsch „diese Abstimmung ein notwendiger Prozess, bei dem leider nicht immer mit fairen Mitteln gekämpft wurde, allerdings zum Schluss doch deutlich wurde, dass sich die beiden Kandidaten im internen Wahlkampf an die Usancen eines fairen Wettstreites hielten. Es war am Ende ein positiver Ausgang, weil beide Kandidaten respektvoll miteinander umgegangen sind." Tatsächlich war es eine sehr inhaltliche Debatte und man ist von der persönlichen Ebene weggekommen, hin zur gemeinsamen politischen. Das konnten auch Barbara Novak aus dem 19. Bezirk, Kathrin Gaál aus dem 10. oder Gerhard Schmid aus Hietzing bestätigen. Es hatte sich zudem herausgestellt, dass es wenige Themen gab, bei denen große Unterschiede inhaltlicher Natur gegeben waren. Allerdings wurden unterschiedliche Zugänge zu Inhalten sichtbar.

Das Gerücht um Christian Kern

Gegen Ende des Jahres 2017 wurden Gerüchte laut, dass eventuell der SP-Bundesvorsitzende und frühere Bundeskanzler Christian Kern in den Ring zur Wahl des Wiener SP-Vorsitzenden steigen könnte, und es tauchte die Frage auf, ob Michael Ludwig in jedem Fall antreten werde. Hier gab es seitens des Wohnbaustadtrates eine klare Antwort: „Sich um so eine Position zu bewerben, das ist eine schwerwiegende Entscheidung – da wird man nicht wankelmütig, natürlich trete ich an. Ich erachte es übrigens als unwahrscheinlich, dass der Bundesvorsitzende antritt, aber wir werden sehen. Ich halte das für ein Gerücht."

Widerstand gegen den eventuellen Plan regte sich bereits im Vorstand der Bundes-SPÖ. „Das geht gar nicht", kommentierte ein Vorstandsmitglied den kolportierten Wechsel des Parteichefs: „Zuerst den Gang in die Opposition verkünden und dann den Wiener Bürgermeister machen!" Und Ex-Minister Doskozil, der als Finanzlandesrat ins Burgenland wechselte, dazu: Er erwarte sich von Kern, dass er „zu seinem Wort" stehe.

Christian Kern nach dem Verlust des ersten Platzes der SPÖ und einem durchwachsenen Wahlkampf feiernd zu erleben, war schwer nachvollziehbar. Mit einem Ergebnis von 26,9 Prozent, das nahezu gleich wie 2013 war, bei einem Plus von 7,5 Prozent für VP-Obmann Kurz, war der Bundeskanzler schon am Wahlabend für die SPÖ verloren. Die neue türkise Volkspartei dürfte allerdings von Beginn festgelegt haben, nicht mit der SPÖ zu koalieren, zu sehr war das Verhältnis Kern/Kurz angespannt. Die Oppositionsrolle der Bundes-SPÖ konnte daher als logische Konsequenz aus dem Wahlergebnis abgelesen werden.

SP-Parteivorsitzender Kern dementierte dann bei der SPÖ-Klausur in Maria Taferl, dass er nach Wien wollte. Inzwischen hat Kern seinen Rücktritt als Parteivorsitzender verkündet, er wird Spitzenkandidat bei der EU-Wahl 2019.

Der Wahlparteitag: Michael Ludwig gewinnt klar

Beim SP-Wahlparteitag am 27. Jänner 2018 wurde Michael Ludwig dann mit 57 Prozent der Stimmen deutlich zum Vorsitzenden gewählt. Es war ein sehr spannender Tag, nicht nur für die Beteiligten, die Delegierten, sondern auch für die Unterstützer und Gastdelegierten.

Wie hat Michael Ludwig die Wahl am Parteitag erlebt? Auch wenn man bemüht war, nach außen hin Normalität zu zeigen, wurde erkennbar, dass Andreas Schieder von der Regie des Parteitags unterstützt wurde. Michael Ludwig: „Manches wurde mir erst später erzählt, aber die Gastdelegierten für Schieder bemerkte ich schon, die immer laut zu klatschen begannen bei ihrem Kandidaten." Als das Wahlprozedere vorüber war, was sehr lange dauerte und zusätzlich zur Spannung beitrug, ging Ludwig hinter die Bühne. Dort traf er auf die beiden Wahlbeobachter Harry Kopietz und Ernst Nedrivy: „Als ich Ernst mit leuchtenden Augen, einem Grinsen und offenen Armen auf mich zukommen sah und die anderen mit betretenen Gesichtern dort standen, wusste ich, wie es ausgegangen war", schildert Ludwig.

Wie waren die Emotionen, als Jan Krainer, der Leiter der Wahlkommission, den internen Wahlsieger verkündete? Michael Ludwig: „Relativ normal, weil ich mir sicher war, dass wir das gewinnen, aber gleichzeitig kam große Erleichterung auf. Ich habe mich sehr gefreut, dass das, was ich mit Freunden gemeinsam verfolgte, bestätigt wurde. Das Ergebnis war mit 57 Prozent ein gutes, eines das sich sehen lassen konnte."

Der neue, frisch gewählte Vorsitzende ging in die erste Reihe und schüttelte Hände, einige konnten nicht verbergen, für wen sie eigentlich votiert hatten, darunter auch Häupl und Kern. Manche meinten, die Gesichter seien ein „bissl eingeschlafen", zu Boden gerichtet und nachdenklich gewesen.

Allerdings galt ab sofort, was Michael Häupl schon vor der Wahl gesagt hatte: „Alle haben sich hinter dem neuen Vorsitzenden zu versammeln."

Viele aus dem Team Ludwig feierten ausgelassen den Sieg ihres Vorsitzenden. Sie standen um ihn, die Unterstützer, aber auch die anderen. Neben Michael Ludwig war Rudi Gelbard zu sehen, die SPÖ-Ikone, der Mahner und Freiheitskämpfer, der ihn immer offen unterstützte, aber auch andere aus den Bezirken jubelten laut. Viele Beobachter bezeichneten diese Wahl als eine der spannendsten Wahlen überhaupt, von den internen ohnehin. Michael Ludwig: „Ich nutzte die Gelegenheit am Podium, um mich bei den Unterstützerinnen und Unterstützern zu bedanken, und erklärte, dass es ab jetzt nur mehr eine gemeinsame Sprache nach außen gibt – eine Wiener SPÖ –, und reichte als Brückenbauer allen in der SP Wien die Hand. Und diese Brücke war ja dann auch die Antwort auf die Frage, wie man das Team insgesamt zusammenstellt, sodass alle an einem Strang ziehen und in alle Richtungen Signale gesetzt werden. Die nächste Landtags- und Gemeinderatswahl ist das Ziel und diese gemeinsam erfolgreich zu schlagen."

Als die Reden vorbei waren, lichteten sich bald die Reihen. Eine kleine Gruppe um Michael Ludwig feierte ihren neuen Vorsitzenden, allen voran das Team der Wiener Bildung mit Ernst Woller und Christian Deutsch, dem unbeirrbaren Wegbegleiter an der Seite des Wohnbaustadtrates, Gewerkschafter Christian Meidlinger, Nationalratspräsidentin Doris Bures und Gerhard Schmid, Vorsitzender des 13. Bezirkes und viele mehr.

Natürlich hatte dieser interne Wahlkampf Spuren hinterlassen, über zwei Jahre hatte diese Auseinandersetzung gedauert, jetzt galt es, so gut wie möglich geeint zusammenzuarbeiten und den neuen Vorsitzenden zu unterstützen.

Es war einiges an Porzellan zerschlagen worden, was Michael Ludwig leidtut: „Ich habe auf dem Weg dorthin vieles bedauert, weil ich eigentlich mit fast allen ein gutes Einvernehmen gehabt habe und es für mich ein bisschen unverständlich war, dass ich in so eine Situation geraten bin. Das Ganze wurde von mir nicht herbeigeführt und von daher hat es mich besonders betrübt, dass sich das Verhältnis mit manchen so entwickelte. Ich nahm mir vor, das hinter mir zu lassen, damit es gelingt, gemeinsam zu teambildenden Maßnahmen für die Zukunft zu kommen."

Danach ist gleichzeitig davor

Nach dem Gewinn der internen SP-Wien-Wahlauseinandersetzung musste klar sein, dass nur den Schalter umzudrehen, indem die eigenen Leute berücksichtigt werden, die Wogen nur schwer glätten kann: Danach ist gleichzeitig auch davor. Ernst Woller kommt noch einmal auf die Situation zurück: „Es gibt in der Partei zwölf Personen mit ‚Türschild'. Das sind der Bürgermeister, die sechs Stadträtinnen und Stadträte, die Landesparteisekretärin, der Klubobmann, der Landtagspräsident, der Gemeinderatsvorsitzende und der Stadtschulratspräsident. Dort stand es vorher 10:1:1. Der eine war Michael Ludwig, der zweite, der sich soweit neutral verhalten hat, war Mailath-Pokorny und die anderen zehn waren alle eindeutig bei Häupl/Brauner und gegen Ludwig. Jetzt ging es darum, eine Lösung mit Augenmaß zu finden, das heißt nicht einfach alles umzudrehen und auszutauschen, sondern auch Leute aus der anderen Gruppierung einzubinden."

Wenn der Autor Raymond Waldner davon spricht, dass „Politik die Kunst des Machbaren sei" und ergänzt: „Sie sollte der Mut zum Achtbaren sein", dann kann man das durchaus unterstreichen. Eine so große Organisation wie die SPÖ Wien besteht natürlich aus unterschiedlichen Interessensgruppen, deshalb sollte nach der klaren Regelung des Vorsitzes ein gemeinsamer Weg gegangen werden. Der neue Vorsitzende Michael Ludwig begann sehr schnell, die Gräben zuzuschütten.

Entscheidend für diesen guten Weg des Danachs war sicherlich der gute und faire interne Wahlkampf von Andreas Schieder und Michael Ludwig von 15. Oktober 2017 bis 27. Jänner 2018. Beide Kandidaten hatten sich diesen Respekt in den knapp über drei Monaten erarbeitet, er half, das Davor gut zu überbrücken.

Der zuvor erwähnte „Mut zum Achtbaren" gilt für die eigene Partei und darüber hinaus in hohem Maße für die Menschen, für die Politik gemacht wird: die Wählerinnen und Wähler. Michael Ludwig startete die vier Monate bis zur Wahl des neuen Bürgermeisters und des Stadtsenats mit intensiven Gesprächen

DIE VIER MONATE ZUM BÜRGERMEISTER

Ursprünglich dachten einige, dass vier Monate bis zur Wahl des Bürgermeisters sehr lange sein können. Dem war nicht so. Die Zeit war notwendig, um ein neues Team zu finden. Nach dem internen Wahlkampf mit den beiden Kandidaten war es besonders sinnvoll, sensibel vorzugehen und das „Reden wir darüber" zu leben und die Meinungen der maßgeblich Beteiligten einzuholen. Michael Ludwig führte nach der Wahl zum Vorsitzenden viele Gespräche, um sich ein Bild zu machen, wie in den einzelnen Bezirken und Organisationen im Detail gedacht wird. Ebenso fanden in der eigenen Landesparteiorganisation inklusive der Vorbereitung zum 1. Mai sowie der neuen Startwerbekampagne viele Meetings statt. Darunter war auch eine Reihe von Vieraugengesprächen, die zur Sondierung beitrugen. Entscheidend blieb dabei, und das bestätigen alle Beteiligten gleichermaßen, dass Michael Ludwig Inhalte aus diesen Gesprächen für sich behalten hat. So sind auch die einen oder anderen Personalüberlegungen nicht hinausgedrungen. Die erste wichtige Entscheidung betraf die SP-Wien-Landespartei in der Löwelstraße.

Barbara Novak neue Landesparteisekretärin, Raphael Sternfeld neuer Kommunikationschef

Als Michael Ludwig Ende Februar 2018 die Abgeordnete Barbara Novak, diplomierte Soziologin und Bezirksvorsitzende des 19. Bezirkes, als seine neue Parteimanagerin bestellte, war die erste wichtige Personalentscheidung getroffen. Barbara Novak wird als „durchaus resolut", „tough" und „selbstbewusst" beschrieben und sie bringt viel mit, was eine dynamische und durchschlagskräftige Landesparteisekretärin braucht: Sie ist alles andere als ein politisches Leichtgewicht, sie gehörte von Beginn an zu den Unterstützern von Michael Ludwig, gemeinsam mit dem 13. und 17. Bezirk und den flächen- und bevölkerungsstarken Außenbezirken. Sie ist seit 2001 Abgeordnete, war in der Gewerkschaft der Privatangestellten als Bundesvorsitzende der GPA-Jugend und als Landessekretärin der Jungen Generation tätig. Mit ihren jungen Jahren hat sie schon sehr viel Erfahrung sammeln können und sie ist eine Frau, die schon zuvor in der SPÖ-Landesorganisation für Projektmarketing zuständig war. Alles Attribute und Erfahrungen, die hilfreich sind und zeigen, dass sie über ein gutes Netzwerk in der Partei und einen guten Kontakt in alle Teile der Parteiorganisation verfügt. Brücken zu bauen einerseits und andererseits durchschlagskräftig zu sein, beschreibt Barbara Novak am besten. Darüber hinaus engagierte sie sich in der Wirtschaft als Unternehmensberaterin für IT und PR und zeichnete als Sprecherin für Informations- und Kommunikationstechnologie und Digitalisierungspolitik im Gemeinderat verantwortlich.

Als eine der ersten Aufgaben stand für Barbara Novak die Konzeption und Organisation der Zukunftsklausur der Wiener SPÖ am Programm. Dabei wurde sie von ihrem neuen Kommunikationschef Raphael Sternfeld unterstützt, der schon erfolgreich in den Kabinetten von Werner Faymann und Hans Peter Doskozil sowie mit diesem in der burgenländischen Landesregierung gearbeitet hatte und Bezirksparteivorsitzenderstellvertreter in der Josefstadt ist. Das Feedback bei der Zukunftsklausur am Kahlenberg war ausgezeichnet. Michael Ludwig betonte, dass bei dieser Tagung „weitreichende Visionen" und „konkrete Themen", aber keine personellen Weichenstellungen diskutiert werden sollten.

Modern war dann auch das Format bei der zweitägigen Klausur, bei der die rund 60 Mitglieder des erweiterten Parteivorstandes nicht den Reden der Stadträtinnen und Stadträten wie in der Vergangenheit zuhörten. Vielmehr wurde in Gruppen nach der „World-Café-Methode", einer gruppendynamischen Workshop-Arbeit, über verschiedene Themenblöcke wie „Schutz und Sicherheit", „Internationalität", „Heimat und Lokalität", „politische Kultur", „Chancen und Gleichheit" oder „interne Prozessabläufe" diskutiert. Gleichzeitig war Teambildung angesagt: In einer Partei, in der sich in einem internen Wahlgang noch vor Kurzem sehr unterschiedliche Auffassungen gegenüberstanden, entscheidend.

Auch Bürgermeister Michael Häupl nahm an der Klausur als „zuhörendes, einfaches Parteimitglied" teil. Häupl versicherte, dass die vom neuen Parteivorsitzenden gewählte Vorgangsweise, zuerst über Inhalte und dann erst über das Personal zu diskutieren, „extrem vernünftig" sei. Die Ergebnisse der einzelnen Arbeitsgruppen konnten sich sehen lassen, mehr als hundert Ideen lagen am Tisch, einige Themen wurden nach eingehender Diskussion als „Leuchtturmprojekte" ausgewählt. Darunter eine Digitalisierungsoffensive inklusive neuer Bildungsaktivitäten auch in der Erwachsenenbildung, eine Aufwertung der Bezirke und Grätzel, wo das Heimatgefühl im Sinne einer guten Nachbarschaft weiterentwickelt werden soll, eine Sommerbühne im 22. Bezirk direkt an der Donau sowie eine Mehrzweckhalle für Sportvereine und Sportorganisationen, die nicht immer im Fokus stehen, die auch für kulturelle Zwecke zur Verfügung stehen kann.

Sondierungen, Überlegungen zu einem neuen schlagkräftigen Team

Michael Ludwig startete einen Gesprächsmarathon mit allen Bezirksparteivorsitzenden und allen Vorsitzenden der großen Organisationen, um auszuloten, wo die Vorstellungen lagen, aber auch um zu erkennen, wo die Schmerzgrenzen liegen und was zumutbar ist. Es dauerte eine Weile, bis die richtige Lösung gefunden war. Alle wichtigen Positionen waren zu besetzen: der Stadtsenat, der Landtagspräsident, der Klubobmann usw., und es sollte allen gerecht werden.

Die Ausrichtung auf drei Frauen und drei Männer hatte Michael Ludwig ebenso im Auge wie den Wunsch, dass drei mit Mandatserfahrung dabei sein sollten und drei ohne, also Zeichen zu setzen für Neues und Erfahrung, was auch ein Signal an Parteiungebundene sein sollte. So wurde zum Start des Michael Ludwig und seines Teams medial kommentiert: statt „Weißem Spritzer", der auch sehr gut sein kann, eine gute „Wiener Melange". Auf die Frage, ob der Altbürgermeister und jetzige Ehrenvorsitzende Michael Häupl auch seine Ideen eingebracht habe, antwortete Michael Ludwig. „Nein, er hat, wie das auch bei ihm damals der Fall war, verstanden, dass der neue Vorsitzende sein Team selbst zusammenstellt. Ich habe ihn nur einen Tag vor der Präsentation über die Zusammenstellung der neuen SP-Stadtregierung informell darüber informiert. Und ja, es gab natürlich von einigen Bezirken die eine oder andere Vorstellung, wir haben versucht, vieles zu berücksichtigen, es wurde gleichzeitig verstanden, dass ich meine Handschrift hier deutlich machen möchte." Tatsächlich hat es Vorschläge gegeben, wer etwas werden sollte, und auch Vorschläge, wer auf keinen Fall etwas werden sollte, Letztere waren sogar etwas häufiger. Natürlich gab es auch viele Vorschläge, die der neue SP-Vorsitzende nicht berücksichtigt hat.

Dass Michael Ludwig manchmal als zu gutmütig empfunden wird, glaubt inzwischen kaum jemand, vielmehr, dass er tatsächlich mit den Menschen redet und dann, wie das auch sinnvoll ist, Leadership zeigt. Eine Tageszeitung hat einmal getitelt: „Michael Ludwig ist zu freundlich für die Politik." Prinzipiell glaubt Ludwig, es gibt nicht zu viel Freundlichkeit in der Politik, sondern eher zu wenig. Es ist auch in der Politik besser, miteinander freundlich, offen und human umzugehen. Dass die Wadelbeißerei keine Vorteile bei den Wählerinnen und Wählern bringt, dürfte auch bekannt sein. Gerade aus den Erfahrungen der Vergangenheit setzte sich Michael Ludwig besonders dafür ein, teamorientiert und offen zu kommunizieren. Freundlich und führungsstark sein schließt sich nicht aus und das möchte Michael Ludwig auch für sich in Anspruch nehmen.

Michael Ludwig zum ersten Mal als SP-Vorsitzender am Rathausplatz

Ein besonderes Ereignis ist in der Sozialdemokratie immer der 1. Mai, der Tag der Arbeit. Gerade für einen neuen Vorsitzenden wie Michael Ludwig ist dieser Tag emotional wie inhaltlich eine besondere Herausforderung. Auch wenn organisatorisch vieles durch das erfahrene Landesparteisekretariat gut im Griff ist, bleibt die Kommunikation im Vorfeld und am Rathausplatz sehr wesentlich. Getitelt wurde vor dem Rathaus auf einem riesigen Display: „Zeit für mehr Solidarität", das passte zur internen Kommunikation der Partei genauso wie zur externen angesichts der Diskussionen um bevorstehende Kürzungen im Sozialbereich für Menschen, denen es nicht so gut geht.

Und dann war da noch die Rede, die erste als SPÖ-Wien-Parteivorsitzender am legendären Rathausplatz, eine wirkliche Herausforderung für Michael Ludwig, wie Hannes Androsch, selbst Floridsdorfer und früherer Vizekanzler und Finanzminister, befand. Natürlich war die Rede eine, der viel Aufmerksamkeit geschenkt wurde. 14 Tage vor der Präsentation des neuen Stadtregierungsteams und 24 Tage vor der Wahl zum Bürgermeister war das eine besondere Aufgabe, die sicherlich von großer Anspannung begleitet war.

Die vielbeachtete Rede Michael Ludwigs, als er nach seinem Vorgänger Michael Häupl an die Reihe kam, war etwas ganz Besonderes. Ein Riesenspagat war gefragt am Tag der Arbeit, von gesellschaftspolitisch links, bis reflektierend auf den neuen Parteivorsitz, bis neu, bis zukunftsorientiert und solidarisch, das und viel mehr war gefragt. Hannes Androsch, Politiklegende der österreichischen Sozialdemokratie war von Michael Ludwigs Rede begeistert: „Die Rede zum 1. Mai. ist nicht leicht, überhaupt, wenn da einige Genossen neben dir und hinter dir stehen, die nicht unbedingt deine Freunde sind. Und vorne stehen etwa 100 000 Menschen. Michael Ludwig hat das meisterhaft gelöst. So viel ist gefordert in diesen 15 Minuten: Du sollst kämpferisch sein, du sollst staatsmännisch sein, du musst integrativ sein, du hast Wirtschaft und Soziales zu verbinden und darfst nicht untergriffig sein, also nicht leicht. Er hat das sehr gut gelöst." Solche Worte von einem wirklichen Doyen der Sozialdemokratie bedeuten viel.

Der 1. Mai 2018 bleibt für Michael Ludwig ein besonderes Ereignis. Noch zwei Jahre zuvor ist hier der damalige Parteivorsitzende von einem orchestrierten Pfeifkonzert einer Minderheit empfangen worden. Einige aus dem damaligen Partei-Establishment stehen auch heute neben dem neuen Parteivorsitzenden Ludwig. Eine davon hält sogar eine

Brandrede am Tag der Arbeit, als ob sie Parteivorsitzende wäre. Die Rede stellte sich allerdings als Abschiedsrede heraus.

Michael Ludwig startete mit: „Ein herzliches ‚Freundschaft‘, liebe Genossinnen und Genossen, an diesem wunderbaren 1. Mai, ich darf euch herzlich am Rathausplatz willkommen heißen. Es ist für mich das erste Mal, dass ich als Vorsitzender der stolzen SPÖ Wien zu euch sprechen darf. Es erfüllt mich mit großen Emotionen und auch mit Stolz, vor euch heute hier zu stehen. Denn wo auf der Welt gibt es eine solche politische Versammlung? Wir sind mehr denn je. Wir sind heute 120 000, die sich dazu bekennen, die Ziele der Sozialdemokratie zu unterstützen. Und der heutige erste Mai ist ein Festtag, aber er ist auch ein kämpferischer Tag. Denn wenn ich gesehen habe, welche Transparente mitgebracht worden sind, welche Forderungen gestellt worden sind, dann ist das ein Zeichen dafür, dass wir uns auf Zeiten einstellen müssen, in denen wir sehr eng zusammenrücken müssen. Und nicht zufällig heißt das Motto des 1. Mai heuer ‚Mehr Solidarität‘. Ich habe heute in einer großen Tageszeitung gelesen: ‚Reicht es aus, mehr Solidarität zu verlangen?‘ Und ich sage: Nein, das reicht nicht aus! Es braucht mehr Sozialdemokratie und mehr gelebte Solidarität.“ Nach der Begrüßung der neuen Arbeiterkammerpräsidentin Renate Anderle, Vizepräsidentin des ÖGB, adressierte Michael Ludwig deutliche Worte zu gelebter Solidarität. Und ebenso bedankte er sich bei den beiden früheren Präsidenten Erich Foglar, ÖBG, und Rudi Kaske, Arbeiterkammer, und unterstrich ihre wichtige Arbeit.

Und dann ging Michael Ludwig in seiner Rede weiter, ganz nach seiner eigenen Entwicklung von der Basis der SPÖ und der Wiener Bildung hin zum Heute: „Große Umwälzungen im Bereich der Arbeitswelt kommen auf uns zu, zum Beispiel mit der Digitalisierung, die vieles verändern wird, was wir in der Vergangenheit gewohnt waren. Aber wir müssen diesen Wandel aufgreifen, denn wir waren immer die Bewegung, die sich der Modernisierung gestellt hat. Ein bekanntes Lied der Sozialdemokratie heißt, ‚Mit uns zieht die neue Zeit‘. Und das ist unsere Aufgabe. Das Lied heißt nicht ‚Es kommt die neue Zeit und wir halten sie auf‘, das Lied heißt auch nicht ‚Es kommt die neue Zeit und sie zieht an uns vorüber‘, sondern das Lied heißt ‚Mit uns zieht die neue

Zeit'. Wir werden uns deshalb diesen Prozessen stellen. Wir werden danach trachten, dass Wien die Digitalisierungshauptstadt Europas wird. Wir werden versuchen, Arbeitsplätze zu schaffen und den Wirtschaftsstandort zu stärken. Und wir werden uns auch dem Wachstum unserer Stadt stellen."

Michael Ludwig sagte anschließend, dass Wien keine Stadt der zwei Geschwindigkeiten werden dürfe. Er meinte damit, dass sich manche Stadtteile schneller entwickeln und manche langsamer. Das Gleiche gilt für die eine oder andere Bevölkerungsgruppe. Zu Recht spricht er von einem Fortschritt, den alle Menschen in dieser Stadt erfahren sollen. Nicht nur einige wenige, sondern alle, die in unserer Stadt leben. Laut Ludwig ist es eine große Herausforderung, dass Frauen und Männer gleiche Chancen im Leben und in der Arbeitswelt haben, dass Wien Wien bleibt, aber Wien auch anders ist. Wien ist anders als viele Millionenstädte und Metropolen, die gesichtslose Großstädte geworden sind. „Es gibt in Wien ein besonderes Flair, das wir erhalten wollen. Auch ein besonderes Miteinander in unserer Stadt. Ich bin stolzer Vorsitzender des Bruno-Kreisky-Archivs. Bruno Kreisky war ein Politiker, der uns alle geprägt hat. Und sein Motto war: ‚Leistung, Aufstieg, Sicherheit'. Und diesen Prinzipien fühle ich mich stark verbunden, denn Sozialdemokratie hat immer beides bewältigt: Leistung und Solidarität, Wachstum und soziale Verantwortung, Fortschritt und Sicherheit. Wir sind jene, die die Spange bilden können zwischen wirtschaftlicher Entwicklung und sozialer Gerechtigkeit. Das ist unsere Aufgabe und das werden wir auch erfüllen in Zukunft."

Entscheidend bleibt hinzuschauen, wo der Schuh drückt, und anzupacken und Lösungen zu formulieren. Manchmal ist es dabei notwendig, politische Entscheidungen zu treffen, die nicht immer von allen akzeptiert werden. Ludwig: „Denn unsere Stadt soll die lebenswerteste Metropole bleiben. Alle Menschen sollen Zugang zu Spitzenmedizin haben. Jedes Kind soll in Wien eine Schulbildung bekommen, die seine Talente fördert. Junge Menschen sollen Perspektiven haben in unserer Stadt und wir wollen auch auf die ältere Generation schauen. Die Unternehmen unserer Stadt sollen wachsen und gute Rahmenbedingungen vorfinden, um Arbeitsplätze mir fairen Löhnen zu gewährleisten. Denn wir brauchen den Ausgleich zwischen Arbeitgebern und Arbeitnehmern, das führt zu gemeinsamem Wohlstand. Daher wollen wir die Sozialpartnerschaft neu beleben, auch hier gibt es Verbesserungspotential. Grundsätzlich hat sich die Sozialpartnerschaft bewährt. Wir brauchen auch in Zukunft das Miteinander."

Laut Michael Ludwig sieht das die Bundesregierung offensichtlich anders und will kein Miteinander und schwächt mit der einen oder anderen Ankündigung die Menschen, mit mehr Stunden Arbeit, mit weniger Leistungen für die Schwächsten in unserer Gesellschaft oder mit dem Angriff auf unser Gesundheitssystem. „Denn wenn die Bundesregierung sich vor allem den Interessen der Mächtigen und der Spender, die ja stark eingezahlt haben, verschreibt, dann wird das zulasten der Menschen gehen."

Das Ziel scheint zu sein, so formuliert es der Wiener Parteivorsitzende, Wien auf Kosten der Menschen kaputtzusparen: „Wir spüren, sie haben es auf Wien abgesehen, aber wir lassen uns unser Wien nicht kaputtmachen. Ich kann nur eines deutlich sagen, auch vom Rathausplatz aus hier, unterstützt von euch: ,Lasst unser Wien in Ruh'. Wir werden uns wehren, wenn es gegen die Interessen der Wiener Bevölkerung geht. Wir werden uns wehren, wenn es darum geht, dass Menschen ohne Arbeit der Notgroschen genommen wird."

Das und vieles mehr zeigte Michael Ludwig auf und unterstrich sein Eintreten für mehr Solidarität bei gleichzeitig großer Unterstützung des Wirtschaftsstandortes Wien. Eine bemerkenswerte Rede, die es gilt, laufend in die Tat umzusetzen.

Eine neue starke Werbekampagne

Zwei Tage nach dem 1. Mai hingen die neuen Plakate „Los geht's. Wien ist, was wir draus machen" in Wien. Nachdem man in den letzten Jahren immer wieder Ähnliches in der Kommunikation erlebt hatte, konnte dieses erfrischende, neue Erscheinungsbild deutlich überzeugen. Die Bildsprache mit dem Foto des neuen Vorsitzenden und die Headline waren klar, sympathisch und inhaltlich nachhaltig. Es signalisierte Ärmel aufkrempeln, „es geht los" und: „Wien ist, was wir draus machen" sagt, wir müssen schon selbst anpacken, die Chancen sind da, wir müssen sie nur ergreifen. „Think positive" begleitet uns bei diesem Sujet, es ist dynamisch und gleichzeitig glaubwürdig, es transportiert Kompetenz und Vertrauen.

Der Start des neuen Teams mit Barbara Novak und Raphael Sternfeld war gelungen: Es konnte losgehen. Die weiteren Themen waren Chancen, Digital, Heimat und Wachstum: Jeder soll die gleichen „Chancen" haben, Wien soll die Digi-Hauptstadt Europas werden, „Heimat" ist dort, wo fast 1,9 Millionen Menschen leben, und „Wachstum" bedeutet eine aktive Arbeitspolitik, eine enge Kooperation mit der Wirtschaft unter Nutzung der Sozialpartnerschaft. Es waren wichtige Botschaften, die hier zum Start signalisiert wurden, sie bereiteten den Boden auf für den 14. und 24. Mai, die Präsentation des neuen Teams von Michael Ludwig und zehn Tage später die Wahl des Bürgermeisters und der neuen Stadtregierungsmitglieder.

Die Vorstellung des neuen Teams

Mit viel Spannung wurde die Bekanntgabe des neuen Teams für die Stadtregierung von Michael Ludwig erwartet. Ziel war es, neue und innovative Stadträtinnen und Stadträte zu finden, die einen neuen Weg signalisieren, und bisherige Erfahrungen zu nützen. Eine „Wiener Melange", eine gute Mischung aus Politikern, Experten und Mandataren, sollte es werden. Mit Peter Hanke, dem erfolgreichen *Wien Holding*-Chef, steht dem Ressort für Wirtschaft, Finanzen, Digitales und Internationales ein ausgewiesener Experte vor, das Wohnbauressort ist mit einer erfahrenen Abgeordneten besetzt, die auch Mitglied im Ausschuss von „Stadtentwicklung und Verkehr" war: Kathrin Gaál, sie hat auch die Frauenagenden der Stadt übernommen. Mit Peter Hacker ist ein weiterer Topmanager im Team von Michael Ludwig. Der frühere Chef des *Fonds Soziales Wien* übernahm das Großressort für Gesundheit, Soziales und Sport.

Eine Überraschung stellte die Nominierung der langjährigen Kulturmanagerin des „Steirischen Herbstes", Veronica Kaup-Hasler, dar, die als Parteilose Kultur- und Wissenschafts-Stadträtin wurde. Mit Ulli Sima für die Umwelt und Jürgen Czernohorszky für die Bildung wurden eine langjährige, routinierte Stadträtin und ein aktiver Stadtrat, der erst eineinhalb Jahre im Amt war, wiederbestellt. „Wien ist, was wir daraus machen" steht hinter dem Team des Stadtsenates Ludwig beim ersten gemeinsamen Foto.

Es ist eine Menge zu tun, eine Reihe von Herausforderungen warten auf das Team, sie treten an, Neues in dieser Stadt zu bewegen und Bewährtes weiterzuentwickeln. Michael Ludwig sprach bei der Präsentation von einer „Wiener Melange aus langjähriger Erfahrung und neuen Gesichtern". Er sieht ein „zukunftsweisendes Team", dem „starke Persönlichkeiten" angehören. Der eine oder andere Kommentar in den Medien ergänzte: Eine „gute Melange" statt „Weißer Spritzer" in Anlehnung an das Lieblingsgetränk des Altbürgermeisters Häupl. Völlig unbelastet können die vier neuen Stadträtinnen und Stadträte ans Werk gehen, waren sie doch im Vorfeld als Manager oder als Abgeordnete tätig. Michael Ludwig sagte allerdings auch jenen, die ihn nicht unterstützt hatten, dass seit dem 27. Jänner 2018, wo er zum SP-Wien-Vorsitzenden gewählt wurde, die Karten neu gemischt worden seien und er allen die Hand reiche. Genau das beweist die Haltung Ludwigs, der das in die Tat umsetzte.

Das neue Team sieht sich insgesamt als solches, in allen Gesprächen hat sich das bestätigt. Nur wenn gemeinsam ohne Wenn und Aber nach vorne geschaut wird, kann etwas Positives für Wien und die Menschen entwickelt werden.

Bis zum Schluss konnte Michael Ludwig die Namen und Personen, die er dann präsentierte, geheim halten. Auch seine Vertrauten wussten nicht, wer genau präsentiert wird. Reden, zuhören, überlegen, eine Meinung bilden, abwägen und dann vertrauensvoll Entscheidungen treffen, so hat Michael Ludwig professionell sein Team zusammengestellt. Dass darunter besondere Persönlichkeiten sind, mit denen sogar Michael Ludwig nicht immer in allen Positionen einer Meinung war, zeichnet ihn aus. Sein Zusatz, dass im Zweifelsfall der Bürgermeister in letzter Konsequenz für eine Entscheidung die Verantwortung übernimmt, zeigt, dass er seinen Stadtsenat mit viel Vertrauen ausgestattet hat und er es sich gleichzeitig vorbehält, bei weitreichenden Beschlüssen die letzte Instanz zu sein. Das sieht nach kompetenter Teamarbeit mit erfahrenen Experten und Politikern aus, die auch mit Leadership überzeugen kann.

Die Wahl im Gemeinderat, eine spannende Abstimmung

Wie hat Michael Ludwig die Wahl zum Bürgermeister erlebt? Nach seinen vielen guten Ergebnissen bei den diversen Wahlparteitagen aufgrund seiner Beliebtheit und den Streichungen zuletzt 2017, war das recht spannend. Michael Ludwig: „Ich habe bei der Wahl in den Stadtsenat immer das beste Ergebnis gehabt, zumeist mit Abstand. Einmal titelte der ‚Kurier‘: ‚(Fast) alle haben Michael Ludwig gewählt‘, weil ich überraschend ein sehr gutes Ergebnis erzielt hatte und das hat sich bei jeder Wahl zum Stadtsenat fortgesetzt." Auch das kann Neid bei politischen „Freunden" erwecken.

Und dann kam der 24. Mai 2018, der große Tag der Wahl zum Bürgermeister und dem neuen Stadtsenat. Viele Spekulationen im Vorfeld, auch mediale, haben dazu geführt, dass alle möglichen Szenarien durchgespielt wurden. Ernst Woller, der am längsten amtierende Abgeordnete, schilderte, dass er eigentlich noch im April daran dachte, noch mit vielen Abgeordneten vorher zu sprechen, doch es kristallisierte sich heraus, dass alle verstanden hatten, dass es an dem Tag um einen geschlossenen Auftritt ging. Auch Barbara Novak, die Parteimanagerin, war sich sicher, dass alle zusammenstehen, in dem Bewusstsein, dass es um sehr viel geht. Obwohl die unterschiedlichen Meinungen bis zur Kampfabstimmung im Jänner alles überlagert hatten, fruchteten nach und nach die vielen Gespräche von Michael Ludwig. Er ist einer, der gut zuhören kann, und einer, der in Gesprächen sensibel, aber auch mit klaren Leitlinien vorgeht, einer, der überzeugen kann. Es war gar nicht so leicht, bei der Auswahl des neuen Teams an alles zu denken: Die Auswahl sollte nach innen wirken und Signale nach außen senden. Eine Mannschaft von Expertinnen und Experten, von Managern, Abgeordneten, bisherigen Stadträtinnen und Stadträten, das Ganze mit Überraschungen, mit Kompetenz, mit Managementqualitäten, fast die Quadratur des Kreises.

Als dann bei der Abstimmung sogar ein kleiner Überhang von Rot-Grün erzielt werden konnte, rechnete Michael Ludwig das auch dem Umstand zu, dass er vor der Wahl gesagt hatte: „Natürlich steht der Opposition das Recht zu, Michael Ludwig zu bewerten, ihn zu wählen oder nicht zu wählen, genauso habe auch ich das Recht zu bewerten, wie sich die Oppositionsparteien mir gegenüber verhalten."

Vermutlich ist mit der Stimme des einen oder anderen ÖVP-Abgeordneten ein Ergebnis knapp jenseits der Rot-Grünen-Mehrheit zustande gekommen. Die FPÖ und die Neos lehnten vehement eine Unterstützung der neuen Stadtregierung ab. Was hat sich nun unmittelbar bei der Wahl zum Bürgermeister, zum Landeshauptmann von Wien abgespielt, wie hat das Michael Ludwig erlebt? „In der Situation waren alle erleichtert, alles andere wäre verhängnisvoll gewesen, ich hoffe, dass diese Stimmung anhält, denn das ist eine Grundvoraussetzung für eine gute Entwicklung in Richtung der nächsten Landtagswahl, nämlich diese 2020 zu gewinnen. Die Emotionen bei der Bürgermeisterwahl im Gemeinderatssaal waren natürlich ganz besondere, auch in der eigenen Partei. Trotz all der langen Auseinandersetzungen war zu guter Letzt allen klar, dass wir hier auch intern Solidarität benötigen, wollen wir bei den Wählerinnen und Wählern erfolgreich sein."

Ein langer Prozess, beginnend frühestens nach der Wahl 2010, insbesondere ab 2015, mit einer Intensivphase bis 2018, hat zu einer eindeutigen Regelung geführt: Die Nachfolge Michael Häupls, einer Legende als Bürgermeister in vielerlei Hinsicht, der fast an seinem Legendenstatus gekratzt hätte, war gut über die Bühne gegangen. Und Häupl selbst attestierte Michael Ludwig, Unglaubliches in diesen vier Monaten geleistet zu haben, das neue Team konnte sich wirklich sehen lassen.

BÜRGERMEISTER MICHAEL LUDWIG UND SEIN TEAM

Reden wir über programmatische Ausrichtungen

In Gesprächen mit dem neuen Team des Bürgermeisters kommen alle Stadträtinnen und Stadträte zu Wort, ebenso die SP-Wien Geschäftsführerin und Landesparteisekretärin Barbara Novak, der neue Klubobmann Josef Taucher und Ernst Woller, der neue Erste Präsident des Wiener Landtages.

Bei der Zusammensetzung seines Teams wollte Michael Ludwig auf erfahrene Politiker, Manager und Experten setzen. Die „Wiener Melange" – so präsentierte Michael Ludwig die gute Mischung aus langjähriger Erfahrung und neuen Gesichtern.

Das Programm, die Aufgaben und die Umsetzungen sind im Zusammenhang mit der neuen Stadtregierung Michael Ludwig sehr wichtig. Gerade in dieser guten Konstellation der Zusammenarbeit, mit einer sehr guten Mannschaft, die hier vorgestellten Ziele der Stadträtinnen und Stadträte besonders in den Mittelpunkt zu rücken, weil sie die Ziele aller und des Bürgermeisters für ein Wien der Prosperität widerspiegeln.

Die inhaltliche Handschrift von Michael Ludwig und der Stadtregierung ist hier deutlich zu erkennen. Und seine Fähigkeit als guter Teamplayer mit Leadership ist ebenso zu sehen.

Der neue Wiener Bürgermeister hat zwei Manager in sein Team berufen: Peter Hanke, den langjährigen Geschäftsführer der *Wien Holding*, und Peter Hacker, der den *Fonds Soziales Wien* leitete. Ludwig: „Ziel dabei war es, zwei Manager ins Team zu holen, die beide schon erfolgreich in der Wirtschaft gearbeitet haben. Beide hatten bisher ausgeschlossen, ein Mandat in der Politik anzunehmen, und beide tun das nun als Freundschaftsdienst und als Dienst an der Wiener Bevölkerung.

Ich habe mich sehr darüber gefreut, als sie zusagten, beide haben in ihrer bisherigen Aufgabe einen Top-Managementjob gemacht."

Der Wirtschafts- und Finanzstadtrat Peter Hanke: vom Sparen, aber nicht an den Menschen, der Digi-Hauptstadt und einer schwarzen Null

Peter Hanke war viele Jahre erfolgreicher Manager der *Wien Holding* mit führenden Unternehmen wie dem Wiener Hafen, im Kulturbereich mit dem „Ronacher", dem „Theater an der Wien" und der Wiener Stadthalle oder mit Immobiliengesellschaften usw. Er hat daher einen guten Überblick über viele Bereiche der Stadt. Dass 2018 das beste Ergebnis seit Bestehen der *Wien Holding* erreicht wurde, unterstreicht zusätzlich seine Kompetenz. Ludwig: „Peter Hanke ist erfahren in der Führung großer Unternehmen und geht sehr ruhig und sachlich an die Dinge heran." Die Finanzen und die Wirtschaft sind ein ganz wichtiger Bereich der Stadt, die beiden zusätzlichen Geschäftsfelder ‚Digitales' und ‚Internationales' unterstreichen die Zukunftsorientierung. Damit Wien Digi-Hauptstadt Europas werden kann, muss man international agieren. Ziel dabei ist es, neue Unternehmen und Institutionen nach Wien zu bringen.

Darüber hinaus ist im Wirtschaftsressort die Informationspolitik der Stadt mit dem *Presse- und Informationsdienst* gebündelt.

Michael Ludwig traut Peter Hanke auch deshalb viel zu, weil er, trotz der nicht immer leichten Rahmenbedingungen, in gutem Einvernehmen mit den Spitzen der Politik und der Wirtschaft gestanden ist. Und auch Peter Hanke sieht das ähnlich: „Mein guter Kontakt zu Michael Ludwig hat sich über viele Jahre entwickelt. Hier mit einem offenen Blick, mit einer gemeinsamen Herangehensweise die Dinge anzugehen, ist viel mehr, als ein Paket für Wien zu schnüren. Es ist immer schön zu wissen, dass man einen guten Partner und Freund als Gegenüber hat, so lässt es sich leichter arbeiten. Wir sind übereingekommen, dass wir ein offenes Wien wollen, das bedeutet allerdings auch, dass die Finanzen in Ordnung sein müssen. Es muss klar sein, dass man auf Dauer nicht mehr ausgeben kann, als man einnimmt. Wir haben das beide so definiert, dass wir sparen müssen, aber nicht bei den Menschen, das soll unseren Kurs verdeutlichen. Deshalb ist es mein Ziel für 2020, diese schwarze Null zu ermöglichen.

Das bedeutet natürlich auch, dass eine Stadt, die wächst, das Thema Beschäftigung im Griff haben muss, dass es genügend Arbeit für alle gibt. Einsparungen sollen laut Hanke mehr im organisatorischen Bereich stattfinden, zum Beispiel wenn Strukturen verbessert werden, wie bei der Bündelung der gesamten IT-Agenden der Stadt.

Im Personalbereich wurde in der Vergangenheit schon einiges bewältigt, wenn man davon ausgeht, dass trotzdem seit 15 Jahren 18 Prozent mehr Menschen in Wien leben, der Personalstand in den Magistraten sich gleichzeitig nicht erhöht hat. Eine Effizienzsteigerung, an der auch in Zukunft gearbeitet werden soll.

Zu einem starken Wirtschaftsstandort Wien gehört die beste Infrastruktur. Hanke: „Mit dem Ausbau der U-Bahn und des Hauptbahnhofes sind wir hier schon am richtigen Weg, aber ebenso benötigen wir die beste Infrastruktur für den Personen- und Lastverkehr und deshalb stehen wir hinter dem Lobautunnel und der Nordostumfahrung. Für den Tourismus in Wien, eine unserer erfolgreichsten Wirtschaftsentwicklungen, müssen wir die besten Voraussetzungen schaffen und das gelingt zum Beispiel mit der dritten Piste am Flughafen Wien. Damit investieren wir in die Zukunft für unsere Kinder und Enkelkinder."

Auch wenn manches seine Zeit brauchen wird, bis ausgebildete Berufstätige, die als Lehrlinge angefangen haben, in neue Digitaljobs hineinwachsen können, ist Wien schon auf einem guten Weg. Laut Hanke haben sich beim Start-up-Package der Wirtschaftsagentur bisher 390 Gründer weltweit beworben, um am Standort Wien Start-ups zu gründen. Hier interessieren sich Leute rund um den Globus für Wien und sogar Unternehmen aus dem Silicon Valley sind dabei.

Zusätzliche Themen, um den Wirtschaftsstandort Wien weiter zu entwickeln, sind Flächen für Unternehmen und Förderungen. Wirtschaftsstadtrat Hanke: „Ich glaube wir müssen sehr bewusst mit unseren Flächen, die wir noch zur Verfügung haben, umgehen. Es ist klar zu definieren, wo unsere nächsten Entwicklungsgebiete im betriebswirtschaftlichen Bereich sein müssen. Wir haben sehr viel im Wohnungsbau getan. Jetzt müssen wir auch schauen, dass wir bleibende Arbeitsplätze etablieren. Außerdem liegen uns Klein- und Mittelbetriebe besonders am Herzen, da sie die Wirtschaft in dieser Stadt auch tragen, das ist zu fördern."

Der Gesundheitspolitiker Peter Hacker:
pragmatisch und engagiert

Peter Hacker, der neue Stadtrat für Gesundheit, Soziales und Sport, hat viel Erfahrung im politiknahen Bereich. Er arbeitete früher im Büro von Helmut Zilk und war später Drogenkoordinator der Stadt Wien. Michael Ludwig: „Als junger Mann habe ich ihn für das Drogenberatungszentrum in der Großfeldsiedlung engagiert, er ist ein guter Organisator und Kommunikator. Peter Hacker, der zuletzt den *Fonds Soziales Wien* leitete, kann mit großen Budgets und viel Personal gut umgehen, auch als Flüchtlingskoordinator habe ich ihn kennengelernt, wo wir allerdings nicht immer einer Meinung waren." Gerade das zeichnet eine Stadtregierung aus, dass sie unterschiedliche Charaktere in einem Team hat. Wie im Fußball gibt es auch hier viele Aufgaben, die von verschiedenen, auch unterschiedlichen Persönlichkeiten abzudecken sind. Der Coach und Teamleader hat die Gesamtverantwortung, in letzter Konsequenz entscheidet der Chef, wie Michael Ludwig einmal in einem Interview klarstellte.

Stadtrat Peter Hacker: „Rein politisch betrachtet unterscheidet uns im Wettbewerb der politischen Ideen, sowohl in der Sozialpolitik als auch in der Gesundheitspolitik, Wesentliches von anderen Mitbewerbern. Wir sagen nicht nur, es soll ein Sozialwesen geben oder es soll ein Gesundheitswesen geben, sondern wir übernehmen auch bis ins letzte Detail die Verantwortung dafür, dass es funktioniert. Und das machen wir nicht, weil wir glauben, dass wir die besten Manager sind, sondern die Überlegung ist, dass wir eine ganz klare Überzeugung haben, dass alle Systeme für jeden zugänglich sein müssen." Diese Grundhaltung unterscheidet die SPÖ laut Hacker im Wesentlichen von allen anderen politischen Mitbewerbern. Peter Hacker: „Für mich ist es ein Vergnügen, in diesem Bereich tätig sein zu dürfen. Ich nehme die Verantwortung mit Überzeugung und sehr gerne wahr. Was unterscheidet die SPÖ von den anderen? Wir haben ganz klare Grundsätze in dieser Fragestellung der sozialen Gerechtigkeit, der sozialen Gleichbehandlung und der Chancengleichheit. Soziale Gerechtigkeit nicht im Sinne von: Jeder muss gleich viel haben, sondern jeder muss gleich viele Chancen haben. Es darf niemanden geben, der keine Chance hat. Denn wenn das so wäre, würde das sehr gefährlich werden. Das Spannende ist, dass ich in diesen fundamental grundsätzlichen Fragestellungen mit Michael Ludwig auch komplett übereinstimme. Deswegen macht es auch Spaß, in seiner Stadtregierung zu sein."

Der politische Wettbewerb als Wettbewerb der Ideen und Gedanken schadet niemandem. Und hier gehört Peter Hacker sicher auch zu den Aufgeschlossenen in der Partei: „Gar kein Problem, lasst uns mehr Wettbewerb in der Partei erzeugen: Aber wenn, soll es ein Wettbewerb der Ideen sein und nicht einer des Schlechtredens oder des Übelwollens. Und es wurde tatsächlich sehr viel Energie nach innen verschwendet. Damit ist jetzt Gott sei Dank Schluss. Wir haben eine starke Stadtregierung, die ein eingeschworenes Team ist."

Das Ziel in der Gesundheitspolitik ist es, für alle eine gute Grundversorgung und auch eine gewisse Spezialversorgung zu machen. Hacker: „Wir sind durchaus in der Lage, Spitzenmedizin für alle zur Verfügung zu stellen. Es ist nur eine Frage des Managements. Wie können wir organisieren, dass Spitzenmedizin für alle zur Verfügung steht, ohne dass wir unendlich viel Geld ausgeben? Es ist machbar, braucht aber viele Anstrengungen und braucht einige grundsätzliche Voraussetzungen. Wir sind dabei, dies umzusetzen, wobei wir dafür auch Zeit brauchen."

Das gesamte Gesundheitssystem weiterzuentwickeln und offen zu sein für Veränderungen, ist der richtige Weg. Peter Hacker kritisiert die Bundesregierung in diesem Zusammenhang, weil die „Sozialversicherungen zu zertrümmern, macht noch keine Gesundheitsreform". Das Gesundheitssystem zu verändern ist möglich, dann muss aber eine Grundsatzdiskussion geführt werden, zum Beispiel zum Thema Finanzierung aus einer Hand. „Die Aufgabe des Gesundheitswesens ist es, zu reflektieren und zu reagieren und auf die veränderte Arbeitssituation und auf die veränderte Gesellschaftssituation Antworten zu finden. Der Gesundheitsstadtrat: „Der Ärztekammerpräsident sieht das genauso wie ich. Wir brauchen Veränderung. Veränderung heißt in diesen Fällen nicht Bombenwürfe zu machen, sondern zunächst einmal klare Zielsetzungen zu sehen und dann das System mit Geduld, aber auch mit Beharrlichkeit in die richtige Richtung zu lenken."

Peter Hacker möchte in den nächsten beiden Jahren maßgebliche Schritte der Veränderung setzen. Ein Dauerbrenner ist das Krankenhaus Nord, das unter Kritik steht, wie geht es hier weiter?

Peter Hacker: „Die Fragen der Vergangenheit werden von einer Untersuchungskommission gerade geklärt und darüber hinaus liegt ein sehr ausführlicher Bericht des Rechnungshofes am Tisch, der aufgezeigt hat, wo Fehler des Managements gemacht wurden. Da kann und braucht man nichts schönreden. Man muss aus den Fehlern lernen und darf diese nicht noch einmal machen."

Die Konsequenzen liegen jetzt auf dem Tisch und sie sind nicht sehr angenehm für den neuen Gesundheitsstadtrat: „Mein Job ist es jetzt zu schauen, dass das Spital erstens im Kostenrahmen bleibt und zweitens den Betrieb bis September 2019 aufnimmt. Insgesamt werden circa 2500 Arbeitsplätze geschaffen. Wir werden dann eines der modernsten Krankenhäuser Europas haben."

Faktum ist ebenso, dass das Krankenhaus schon lange vorher in den Probebetrieb geht, was derzeit zum Teil schon der Fall ist. Ein modernes Krankenhaus dieser Größenordnung, das übrigens nur mehr über Zwei- und Einbettzimmer verfügen wird, für Patienten zugänglich zu machen, braucht einige Jahre. Die Verzögerung der Fertigstellung, die Kostenerhöhungen und die teilweise vorhandenen Missstände sind Gegenstand von Untersuchungen. Entscheidend bleibt, das modernste Krankenhaus für die Wienerinnen und Wiener so rasch wie möglich zur Verfügung zu stellen.

Eine Reform des Krankenanstaltenverbunds mit seinen über 30 000 Mitarbeiterinnen und Mitarbeitern steht auch ins Haus. Schon lange wird über eine neue Form des Unternehmens diskutiert. Es wird ein Gesetz zu schaffen sein, das definiert, in welcher Verantwortung, mit welchen Möglichkeiten und mit welchen Instrumenten der Wiener Krankenanstaltenverbund arbeitet.

Der Sozialpolitiker: für sozial Schwache kompromisslos eintreten

Peter Hacker weiß, dass Sozialpolitik grundsätzlich ein ganz schwieriges Thema ist: Er spricht dabei unter anderem die Umverteilung an, also dass Menschen mit mehr Geld für jene, die wenig haben, aufkommen. Sozialstadtrat Hacker: „Ich verstehe, dass es niemand sympathisch findet, wenn man von seinem hart erarbeiteten Geld Zuschüsse zum Sozialsystem abverlangt. Damit wird allerdings die Basis geschaffen, dass jeder, der in eine solche Situation kommt, dann auch davon profitiert. Soziale Sicherheit ist ein hohes gesellschaftspolitisches Gut, das den sozialen Frieden gewährleistet."

Ziel dabei ist es, keine Menschen unter uns zu haben, die nichts mehr verlieren können, denen alles egal ist, denn dann wird es gefährlich. Um das zu verhindern, schützt das Sozialversicherungssystem die Menschen mit finanziellen Unterstützungen und einer Absicherung im Alter. Dafür zahlen Arbeitnehmer und Arbeitgeber ihre Beiträge. Die Sozialversicherung ist ein System, das in ganz Österreich gleichermaßen durch den Bundesgesetzgeber geregelt ist. Peter Hacker: „Das ist genau das, was von der Bunderegierung zurzeit angegriffen wird. Im Sozialhilfesystem finden sich Systeme wie die Mindestsicherung wieder. Und diese sollte auch in Zukunft für die Sozial-schlecht-Gestellten zur Verfügung stehen."

Die Mindestsicherung ist der Ausgleichstopf für die Menschen, die unterhalb der definierten Armutsgrenze gerutscht sind, weil sie zu wenig Arbeitslosengeld bekommen, weil sie keinen Job haben oder einen, bei dem sie nicht genug verdienen.

Die Mindestsicherung ist in Wirklichkeit kein Geldbetrag, den die Menschen bekommen, sondern ein Grenzbetrag. Jene, deren Einkommen unterhalb dieses Grenzbetrages liegt, bekommen diesen Ausgleich zu diesem Grenzbetrag aus der Mindestsicherung. Peter Hacker: „Wir sind stolz darauf, dass in Wien niemand erfriert und dass in Wien niemand Hunger leiden muss. Es gibt daher eine Unterstützung für das Leben und es gibt eine Unterstützung für das Wohnen.

Gerne kommt der Gesundheits- und Sozialstadtrat auf den politischen Mitbewerb zu sprechen, die Freiheitlichen und die türkise VP, die versuchen, das Sozialsystem anzugreifen, weniger Leistungen zuzusprechen und damit armutsgefährdete Menschen in unserer Gesellschaft weiter zu schwächen. Etwa 1,2 Millionen sind in Österreich armutsgefährdet, über 280 000 Menschen davon leben in Armut. Sozialstadtrat Hacker: „Die FPÖ hat die Arbeitnehmer nicht verraten, sondern sie haben sie nie vertreten. Sie waren immer schon gegen die Arbeitnehmervertretungen. In der ÖVP ist gerade eine junge, nicht immer erfahrene Mannschaft am Ruder. Sie ist auch der Meinung, dass die Gewerkschaften und Sozialpartner nur lästiges Beiwerk sind. Damit stellen sie sich auch gegen den eigenen Arbeitnehmerflügel in ihrer Partei. Ich bin ein bekennender Vertreter der Sozialpartnerschaft. Keine Frage, auch hier muss modernisiert werden. Ich glaube, es tut der Sozialpartnerschaft gut, ganz intensiv darüber nachzudenken, wie sie sich selbst im 21. Jahrhundert weiterentwickeln wird.“

Es lebe der Sport!

Peter Hacker findet es wichtig, dass erstmals das Gesundheitsressort mit dem Sportressort verbunden ist, weil es hier eine Reihe von Synergien gibt. Gerade in der Vorsorgemedizin ist sportliche Betätigung sehr entscheidend. Der neue Sportstadtrat versucht, in der Sportpolitik zwischen dem Spitzensport, dem Leistungssport und dem Breitensport eine Balance zu halten. Hacker: „Es ist unvorstellbar, dass es einen Breitensport ohne Spitzensport und umgekehrt gibt. Ohne die Motivation des Spitzensportes gäbe es weniger Hobbysportler. Natürlich ist es klar, dass wir nicht viel Steuergeld in den Profisport stecken werden. Die Unterstützung des Spitzensportes ist durch Bundesförderungen und Sponsoring aus der Wirtschaft weitgehend abgedeckt, im Breitensport ist das in einem geringen Ausmaß denkbar.

Faktum ist ebenso, und das bestätigen nahezu alle Fachverbandspräsidenten, dass für die Leistungssportarten, die wenige Sponsoren haben, weil diese Sportarten kein Publikumsmagnet sind, eine größere Unterstützung auch von Seiten der öffentlichen Hand notwendig ist.

Der Bildungs- und Integrationsstadtrat Jürgen Czernohorszky startet durch

Michael Ludwig hatte in seiner Entscheidung der Bestellung des Bildungs- und Integrationsstadtrates sicher zugrunde gelegt, dass Czernohorszky sich als junger Kollege nun beweisen kann, zusätzlich deckt er einen Teil der Partei ab, der Michael Ludwig ursprünglich nicht unterstützt hat.

Ludwig: „Jürgen Czernohorszky kommt ursprünglich aus dem Bereich der Kinderfreunde, er leitete die Bundesorganisation von 2011 bis 2015. Er ist einer der Jüngeren, war schon im Stadtsenat und vorher kurz Stadtschulrat und ist gerade in Schul- und Jugendfragen sehr engagiert und im Integrationsthema eingearbeitet. Ich glaube, wir haben mit ihm einen profunden Kenner der Bildungs- und Integrationsthematik, wo noch viel umzusetzen ist.“

Begeistert ist Czernohorszky davon, dass das Team ein großartiges ist: „Das ist definitiv einer der ersten Erfolge des Bürgermeisters. Das Team besteht aus unterschiedlichen Persönlichkeiten und wir haben unterschiedliche politische Zugänge und dazu gehört Mut. Es funktioniert gerade in dieser Zusammensetzung sehr gut.“ An Michael Ludwig schätzt der Bildungsstadtrat am meisten, dass er ein Mensch ist, der bereit ist, sich auf andere einzulassen, der zuhört und der die persönliche Expertise und Meinung seiner Mitarbeiterinnen und Mitarbeiter sehr schätzt und auch auf diese zurückgreift.

Bildung als zentrale Aufgabe – Chancen für alle

Für Jürgen Czernohorszky ist es von großer Bedeutung, dass Bildungschancen nicht von der Geldbörse der Eltern abhängig sind. Es soll gewährleistet sein, dass die Kinder die besten Rahmenbedingungen vorfinden, egal aus welcher Bildungsschicht sie kommen. Ein weiteres Ziel ist es, in der Didaktik alle Möglichkeiten der Digitalisierung zu nützen, damit die Jugendlichen die besten Voraussetzungen für das neue Lernen vorfinden. Czernohorszky: „Wir setzen alles daran, dass die Bildungsinstitutionen zusammenarbeiten. Es soll nicht sein, dass zwischen Kindergarten, Volksschule, AHS etc. eine Hürde ist, die nur ein Kind überspringen kann, wo die Eltern helfen können. Wir wissen auch, dass Kinder in der Schule zurück- bzw. rausfallen, die mehr Hilfe brauchen. Wir haben in Wien jetzt bereits sechs Bildungscampusse realisiert und viele weitere sind noch in Planung. Das sind Bildungseinrichtungen der Zukunft. In einem Bildungscampus sind Kinder von drei bis 14 Jahren vertreten. Diese sind dann nicht nach Jahrgängen oder Klassen geteilt, sondern in Bildungsbereiche, in denen alle Kinder gemeinsam unterrichtet und als Team zusammengeführt werden. Diese Bildungscampusse setzen große Schwerpunkte, die wir gerade bewegen."

Das Ziel soll es laut Czernohorszky sein, dass die Wienerinnen und Wiener erkennen, dass mit viel Energie versucht wird, kein Kind zurückzulassen, weil jedes Kind das Recht hat, sein Potential auszuschöpfen.

Stadtrat Czernohorszky: „Man müsste blind und taub sein, um zu behaupten, dass jede bildungspolitische Reform von Lehrern und Gewerkschaftern unterstützt wird. Was ich allerdings schon glaube, ist, dass es ein echtes Kunststück eines Ministers ist, innerhalb kürzester Zeit die Lehrergewerkschaft gegen sich aufzubringen. Das kann man einfach nur verhindern, indem man redet."

„Ich glaube, dass es am Ende ohne Reden einfach nicht geht und ich bin ein wirklich überzeugter Verfechter von diesem Zugang. Ich habe das Glück, dass ich schon in 200 Schulen dieser Stadt war, und ich glaube wirklich von der Realität zu sprechen, wenn ich sage: Diese Stadt ist voll von Beispielen, wo Pädagoginnen und Pädagogen sehr gute Arbeit machen, wo neue Wege gegangen werden und wo die Schulen Orte sind, die man einfach herzeigen kann und deren Beispiele man einfach wiederholen muss."

Immer wieder wird bestätigt, dass Österreich international, was den Bildungsstatus betrifft, einen schlechten Platz im Ranking einnimmt. Die Gründe dafür sind vielschichtig, laut Jürgen Czernohorszky wird Bildung in nahezu allen Demokratien oder in allen Bildungssystemen sozial vererbt, besonders in Österreich sind die Chancen unterschiedlich verteilt. Verantwortlich dafür ist die „frühe Zäsur": „Es setzt Eltern, Lehrer und Schüler massiv unter Druck, dass mit circa neun Jahren eine Entscheidung – die übrigens kein Kind selbst trifft – getroffen werden muss, die das ganze Leben maßgeblich vorbestimmt. Hier wird für Kinder eine Entscheidung getroffen, die den Lebensweg massiv beeinflusst. Viele Möglichkeiten werden hier liegengelassen."

Czernohorszky sieht ein weiteres wichtiges Thema in der Unterstützung der Kinder, die diese nachhaltig benötigen. In Österreich gibt es viele Halbtagsschulen. Kinder, die zu Mittag nach Hause gehen und einen Rucksack voll Hausübungen mitnehmen, bekommen von ihren Eltern Unterstützung oder eben nicht. „Alleine dieser simple Unterschied teilt unterschiedliche Lebenswege zu. Wenn ich eine Schule habe, die bis 16 Uhr dauert und den Kindern Abwechslung zwischen Lernen und Freizeit bietet, hat man diese ungerechte Verteilung nicht. Daher werden wir in Wien massiv die Ganztagsschulen ausbauen."

Integration schnell und zielorientiert

Der Integrationsstadtrat spricht auch Fehler an: „Man muss Migranten vom ersten Tag an begleiten. Schauen, wo ihre Stärken liegen, welchen Bildungsweg sie hatten, etc. und desto eher kann man diese zumeist jungen Menschen integrieren und ihnen Chancen auf Lehrstellen oder einen passenden Bildungsweg geben. Mann muss ebenso rasche Maßnahmen für Deutschkurse setzen. Die Sprache zu erlernen bleibt ein wesentlicher Erfolgsfaktor für die Entwicklung der Zuwanderinnen und Zuwanderer."

Czernohorszky ist ebenso wichtig, dass es ein Miteinander gibt: „Wenn wir eine Stadt wollen, in der wir uns in jedem Bezirk zu Hause fühlen, ganz egal, ob man schon immer da war oder zugezogen ist, dann bedeutet das, konsequent eine Politik zu machen, die nicht trennt, sondern verbindet. Das heißt in der Bildung zum Beispiel, dass nicht Schulen gegründet werden, in denen nur Ausländer sind, sondern dass man Schulen hat, die gut durchmischt sind und in denen jeder die gleichen Chancen hat."

Wien hat in der Stadt als Verwaltung sehr viel geleistet. Die Stadt ist in den letzten Jahren um 190 000 Menschen gewachsen. Da ist viel zu tun. Die Frage bleibt, ob das alles zu bewältigen ist und wie. Es liegen hier zukünftig noch viele Aufgaben vor uns, es scheint auch im Zusammenhang mit dem Zuzug eine Mammutaufgabe auf dieses Ressort zuzukommen. Und wenn man genau hinschaut, und das wird notwendig sein, müssen die Ängste der Menschen, die Bedenken haben, berücksichtigt werden. Gerade das Flüchtlings- und Asylantenthema bleibt das dominierende.

Die alles entscheidende Frage ist: Wie können Ängste hier abgebaut werden?

Czernohorszky: „Jede Form von Gemeinsamkeit braucht zwei Dinge. Regeln, die man gemeinsam festlegt, und Regeln, die man gemeinsam einhält. Die Stadt besteht aus vielen Individuen, nicht alle wollen sich einfügen. Das wird man immer haben und hat nicht alleine etwas mit Migranten zu tun. Wir versuchen alles, um ein gutes Zusammenleben zu erreichen."

Gerade das Aufstellen von Regeln, aber auch das Einhalten dieser bedarf großer Anstrengungen. Eine „Hausordnung", wie sie Michael Ludwig schon in seinem früheren Wohnbauressort eingeführt hat, wird, wie von ihm angekündigt, auf weitere Bereiche der Stadt ausgedehnt werden.

Die neue Wohnbaustadträtin Kathrin Gaál: soziale Verantwortung mit Begeisterung

Ein großes Anliegen war es Michael Ludwig, das Wohnbauressort, das er elf Jahre lang geführt hat, in guten Händen zu wissen. Da er eine

Reihe von Reformen durchgeführt hat, von den Smart Wohnungen über die sanfte Stadterneuerung bis zum weiteren Ausbau des sozialen kommunalen Wohnbaus, liegt die Latte für seine Nachfolgerin hoch.

Michael Ludwig: „Kathrin Gaál ist seit vielen Jahren erfolgreiche Gemeinderätin, Bezirksparteivorsitzende der SP-Favoriten und Garant dafür, dass sie die soziale kommunale Wohnpolitik in Wien fortsetzen wird. Sie ist bodenständig, kann gut mit vielen Teilen der Bevölkerung und hat auf meinen Wunsch auch die Frauenagenden in Wien übernommen. Frauenpolitik ist zwar bei allen Ressorts beheimatet, es ist aber trotzdem wichtig, eigene Frauenschwerpunkte zu setzen, die bei Kathrin Gaál gut aufgehoben sind.“

Die neue Wohnbau- und Frauenstadträtin kennt Michael Ludwig schon seit vielen Jahren aus der SPÖ, ist sie doch seit 2005 Gemeinderätin. Kathrin Gaál: „Meine erste Erinnerung an Michael Ludwig ist, als er zu uns als Bildungsfunktionär in den Bezirksausschuss kam. Ich war damals Bezirksrätin und noch sehr jung. Wir haben uns immer wieder auf Veranstaltungen getroffen und gut ausgetauscht. Was mich bei ihm fasziniert, ist seine Aufmerksamkeit. Er hat mich erkannt, obwohl ich damals noch keine wichtige Rolle gespielt hatte, und mich persönlich angesprochen. Michael Ludwig war immer sehr höflich und hat nachgefragt, ob er etwas für uns tun kann. Wenn er bei uns referiert hat, haben wir gemerkt, dass er sehr gebildet ist. Ebenso war Michael Ludwig den Menschen in Favoriten immer sehr zugetan und begegnete ihnen sehr respektvoll.“

Im Vorfeld der Entscheidung, wer in die Stadtregierung berufen wird, kursierten in den Medien eine Reihe von Namen, so auch der von Kathrin Gaál: „Kurz vor den Sitzungen in Wien hat mich Michael Ludwig um einen Vieraugentermin gebeten. Er hat mich dann gefragt, ob ich das Wohnbauressort übernehmen möchte. Ich muss schon zugeben, dass mein Herz in diesem Augenblick angefangen hat, schneller zu schlagen. Ja, ich habe mich sehr geehrt gefühlt und nach kurzer Rücksprache mit meiner Familie zugesagt.“

Bei der Gemeinderatssitzung am 24. Mai war die designierte Wohnbaustadträtin dann doch etwas nervös. Der Tag war offensichtlich sehr aufregend und ein Wechselbad der Gefühle. Am Abend ging es gleich mit Michael Ludwig zu einer Mieterbeiratsveranstaltung, bei der er die frisch gewählte Wohnbaustadträtin vorstellte.

Dem sozialen kommunalen Wohnbau verpflichtet

Entscheidend bleibt weiterhin das leistbare Wohnen. Kathrin Gaál: „Wir profitieren natürlich von den Maßnahmen meines Vorgängers Michael Ludwig, wie z. B. den Smart Wohnungen, da ist unheimlich viel passiert. Ebenso bei der sanften Stadterneuerung oder in der Grundstücksvorhaltung, wo bereits 2,7 Millionen Quadratmeter Fläche verfügbar sind, auf die wir zu vernünftigen Preisen zugreifen können. Wir werden manches ein bisschen abwandeln, aber nicht, weil vorher etwas schlecht war, sondern weil sich die Zeiten ändern und man nachjustieren muss. Das Thema Frauen zum Beispiel werde ich im sozialen kommunalen Wohnbau neu positionieren. Frauen und Wohnen ist ein wesentliches Thema. Da schaut eine Frauenstadträtin genau hin."

Mit Kathrin Gaál ist seit langer Zeit wieder eine Politikerin aus Favoriten in der Stadtregierung. Sie war viele Jahre im Planungsausschuss, der eng mit dem Wohnbau zusammenhängt. Zukünftig werden die beiden Ressorts enger zusammenarbeiten. Dazu kommt, dass in Favoriten sehr viel gebaut wird und dort in den letzten Jahren viele Wohnbauprojekte von ihr begleitet wurden.

Eine Reihe weiterer Aktivitäten sind in Planung, Gaál: „Es kommt eine Wohnbauoffensive 2018 bis 2020. Es geht um rund 14 000 neue, geförderte Wohnungen. 2019 wird zudem die neue Bauordnung in Kraft treten und eine Obergrenze bei Förderungen wegfallen. Bis jetzt bekamen Bauträger, die um mehr als 1800 Euro pro Quadratmeter gebaut haben, keine Förderung. Das gibt es nicht mehr. Aber es existiert weiterhin eine Mietzinsobergrenze für Förderungen. Darüber hinaus werden bis 2020 4000 neue Gemeindewohnungen auf Schiene gebracht werden. Die Projekte sind in unterschiedlichen Planungsphasen. In Favoriten ist der erste neue Gemeindebau schon in Errichtung."

Besonders positiv sieht die neue Stadträtin auch die gute Zusammenarbeit untereinander, dass Projekte immer wieder im Team präsentiert werden: „Ich glaube, dass unsere gute Stimmung als Team sehr gut rüberkommen wird, wir wollen die Menschen in Wien damit anstecken", meint Gaál.

Die neue Frauenstadträtin

Kathrin Gaál möchte wichtige Frauenthemen ansprechen und klar Position beziehen: „Wien muss schon alleine aus dem Selbstverständnis als weltoffene, solidarische und moderne Weltstadt, die seit jeher eine globale Vorbildfunktion innehat, ein Ort der Gleichberechtigung und Gleichstellung von Frauen und Männern sein. Daher gilt es auf allen Ebenen, in allen Bereichen und an jedem Tag die Durchsetzung dieses Grundsatzes zu fördern und zu fordern."

Und: „Sexuelle Belästigung ist ein No-Go in unserer Stadt." Ein 24-Stunden-Frauennotruf ermöglicht es neben den Polizei- und Rettungsnummern, rasch Hilfe zu holen. Entscheidend dabei ist es laut Kathrin Gaál, dass solche Delikte rasch zur Anzeige gebracht werden und auch jene mithelfen, schützen oder eingreifen, die solche Übergriffe beobachten.

Veronica Kaup-Hasler als neue Kulturstadträtin

Die neue Kulturstadträtin, die in ihrem bisherigen Werdegang den „Steirischen Herbst" als Intendantin künstlerisch geleitet und gemanagt hat und bei den „Wiener Festwochen" als Festivaldramaturgin unter anderem mit Luc Bondy arbeitete, hat schon gezeigt, dass sie praktisch und konzeptionell viel Erfahrung hat. Mit der Berufung als Kulturstadträtin wechselt sie nun die Seiten. Das „Profil" bezeichnete sie unter anderem als „streitbar, mitunter unbequem". Ihre Ernennung ist tatsächlich ein „Coup" und zeigt, wie sehr es die neue Stadtregierung ernst nimmt, Parteifreie und Experten mit ins Boot zu holen.

Kaup-Hasler ist ein ganz neues Gesicht in der Stadtregierung. Michael Ludwig: „Veronica Kaup-Hasler ist kein Parteimitglied, ich freue mich, dass sie mit uns ein Stück gemeinsamen Weges geht, was auch ein wichtiges Signal in Richtung Kunst und Kultur ist. Sie ist eine sehr engagierte, erfahrene Kulturmanagerin gewesen und sie hat in ihrer neuen Aufgabe in kurzer Zeit schon inhaltliche und personelle Angelegenheiten engagiert umgesetzt, was in dieser Dynamik und Schnelligkeit positiv überrascht hat."

Auch die neue Kulturstadträtin Kaup-Hasler war zunächst erstaunt: „Ich war sehr überrascht, als mir die Stelle angeboten wurde. Ich musste ein wenig nachdenken, sah aber dann eine großartige Chance, Kunst und Kultur zu gestalten. Ich habe in den letzten Jahren meine Arbeit mit größter Freude gemacht und immer versucht eine Balance hineinzubringen. Die Kunst ist sozusagen ein großer Seismograf der Gesellschaft, also das, was uns bewegt. Und jetzt hier mit einer kulturpolitisch verantwortungsvollen Aufgabe tätig zu sein, ist etwas ganz Besonderes für mich."

Als Parteifreie hier aktiv werden zu können, findet Kaup-Hasler als eine besondere Stärke der Sozialdemokratie, es zeigt Offenheit und ist ein wichtiges Zeichen an die Menschen, die mit Kunst und Kultur zu tun haben.

Veronica Kaup-Hasler über das Team, in dem sie arbeitet: „Ich bin sehr beeindruckt von Michael Ludwigs Fähigkeit, Teams zusammenzustellen. Es macht wirklich Freude, mit den Kolleginnen und Kollegen zusammenzuarbeiten. Es geht nicht nur um Verwaltung, sondern es ist auch ein großer Gestaltungswille extrem spürbar. Wir helfen uns auch gegenseitig in den jeweiligen Bereichen."

Wie nun ihre Aufgabe als neue Kulturstadträtin zu sehen ist, skizziert Kaup-Hasler mit der Feststellung, dass „Kultur das große Asset dieser Stadt" sei. Das heißt, nicht nur das gute Bestehende zu verwalten, sondern neue Akzente und Initiativen zu setzen. Das gilt für Museen, aber auch für die Dynamisierung der Kulturprogramme, zum Beispiel von zeitgenössischer Kunst, das gilt für den spannenden und dynamischen Filmsektor ebenso wie für die Architektur. Kaup-Hasler: „Entscheidend wird es auch sein, diese Erweiterung hinaus in die Peripherie zu tragen, das heißt, wir können nicht nur Wohnungen neu bauen, sondern müssen auch vor Ort die kulturelle Grundversorgung mitbedenken und aktiv sein. Eventuell ist es auch möglich, mit partizipatorischen Aktivitäten junge Leute zu gewinnen, die zum Beispiel in Bezirksmuseen mit neuen Ideen tätig sind. Alle diese Initiativen, die Kunst und Kultur nahe an die Bevölkerung, in die Bezirke bringen, sind mir sehr wichtig."

Kaup-Hasler möchte in großen Bewegungen denken. Sie bereitet diese großen Schritte bereits auch mit den Besetzungen der Leitung, ebenso mit der Neuausrichtung von Kunsthalle, Volkstheater usw. vor. Die Frage, die sie sich in diesem Zusammenhang stellt, ist, welches Theater, welche Musik usw. brauchen wir in dieser Stadt, was fehlt, was können wir besser machen.

Was die frühere Kulturmanagerin besonders in den Mittelpunkt rücken möchte, ist: „Zu signalisieren, dass ich eine Stadträtin bin, mit der man reden kann. Ich möchte den Dialog mit anderen haben, um zu wissen, was man besser machen kann. Deswegen bin ich auch sehr viel vor Ort bei den Veranstaltungen, um dort in Kommunikation zu treten."

Als Generalistin bezeichnet sich Kaup-Hasler ebenso: „Ich wusste, dass man nicht in jedem Bereich selbst immer gleich gut sein kann, habe aber immer mit Spezialistinnen und Experten, Kuratoren zusammengearbeitet, was auch sehr erfolgreich war. Und man muss zusätzlich eine Brücke zwischen wirtschaftlichen Unternehmungen und Kultur herstellen, Finanzierungen müssen ja auch immer wieder von privaten Unternehmen mit auf die Beine gestellt werden."

Zu Michael Ludwig befragt, sagt die neue Kulturstadträtin, dass sie jedes Mal erstaunt ist, wie viel er liest, wie gut er sich auskennt. Bei ihrer ersten Begegnung hatten sich beide unter anderem über Didier Eribon, den französischen Philosophen, unterhalten, der mit seinem Bestseller „Rückkehr nach Reims" sehr bekannt geworden ist. Grundsätzlich spürt man laut Kaup-Hasler, „er geht gerne hinaus zu den Menschen, nimmt Kontakt auf und das spüren sie".

Ulli Sima, die erfahrene Stadträtin für Umwelt und Stadtwerke

Die Enkelin des früheren Landeshauptmannes von Kärnten, Hans Sima, ist seit 2004 Umweltstadträtin und eine erfahrene Politikerin. Michael Ludwig sieht Ulli Sima als „eine durchsetzungsfähige Politikerin, was nicht immer nur Applaus mit sich bringt, sie arbeitet allerdings sehr effizient und wirksam und hat mit innovativen Ideen ebenso Umsetzungsstärke bewiesen." Aufgrund ihrer bisherigen Ergebnisse eilt ihr der Ruf einer guten Managerin voraus.

Eine wesentliche Aufgabe im Team des Bürgermeisters ist für Ulli Sima der öffentliche Verkehr, der eine große Priorität hat. Neben dem Ausbau der U-Bahn und anderer Linien wurden neue Regeln aufgestellt, die eine gewisse „Hausordnung" in den öffentlichen Verkehrsmitteln festlegen. Ulli Sima: „Daher habe ich mich in den letzten Monaten darauf konzentriert, hier ein Regelwerk aufzustellen. Jetzt sorgen wir nur noch dafür, dass alles zur Umsetzung kommt. Das gilt für den Praterstern, aber auch für das Essensverbot in der U6." Michael Ludwig lässt prüfen, das auf alle Wiener Verkehrsmittel auszudehnen. Für Ulli Sima ist auch die qualitative Aufwertung der U6 ein großes Thema: „Wir haben bei der U6 ein Security Team eingeführt, es wurden stärkere Beleuchtungen installiert und die Stationen renoviert. Ebenso sind überall Kameras montiert worden und wir haben die Klimaanlagen in den Zügen verbessert."

Ein großes Projekt in Simas Ressort betrifft die *Wiener Linien* mit dem Ausbau der U2 und U5, der jetzt verstärkt begonnen wird.

Im Bereich der Stadtwerke ist Ulli Sima ebenso umfassend tätig: „Die Stadtwerke sind ein wichtiges Thema. Der Prozess der Organisationserneuerung hat ja schon vor einigen Jahren begonnen. Zu den Stadtwerken gehört auch die *Wien Energie*, die sich im vollen Wettbewerb befindet. Es geht jetzt darum, die Transformation vom Monopolisten zum kompetitiven Wettbewerber zu hundert Prozent umzusetzen. Inzwischen haben wir einen gemeinsamen Vertrieb. Eine zweite Veränderung betrifft die Reduzierung der Führungspositionen. Mir war wichtig, dass man sieht, dass nicht nur im Mitarbeiterbereich Sparmaßnahmen Platz greifen müssen, sondern auch bei den Führungskräften gespart wird.

Entscheidend dabei war nicht nur der Sparstift, sondern auch eine Struktur- und Organisationsreform, die schnellere Entscheidungen ermöglicht. Alles Maßnahmen, die die Stadtwerke-Stadträtin Ulli Sima durchgesetzt hat und, wie Michael Ludwig auch formulierte, dieses ambitionierte Programm auch gegen den einen oder anderen Widerstand realisiert hat. Sie zeigen, dass die Unternehmungen der Stadt nun noch wettbewerbsfähiger agieren können.

Der Umweltbereich, unter anderem mit der MA 48, gehört ebenso zu Simas Bereich. „Wir sind dort sehr stark aufgestellt. Neu ist die 48er-App, die unter anderem das Melden von illegal entsorgtem Müll rasch möglich macht, und darauf ebenso schnell vom Rathaus reagiert werden kann, diesen zu entfernen. Auch Altbürgermeister Michael Häupl schwärmte im September 2018 von den 48-ern, die seit Jahren einen perfekten Job machen: „Die sind a Wahnsinn, so was von kompetent findet man selten."

Ein weiteres Mammutprojekt, das nicht so bekannt ist, aber einen großen Teil des Budgets in Ulli Simas Ressort verschlingt, ist der Anschluss der Stadterweiterungsgebiete: „Zuerst kommt der Kanal, dann Wasser und Strom und vieles mehr. Das kostet eine Menge Geld, wird aber leider oft als selbstverständlich angesehen", meint Ulli Sima.

Ulli Sima sieht die gute Zusammenarbeit im neuen Team der Stadtregierung sehr positiv, in der ein echter Spirit in der Arbeit und untereinander zu spüren ist. Ulli Sima: „Das neue Team freut mich persönlich sehr. Man merkt, dass jeder jedem helfen will, dass man sich gegenseitig unterstützt, und das macht das Arbeiten viel angenehmer. Man sieht auch, was man erreichen kann, wenn man zusammenarbeitet. Das Verhältnis ist recht freundschaftlich zwischen uns allen in der Stadtregierung, und das ist gut so."

Die Stadträtin ist begeistert: „Michael Ludwig hat ein tolles Team zusammengestellt, er ist ein offener, herzlicher Mensch, der auch langfristig denkt. Und genau das macht einen Bürgermeister aus. Man merkt ihm auch an, dass er gerne bei den Menschen ist, mit ihnen redet und herausfindet, was man noch verändern könnte. Nun gilt es nach vorne zu schauen, das ist das Gebot der Stunde und der Zukunft. Es gibt genug zu tun, ich bin sicher, dass wir das gemeinsam sehr gut schaffen."

Michael Ludwigs engste Partner außerhalb der Stadtregierung – in der Partei, im Präsidium des Landtags und im Klub

Mit Barbara Novak hat sich Michael Ludwig eine neue SP-Landesparteisekretärin an seine Seite geholt, die eine sehr dynamische, durchsetzungsstarke Gemeinderätin und Vorsitzende aus dem 19. Bezirk ist. Sie ist als Geschäftsführerin mit ihrem Team für die Organisation der Partei zuständig, soll neue Impulse setzen und hat die Aufgabe, die Gemeinderatswahl vorzubereiten. Sie konnte schon einige wichtige Akzente setzen, unter anderem mit dem ersten Event zur Ausrichtung der Wiener Partei und den aufmerksamkeitsstarken Startsujets des Vorsitzenden Michael Ludwig. Für den neuen Wiener Vorsitzenden war klar, dass er sich jene Vertrauensperson als Landesparteisekretärin aussucht, mit der er gut kann und die auch Durchsetzungsfähigkeit besitzt. Gleichzeitig sollte sie sehr rasch hohe Akzeptanz in der Partei erlangen, um gemeinsam aktiv die Parteiarbeit voranzutreiben.

Barbara Novak präzisierte die Vorstellungen der Wiener SPÖ unter anderem zur Migration, indem sie verdeutlicht, dass „Hinschauen" entscheidend ist und „Wegschauen" nicht in Frage kommt. „Frauen- und Kinderrechte stehen über der Religionsfreiheit", führte sie aus. Eine Partei, die 2019 100-jährigen Geburtstag feiert, muss gerade, was zum Beispiel Frauenrechte anlangt, klar Position beziehen. Vieles wurde hier für die Selbstbestimmung der Frauen erreicht, das gilt es auch den Migrantinnen und Migranten, die zu uns kommen, zu vermitteln. Gerade solche Argumente bleiben entscheidend in einer Wahlauseinandersetzung.

Eine weitere wichtige Position, die des Ersten Präsidenten des Wiener Gemeinderates, wurde mit Ernst Woller besetzt. Er ist seit seiner Zeit im Gemeinderat im Kulturausschuss der Stadt und seit vielen Jahren ihr Vorsitzender. Dadurch kennt er alle agierenden Personen im Kunst-

und Kulturbereich und setzt sich unter anderem sehr für die Erhaltung des Welt- und Kulturerbes in Wien ein und verhandelt dieses Thema mit der UNESCO. Darüber hinaus sind internationale Kontakte zu intensivieren, um Wien zu verstärkt positionieren, was Ernst Woller mit Michael Ludwig gemeinsam machen wird. Wichtig sind natürlich die Leitung des Gemeinderates, die Vollziehung der Geschäftsordnung mit allen legistischen Maßnahmen sowie der Vorsitz in der Präsidial-konferenz mit den Vorsitzenden der Klubs, in der Fragen der Arbeit des Stadtparlaments behandelt werden. Es ist eine insgesamt spannende und fordernde Aufgabe für den längst dienenden Gemeinderat.

Michael Ludwig hatte noch eine weitere wichtige Position zu besetzen: den SP-Klubobmann im Wiener Gemeinderat. Mit Josef Taucher wur-de ein Vertreter des Bezirkes Donaustadt zum obersten SP-Gemeinderat gewählt. Dieser flächenmäßig größte Bezirk – er ist so groß wie Paris - fand nun zusätzlich Berücksichtigung. Michael Ludwig war es wichtig, dass man sich schon im Vorfeld auf eine Kandidatin, einen Kandidaten einigt. Das Wahlkomitee hat dann nach Sondierungen Josef Taucher ausgewählt, der mit 90 Prozent Zustimmung bestellt wurde.

Klubobmann Josef Taucher ist ein typischer Kommunalpolitiker, der viel bei und mit den Menschen im Bezirk gearbeitet hat. Mit der Agen-da 21 betreute er in Wien viele Jahre Bürgerbeteiligungsverfahren für die nachhaltige Stadtentwicklung. Das ist eine Plattform, bei der sich Bürgerinnen und Bürger beteiligen können, z. B. zum Thema Grün-flächen oder zum Thema Mobilität usw. Das hat Gemeinderat Taucher auch in die Bezirke gebracht, in denen er die Anliegen der Menschen betreute.

Michael Ludwig sieht Josef Taucher aufgrund seiner bisherigen viel-seitigen Tätigkeiten als eine ideale Besetzung für den Klubobmann: „Mit Joe Taucher, den ich schon aus der gemeinsamen Volkshochschul-zeit in Donaustadt gut kenne, habe ich einen Kommunalpolitiker mit viel Erfahrung in Bürgerbeteiligungsverfahren für den Klubvorsitz ge-winnen können. Er ist ein sehr umsichtiger Teamarbeiter und wird in der Klubarbeit das Gemeinsame in den Mittelpunkt stellen. Seine Wahl mit hoher Zustimmung war ein guter Start."

Als Politiker des größten Flächenbezirks von Wien sah Taucher auch ganz andere Probleme, als es sie zum Beispiel in den Innenstadtgegenden gibt. Er sieht dennoch in erster Linie die Aufgabe im Mittelpunkt, wie sich die Arbeit der Wiener Sozialdemokratie bestmöglich auf die Menschen und ihre Probleme einstellen kann.

Josef Taucher: „Ich bin mit Leib und Seele Kommunalpolitiker und für mich ist der direkte Kontakt mit den Menschen der Fokus." Mit Michael Ludwig verbinden den neuen Klubobmann diverse Bildungsthemen in der Partei und in den Bezirken. Taucher: „Michael Ludwig ist von Anfang an offen auf mich zu gegangen. Er nimmt sich Zeit, wenn er mit dir redet, und stellt immer eine persönliche Ebene zu Menschen her. Sein Zuhören ist eine besondere Qualität, die Zusammenarbeit mit ihm gestaltet sich sehr professionell."

Somit war das neue Stadträte-Team von Michael Ludwig komplett. Einer, der zentral bei der Wahl Michael Ludwigs zum Vorsitzenden der Wiener Partei war, Christian Deutsch, arbeitet weiterhin eng an der Seite Michael Ludwigs, neue Aufgaben warten auf ihn. Michael Ludwig und Christian Deutsch haben in den letzten beiden Jahren viele gemeinsame Stunden verbracht und vieles vertraulich besprochen: Strategische wie taktische Überlegungen bei gleichzeitig hohem Tempo waren an der Tagesordnung. Man kann Gemeinderat Deutsch durchaus als Mastermind auf dem Weg zum Wiener SP-Parteivorsitzenden bezeichnen.

BÜRGERMEISTER MICHAEL LUDWIG: DER ZUKUNFT VERPFLICHTET

„Reden wir darüber", was in Zukunft wirklich wichtig für die Menschen in Wien sein wird, in dieser lebenswerten Stadt. Michael Ludwig tritt an, um in seiner ersten Periode als Bürgermeister vieles anzupacken. Seine Intention und die seines Teams ist es, dort hinzuschauen, wo Herausforderungen auf uns zukommen. „Darüber reden" heißt, das Gespräch zu suchen, wie er es viele Jahre lang als Wohnbaustadtrat erfolgreich gemacht hat. Beim Zuhören wird vieles klar, es wird klar, was die Menschen wollen und wo ihre Bedürfnisse liegen. Und so gibt es eine Reihe von Überlegungen, wie diese wunderbare Stadt weiterentwickelt werden kann. Gleichzeitig gilt es, der einen oder anderen Herausforderung verstärkt ins Auge zu schauen und diese zu regeln – sei es das Wiener Gesundheitssystem, die Integration der Zuwanderer, eine Verbesserung der Bildungschancen oder das generelle Zusammenleben in dieser Stadt.

Beste Rahmenbedingungen für die Wirtschaft und die internationale Entwicklung Wiens

Eine wichtige Aufgabe ist die Positionierung Wiens als internationale Stadt der Begegnung. Da ist in der Vergangenheit bereits viel geschehen, als Kulturhauptstadt Europas, als Stadt der internationalen Organisationen und als Wirtschaftsstandort. Und genau da müssen neue Akzente gesetzt werden. Michael Ludwig: „Ich möchte mir die Weltoffenheit und Internationalität der Stadt wahren und sie weiter ausbauen. Als dritter Sitz der UNO und vieler internationaler Organisationen stehen uns hier viele Tore offen. Ich bemühe mich derzeit darum, dass wir die Arbeitsmarktagentur der Europäischen Union nach Wien bekommen, und ebenso strengen wir uns an, die ‚Central European University' von George Soros von Budapest nach Wien transferieren zu können."

Michael Ludwig konnte bereits im Juli 2018 einen Erfolg in der Wiener Stadtaußenpolitik verbuchen. Wien erhielt den Zuschlag für die Koordination der EU-Strategie für den Donauraum, diese wird nun von Wien aus erfolgen. Das Wiener Koordinationsbüro, auch „Danube Strategy Point" genannt, wird unter anderem einen neuen Aktionsplan erarbeiten, der für die Abstimmung der neuen EU-Förderprogramme herangezogen wird. Geleitet wird das Koordinationsbüro von Rudolf Schicker, der bereits als Planungsstadtrat in Wien und als Geschäftsführer der Österreichischen Raumordnungskonferenz (ÖROKO) an der Gestaltung der Europäischen Regionalpolitik für Österreich beteiligt war. „Ich freue mich, dass Wien als Sitz des ‚Danube Strategy Points' ausgewählt wurde. Die Entscheidung ist nicht zuletzt dem intensiven Engagement Wiens der vergangenen Jahre für die EU-Donauraumstrategie zu verdanken. Mit Rudolf Schicker als Leiter werden von Wien aus neue starke Akzente für die Donauraumstrategie gesetzt werden", sagte Bürgermeister Michael Ludwig.

Eine Auszeichnung Michael Ludwigs anlässlich einer Initiative zur Erweiterung der Erwachsenenbildung mit „Universtity Meets Public" für die Volkshochschule war der Startschuss für einen späteren Dialog mit dem EU-Kommissar Johannes Hahn. Dieser unterstützte dann die europäische Städtepolitik, die Ludwig immer schon ein besonderes Anliegen war. In der Vergangenheit ließ er ein Treffen mit Vertretern und Vertreterinnen aus 30 europäischen Städten, unter anderem aus Rom, Athen, Bukarest und Luxemburg, in Wien organisieren. Diese Europäische Stadtpolitik möchte Bürgermeister Michael Ludwig zukünftig weiter intensivieren, gerade Beispiele des leistbaren Wohnens, des Miteinanders oder der Sicherheit in Wien stoßen bei anderen europäischen Großstädten auf großes Interesse. Damit rückt Wien mit seiner erfolgreichen sozialen Wohnpolitik zukünftig wieder verstärkt in das internationale Rampenlicht.

Ein weiterer Platz der internationalen Begegnung ist der „Campus der Religionen" in der Seestadt Aspern, der als Dialogzentrum der wichtigsten Religionsgemeinschaften in Planung ist. Hier sollen Gotteshäusern dreier christlicher Konfessionen – römisch-katholisch, evangelisch, rumänisch-orthodox –, des Judentums, des Islams und des Buddhismus entstehen.

Bei der Gründung des Campus 2015 wurden symbolisch Fahnenmasten mit den Fahnen der wichtigsten Religionsgemeinschaften aufgestellt. Die Fahne der israelitischen Kultusgemeinde wurde leider nach einigen Wochen zerstört. Obwohl dies in den Sommermonaten geschah, trommelte Michael Ludwig alle zusammen, um ein Zeichen der Solidarität zu setzen. Denn der Angriff auf eine Religionsgemeinschaft, in dem Fall auf die jüdische, ist ein Angriff auf alle Religionsgemeinschaften. Bürgermeister Ludwig war es sehr wichtig, dass alle, die in diesem Kreis mitgewirkt hatten, ein deutliches Signal setzten, indem sie die zerstörte Flagge durch eine neue ersetzten. Durchaus berührend war es dann zu sehen, wie alle Vertreterinnen und Vertreter der Glaubensgemeinschaften zusammenhielten und Solidarität demonstrierten. Die Weltoffenheit unserer Stadt, die auch eine klare Absage an den aufkommenden Nationalismus ist, sieht Michael Ludwig als wichtiges Prinzip an.

Den Wirtschaftsstandort Wien zu stärken, ist Michael Ludwig ein besonderes Anliegen. Hier hat er mit der Industriellenvereinigung Wien ein gutes Einvernehmen aufgebaut, ebenso mit der Wirtschaftskammer und der Landwirtschaftskammer Wien. Wolfgang Hesoun, Walter Ruck und Franz Windisch sind seine bewährten Partner. Vertrauen aufbauen, an Projekten gemeinsam arbeiten und diese umsetzen steht dabei im Fokus.

Um die Rahmenbedingen des Wirtschaftsstandortes Wien weiter zu verbessern, soll die Infrastruktur mit dem Lobautunnel, der Nordostumfahrung oder der „Dritten Piste" am Flughafen Wien weiter verbessert werden. Das schafft Arbeitsplätze, umso unverständlicher ist es, dass diese Projekte vom Koalitionspartner nicht umfassend unterstützt werden. Michael Ludwig sieht hier ein wichtiges Betätigungsfeld für die Stadt Wien und die Wiener Sozialdemokratie und er wird dieses Projekt nachhaltig verfolgen. Bürgermeister Ludwig: „Das kommt, das ist für mich klar. Wir werden das als Stadt Wien entsprechend unterstützen."

Die Zukunft der Arbeit stellt eine weitere große Herausforderung dar. Vergleichbar mit der industriellen Revolution im 19. Jahrhundert wird sich die Digitalisierung auf alle Lebensbereiche im 21. Jahrhundert auswirken, insbesondere auch auf den Arbeitsmarkt. Hierbei lauert auch die Gefahr, dass in der Gesellschaft Gräben entstehen, eine Entwicklung, der rechtzeitig gegengesteuert werden muss. Michael Ludwig: „Das Bildungssystem wird hier einen wichtigen Beitrag zu leisten haben, um die Ausbildung der arbeitenden Menschen so voranzutreiben, dass rechtzeitig weitgehend alle darauf vorbereitet sind. Im Bereich der Volkshochschulen gibt es große Anstrengungen, aber auch in der schulischen und universitären Bildung kommen hier große Aufgaben auf uns zu. Die Digitalisierung wird viele Vorteile bringen. Im Rahmen der „Langen Nacht der Forschung" konnte ich schon viele neue Entwicklungen sehen, die derzeit noch wie Science-Fiction anmuten, in einigen Jahren aber schon zur Realität werden."

Durch die Digitalisierung wird es zu einer Umverteilung von Arbeitsplätzen kommen, ein Einbinden aller in diesen Prozess wird wichtig sein. Ebenso müssen neue, oft andere Arbeitsplätze geschaffen werden. Das alles wird auf die Formen des Zusammenlebens, die Partizipation, die Informationspolitik, die Demokratisierung usw. Auswirkungen haben. Laut Ludwig soll Bildung in diesem Zusammenhang als Ganzes wirken, sie soll nicht nur dazu dienen, Qualifikationen zu verbessern, sondern auch dazu, das Gesamtbild des Lebens und der Arbeit der Zukunft verstehen zu lernen, und das bleibt eine gesellschaftspolitisch bedeutsame gemeinsame Aufgabe. Die Politik hat sich diesen Herausforderungen zu stellen, indem sie die besten Rahmenbedingen schafft.

Stadt Wien und Wirtschaftskammer Wien: eine starke Partnerschaft

Wie die Rahmenbedingungen nachhaltig verbessert werden können, wurde in einer gemeinsamen Zukunftsvereinbarung der Stadt Wien und der Wirtschaftskammer Wien von Bürgermeister Michael Ludwig und Wirtschaftskammer-Wien-Präsident Walter Ruck deutlich. Ausgehend von den sich gut entwickelnden Wirtschaftsdaten soll die Zusammenarbeit verschiedene Zukunftsbereiche der Stadt widerspiegeln.

Zentrale Schwerpunkte sind Verwaltungsvereinfachungen, Ausbildung, Tourismus, Infrastrukturausbau und eine Internationalisierungsoffensive. Michael Ludwig sagt dazu: „Mit diesem Programm vertiefen wir die bereits bestehende und tagtäglich gelebte gute Zusammenarbeit von Wirtschaft und Stadt. Der umfassende Ausbau der Infrastruktur, Investitionen und gezielte Initiativen für bestmögliche Qualifikationsangebote sowie innovative Lösungen insbesondere im Bereich der Digitalisierung stehen dabei im Mittelpunkt. Dazu gehören ein Dialog auf Augenhöhe und die direkte Kooperation mit den Interessenverbänden – das ist gelebte Sozialpartnerschaft, die wir in Wien unter Beweis stellen. Nicht zuletzt sollen die Wienerinnen und Wiener von den positiven Auswirkungen am Arbeitsmarkt profitieren."

Walter Ruck sieht in der neuen Zukunftsvereinbarung ein „Upgrade, wie wir uns für die Wienerinnen und Wiener und für die Unternehmerinnen und Unternehmer in der Bundehauptstadt einsetzen. Schlüsselfaktoren sind dabei sozialer Frieden und Wachstum, unternehmerische Freiheit, fairer Wettbewerb und gute Arbeitsbedingungen, alles Dinge, die in keinem Widerspruch zueinander stehen."

Wien ist eine stark wachsende Stadt, nicht nur flächenmäßig, sondern auch wirtschaftlich. Das Abkommen basiert auf vier wesentlichen Säulen, die der Wirtschaftskammerpräsident so präzisiert: „Die erste Säule ist die Vereinfachung und Regulierung. Die zweite Säule ist das ‚Wiener Know-how', hier ist der Schwerpunkt, dass 1000 Lehrlingsstellen geschaffen werden sollen. Insgesamt gilt es, Wien als Innovations- und Wirtschaftsstandort international stärker zu präsentieren. Wir wollen als dritte Säule den öffentlichen Raum und den Tourismus fördern. Bekanntermaßen hat Wien einen starken Kongresstourismus, hier soll weiter investiert werden. Und zum Vierten geht es um die Infrastruktur, nicht nur in Wien, sondern in der gesamten Ostregion, wie die großen Projekte ‚Lobautunnel' oder ‚dritte Piste am Flughafen'. Das Thema Anbindung wird in der Zukunft eine noch wichtigere Rolle spielen. Wir haben uns vorgenommen, diese Zukunftsvereinbarung abzuarbeiten und laufend zu aktualisieren."

Konkret möchte Bürgermeister Michael Ludwig „die Abwicklung verschiedener Verfahren, die die Unternehmerinnen und Unternehmer benötigen, einfacher, rascher und kostensparender umsetzen, damit eine raschere Projekt- oder Unternehmensplanung möglich ist."

Ein weiteres großes Ziel ist den Anteil der geringqualifizierten Arbeitskräfte zu reduzieren. Dazu gehört eine Steigerung der Qualität der Pflichtschule, wie auch gute Angebote für die Fachkräfteausbildung. Ludwig: „Im Rahmen der Innovationsstrategie ‚Innovatives Wien 2020' wollen wir jede Maßnahme auch entsprechend umsetzen."

Darüber hinaus sollen Verwaltungsvereinfachungen bei den Magistratischen Bezirksämtern für die Gründung neuer Firmen, Unternehmerinnen und Unternehmern insbesondere in der Startphase helfen.

Die enge Zusammenarbeit zwischen Michael Ludwig und Walter Ruck erinnert stark an das erfolgreiche gemeinsame Agieren von zwei Bündnispartnern – die Stadt Wien und die Wirtschaft, vertreten durch Michael Häupl und Walter Nettig, über gut zehn Jahre von 1995 bis 2005. Es sieht alles danach aus, dass hier eine sehr gute Stadt- und Wirtschaftspartnerschaft mit Walter Ruck und Michael Ludwig im Rahmen einer sinnvollen und leistungsfähigen Sozialpartnerschaft auf einem guten Weg ist. In letzter Konsequenz geht es dabei um gute Lösungen für die Wienerinnen und Wiener. Sozialpartnerschaftliches gemeinsames Agieren steht weiterhin im Mittelpunkt.

Im Rahmen von Sozialpartnergipfeln hat Michael Ludwig angekündigt, sich regelmäßig, also mehrmals im Jahr, mit allen Beteiligten an einen Tisch zu setzen, um die wichtigsten Themen zu diskutieren. Wirtschaftskammer. Gewerkschaft, Arbeiterkammer usw. alle tauschen sich aus. Dieser Austausch im Vorfeld der Projektrealisierung hilft im Sinne von „Reden wir darüber" und es können dabei bereits erste Lösungsansätze gefunden werden.

Status quo und Stimmungslage in Wien 2018

Natürlich macht sich der neue Bürgermeister gemeinsam mit einigen erfahrenen Köpfen aus seinem unmittelbaren Team Gedanken über die Zukunft der Stadt. Dabei werden die wesentlichsten Punkte, die in der Zukunft eine Rolle spielen, genau unter die Lupe genommen.

Die Ausgangssituation von Wien ist, nach Zahlen gemessen, eine hervorragende – Wien ist eine europäische Großstadt, die in vielen Rankings immer wieder an den vordersten Plätzen aufscheint. Die Stimmung der Wienerinnen und Wiener – zum Zeitpunkt der Übernahme des Bürgermeisteramtes im Mai 2018 – könnte allerdings laut Meinungsforschern noch besser sein, hier besteht Optimierungsbedarf. Umfrageergebnisse werden auch sehr stark von der Stimmungslage hinsichtlich der Migration und der Zuwanderung überlagert bzw. geprägt.

In den meisten Studien wird einleitend die Frage gestellt, ob die Entwicklung in Wien in die richtige oder in die falsche Richtung geht. Die Antworten im Mai 2018 enthielten doch einige Kritikpunkte. Insbesondere besteht eine hohe Erwartungshaltung, dass neue Wege gegangen werden. Jetzt gilt es, neue Kräfte zu mobilisieren, die mit Michael Ludwig und seinem neuen Team in der Stadtregierung sehr gute Voraussetzungen haben.

Die erste Frage in solchen Umfragen lautet oft: Was sollte der neue Bürgermeister Ihrer Meinung nach als Erstes angehen? Bei den Antworten auf diese Frage sieht man, dass doch sehr klassische und traditionelle Politikfelder genannt werden, wo auch die Wiener Sozialdemokratie große Kompetenz und Zustimmung hat. Es sind Themen wie leistbarer Wohnraum, gute Verkehrslösungen mit allen Polarisierungen von Pro und Contra öffentlicher Verkehr und Individualverkehr oder das Thema Bildung, Schule und Kinderbetreuung, das gilt ebenso für das Themenfeld der Gesundheitsversorgung. Dort zeigt sich, dass man der Sozialdemokratie in Wien zutraut, Lösungen zu haben und zu finden.

Hinschauen statt wegschauen

Zwei messbare Erfolge des neuen Bürgermeisters sind schon jetzt evident. Der eine geht zurück auf seine Arbeit als Stadtrat, und zwar handelt es sich dabei um den Wien-Bonus bei Wohnungen. So werden zum Beispiel bei einer geförderten Sozialwohnung jene Personen vorgereiht, die schon länger in Wien wohnen. Diese Vorgangsweise stößt auf eine besonders große Zustimmung und kommt bei den Wienerinnen und

Wienern hervorragend an. Die Bereitschaft, den Wien-Bonus auch auf andere Felder auszudehnen, ist groß und findet Akzeptanz bei der Wiener Bevölkerung. Der zweite messbare Erfolg, wo es aber noch Luft nach oben gibt, ist die aktive Sicherheitspolitik. Das hat sich Michael Ludwig selbst zu seinem Anliegen gemacht.

Hinschauen statt wegschauen ist ein wesentlicher Punkt in der Arbeit von Michael Ludwig und seinem Team. Konkret heißt das, dort, wo es Herausforderungen, eventuell auch Probleme gibt, wird genau analysiert, die Sache angegangen und gelöst. Damit hat Michael Ludwig nicht nur selbst die Weichen auf Leadership und Lösungskompetenz gestellt, sondern diese Haltung auch seinem neuen Team, seinen Stadträtinnen und Stadträten, vorgegeben. Dies hat er schon bei der Zusammenstellung seiner Stadtregierung berücksichtigt, jede Stadträtin, jeder Stadtrat denkt so, und so werden Lösungsansätze in allen Ressorts in diesem Sinne erarbeitet. Im Mittelpunkt stehen die Menschen in dieser Stadt, auf die Michael Ludwig und sein Team mit Managementressourcen, politischer Erfahrung und neuen Wegen zugehen.

Nicht wegschauen, sondern hinschauen gilt insbesondere, wenn es ein Problem wie am Praterstern gibt, wo sich die Wienerinnen und Wiener unsicher fühlen. In diesem Fall wird das Problem geortet, analysiert und gemeinsam mit der Wiener Polizei gelöst. Michael Ludwig war selbst das eine oder andere Mal am Abend vor Ort, hat sich ein Bild gemacht und die entsprechenden Maßnahmen veranlasst.

Hinschauen dort, wo es um ein Miteinander geht, heißt allerdings auch, die Menschen in Wien zu animieren, dabei zu sein. Mit der SP-Wien Kampagne „Wien ist, was wir daraus machen" im Frühsommer 2018 gelang es, gemeinsam ein Bewusstsein zu schaffen, dass jeder anpacken muss.

Die Aufforderung zu mehr Zivilcourage wird immer entscheidender. Gemeinsam miteinander leben statt miteinander nebeneinander, erleichtert das Zusammenleben und kann Konflikte schon im Vorfeld ausräumen. Die Wienerinnen und Wiener sind, egal, woher sie kommen, die Wiener Bevölkerung. Hier ein Gegeneinander zu schüren, wie es manche Parteien, insbesondere die FPÖ tun, macht keinen Sinn, weil damit die Gegensätze hervorgehoben werden statt Gemeinsames zu för-

dern. Miteinander statt Gegeneinander kann ein echtes „Wir-Gefühl"
für Wien erzeugen. Auch wenn es die eine oder andere Entwicklung
gibt, die verbesserungswürdig ist, gibt es in Wien nach wie vor keine
No-Go-Areas, die man besser meidet. Solche Szenerien kennen wir jedoch aus anderen Großstädten, wo Polarisierungen bis hin zu brutalen
Auseinandersetzungen stattfinden, wie zum Beispiel in Frankreich.

Sich verstärkt für Menschen einzusetzen, die schon länger in Wien
sind, ist für Michael Ludwig schon länger ein Anliegen. Nach dem
Beispiel des Wien-Tickets bei der Vergabe von sozialen kommunalen
Wohnungen könnte diese Initiative ebenso für städtische Arbeitsplätze
angewandt werden. So sollen mit dem Wien-Bonus jene einen Vorteil
gegenüber neu Zugewanderten haben. Michael Ludwig: „Wir überprü-
fen gerade alle EU-rechtskonformen Möglichkeiten im Bereich Wirtschaft und im Arbeitsmarkt, um einen Wien-Bonus sicherzustellen."

Keine Stadt der zwei Geschwindigkeiten: An alle denken

Den sozialen Frieden aufrechtzuerhalten ist wichtig, es gilt, das Miteinander zu fördern. Das funktioniert in einigen Bereichen der Nach-
barschaftspflege schon gut, zum Beispiel bei den gemeinsamen Gärten,
wo der Grünraum bewirtschaftet wird, der Anbau von Gemüse erfolgt,
gemeinsam mit dem Nachbarn oder der Nachbarin eben gearbeitet und
geredet wird.

Gleiches gilt für die Sauberkeit und die Sicherheit in der U-Bahn:
Hinschauen ist angesagt. Wenn etwas falsch läuft, ist Handeln, etwa
das Verständigen der zuständigen Organe usw. der richtige Weg. Dabei
handelt es sich nicht um ein Überreagieren im Sinne einer Art Überwa-
chung, nein, es geht um ein geregeltes Miteinander. Bei diesem Thema
geht es um eine Hausordnung für unser gemeinsames Leben in Wien,
ob in den Öffis, auf Plätzen, im Park, auf dem Fahrradweg, beim Auto-
fahren usw. Wir lernen, dass man sich so verhält, wie man es auch von
anderen gerne hätte: rücksichtsvoll. Das Stichwort oder Zauberwort
heißt: Verantwortung übernehmen. Gemeinsam ist das zu schaffen. So
gilt es, dem Auseinanderdriften der Gesellschaft entgegenzuwirken.

Ein weiterer wichtiger Punkt ist die Gesundheitsvorsorge in Wien. Eines der Felder, wo Wien von der Bevölkerung positiv gesehen wird. Hier steht zum einen im Vordergrund, dass man in Akutfällen, wie etwa bei einem Herzinfarkt, die schnellstmögliche und beste Behandlung bekommt. Aber auch in weniger bedrohlichen Situationen entsteht eine gewisse Unzufriedenheit, wenn Menschen zu lange warten müssen und manche eventuell schneller an die Reihe kommen. Hier geht es darum, ein besseres Management zu organisieren bzw. sichtbar zu machen. Genau hier kann die Politik gemeinsam mit der Ärztekammer ansetzen, Stadtrat Hacker führt in diesem Zusammenhang schon gute Gespräche. In diesem Bereich hat es in der Vergangenheit zum Beispiel nicht immer gemeinsame Lösungen gegeben. Nachdem es hier um Dienstleistungen für die Menschen und nicht um irgendwelche Hierarchien oder Kompetenzkonflikte geht, die früher immer wieder erkennbar waren, muss das ausgeräumt werden. Ein Gesundheitssystem muss mit allen vorhandenen Kräften gemeinsam agieren, hier geht es um eine bestmögliche Organisation vor Ort, aber auch um eine gute Zusammenarbeit von Land und Bund. Sollte hier die Bundesregierung zulasten der Patientinnen und Patienten und gegen die Länder agieren, um ihre Machtinteressen durchzusetzen, werden diese das nicht akzeptieren.

Das neue Krankenhaus Nord, das immer wieder in Diskussion steht, wo auch Missstände aufzuklären sind, wird einen Beitrag dazu leisten, das Angebot für die Menschen in Wien zu verbessern. Mit maximal Zweibettzimmern in modernster Patientenbehandlung werden die Wienerinnen und Wiener bestens versorgt sein.

Im Bildungsangebot möchte der Wiener Bürgermeister offen auf die Bedürfnisse der Wienerinnen und Wiener zugehen. Wenn jemand in die Ganztagsschule gehen möchte, ist das Angebot vorhanden. Eine freie Wahl soll allerdings ebenso gegeben sein, wenn jemand andere Lösungen haben möchte. Das kann mit Montessoripädagogik oder internationaler Anbindung sein, muss allerdings in der Regel extra bezahlt werden. Letztendlich entscheidet der Bedarf, es geht darum, ohne ideologische Scheuklappen und Denkmuster zu Lösungen zu kommen.

Bildung ist und wird durch die Digitalisierung zu einer noch größeren Herausforderung für die Politik. Junge Menschen in Ausbildung

Michael Ludwig am Stefflkirtag mit NR Karl Mahrer, Präsident Walter Ruck, Vizepräsident Josef Bitzinger, Bezirksvorsteher Markus Figl, Dompfarrer Toni Faber und Werkelmann

Michael Ludwig bei Wohnungsübergabe

Michael Ludwig mit Landeshauptfrau Johanna Mikl-Leitner und Landesrat Hans Peter Doskozil bei der 8. vie-mobility

Michael Ludwig am 1.Mai 2018 am Rathausplatz

Michael Ludwig mit seinen Stadträtinnen und Stadträten nach der Wahl am 24. Mai 2018

Michael Ludwig nach der Wahl zum Bürgermeister vor den Fotografen

Michael Ludwig nach der Angelobung zum Bürgermeister in der Hofburg mit Bundespräsident Alexander Van der Bellen mit Mutter und Ehefrau Irmtraud Rossgatterer

Michael Ludwig mit Landeshauptmann Hans Niessl

Michael Ludwig mit Landesparteisekretärin Barbara Novak

SPÖ-Plakatkampagne Herbst 2018

Michael Ludwig mit Ehefrau Irmtraud Rossgatterer am Life Ball

Michael Ludwigs und
Irmtraud Rossgatterers
Hochzeit im Wiener
Rathaus

Michael Ludwig und Michael Häupl bei der Bürgermeister-Schlüsselübergabe

wie auch Menschen in der Erwachsenbildung sind hier besonders gefordert. Die Kommunalpolitik hat gerade im Bereich Bildung große Aufgaben und Mitwirkungsrechte. Darüber hinaus sind bestimmte grundsätzliche Ausrichtungen und Vorbereitungen vom Bund zu lösen, dort muss genau hingesehen werden.

Für Bürgermeister Ludwig steht die Herangehensweise eines modernen Kommunalpolitikers im Mittelpunkt. Eine klare Ansage war von Anfang an: „Ich möchte nicht, dass es in dieser Stadt Wien zu einer Spaltung kommt." Er weist darauf hin, dass es nicht zwei Geschwindigkeiten geben soll, die in Europa, aber auch in Österreich immer wieder erkennbar sind. Man sieht diese zwei Geschwindigkeiten in den urbanen und ländlichen Räumen als auch in den verschiedenen Lebensräumen bzw. auch in den politischen Bezirken. In Großstädten ist ein anderes Denken vorzufinden und dieses variiert wiederum in den Innenstadtbezirken, in den Villenbezirken an der Peripherie sowie in den großen Flächenbezirken. All die verschiedenen Denkrichtungen unter einen Hut zu bringen, bleibt eine Mammutaufgabe in einer Großstadt. Allen wird man es vermutlich nicht recht machen können, aber Schwerpunkte können gesetzt werden, die die wichtigsten Bedürfnisse aller Zielgruppen betreffen. In Großstädten ist es eben so, dass es verschiedene Stadtviertel mit verschiedenen Menschen, mit verschiedenen Ethnien, mit unterschiedlichen Berufen, anderen Kulturen und Lebensweisen gibt. Michael Ludwig möchte Brücken bauen, zwischen dem pulsierenden Zentrum, den Innenstadtbezirken, hin zu den Außenbezirken. Das funktioniert, wenn wir Kultur und Infrastruktur dorthin bringen, das heißt auch nebeneinander Wohnen und Arbeiten zu ermöglichen, heißt eventuell die Wege kürzer zu machen, aber vor allem heißt das, dass man den Menschen das Gefühl gibt, dass sie gemeinsam in einer Stadt leben, sie können sich hier alle frei bewegen und alle können die vielen Angebote nützen. Und dazu muss die Peripherie stärker involviert werden, die Donaustadt, Floridsdorf, Simmering, Favoriten, Liesing usw. Die Seestadt Aspern ist ein Beispiel, wie so etwas als Ganzes möglich gemacht wird, indem gleich eine komplett neue Stadt mit fast 40 000 Menschen entsteht. In anderen Bezirken geht es darum, vor Ort in die Grätzeln zu investieren und „gscheite" Lösungen zu etablieren.

Dieses Miteinander auf der einen Seite und dieses Leben lassen, wie jeder gerade leben will und kann, auf der anderen Seite, sind nicht so kompliziert. In letzter Konsequenz muss Wien Top-Angebote haben, die eine lebenswerte Stadt ausmachen. Da ist schon sehr viel geschehen und doch muss sich das Rad weiterdrehen. Die Wienerinnen und Wiener könnten zum Beispiel an neuen Kultur- und Freizeitangeboten in den Außenbezirken Gefallen finden, wie zum Beispiel an einem neuen Kulturfestival auf der Donauinsel, an einer Sportmehrzweckhalle mit angeschlossener Unterhaltungsmeile, an einem großen Aqualand, an einer neuen Stegreiftheaterbühne oder einer neuen Cityhall für Kultur und Sport, um nur einige Beispiele zu nennen. Entscheidend bleibt dabei die Infrastruktur, die allerdings in den meisten Bezirken schon gut ausgebaut ist, und die Akzeptanz der Wienerinnen und Wienern in ihren Bezirken und Grätzeln.

Die Stadt Wien wächst auch deshalb, weil immer mehr Menschen – auch aus Österreich – nach Wien kommen, weil es hier Arbeit und gleichzeitig sehr gute Freizeitangebote gibt. Diese Freizeitangebote sind in Wien vielgestaltig, Wien ist eine Stadt mit vielen Kulturmöglichkeiten, mit einem großartigen Grüngürtel, dem Wienerwald, innerstädtischen großen Parkanlagen, einem eigenen großen Weingebiet mit entsprechenden Lokalitäten sowie mit einer der größten Wasserflächen in einer Großstadt weltweit. Dazu gibt es ein Umland mit den Bergen in Niederösterreich oder dem Neusiedlersee im Burgenland, das weitere Freizeitaktivitäten ermöglich.

Wenn in diesem Zusammenhang immer wieder auf die erfolgreiche Mercer-Studie verwiesen wird, in der Manager und Managerinnen Wien meist als Nr. 1 in der Welt wählen, ist diese durchaus richtig, nur nicht der Weisheit letzter Schluss für alle Menschen, die in dieser Stadt leben. Die Wienerinnen und Wiener vor Ort sehen weniger die Rankings, sondern vielmehr ihre unmittelbaren persönlichen Bedürfnisse. Harald Troch, der Vorsitzende der SP-Simmering, möchte in diesem Sinne vor allem notwendige Investitionen in der Peripherie vornehmen. Er nennt auch das Beispiel Simmeringer Hauptstraße, wo es darum geht, wieder

Flagship-Stores zu motivieren, sich in diesen Stadtbereichen anzusiedeln. Ebenso geht es um eine laufend zu verbessernde soziale Infrastruktur mit Ärzten und Ärztinnen in den Gemeindewohnungsgebieten oder mit Greißlern in den Grätzeln.

Das Kulturangebot in die Außenbezirke zu bringen ist ein weiteres besonderes Anliegen von Michael Ludwig, woran auch gearbeitet wird. Das Simmeringer Hafen Open Air ist nur ein Beispiel dafür, weiter Angebote vor Ort werden folgen.

Was das Wohnen in Wien betrifft, sieht man, wie schwer es sein kann, mit Fakten in der Kommunikation durchzukommen. 60 Prozent der Wienerinnen und Wiener wohnt im geförderten sozialen Wohnbau. Das heißt, etwa eine Million Wienerinnen und Wiener zahlt deutlich weniger Miete als am freien Wohnungsmarkt, was einen Unterschied von bis zu hundert Prozent ausmachen kann. Wenn in diesem Zusammenhang in den Medien geschrieben wird: „Wo bleiben die Gemeindewohnungen?", dann ist hinzuzufügen, dass rund weitere 14 000 neue, geförderten Wohnungen bis 2020 in einer Wohnbauoffensive der Stadt entstehen.

Gerade dieses „Selbstverständliche", wie es Josef Cap, der frühere Nationalratsabgeordnete, immer wieder anführt, das Wien eben auch so lebenswert macht, indem viel gefördert wird, sehen viele nicht, auch wenn sie die Vorteile nützen. Zu vermitteln, dass vieles nicht selbstverständlich ist, muss noch besser kommuniziert werden. Denn durch den sozialen Wohnbau oder die günstigen Jahreskarten für die öffentlichen Verkehrsmittel haben die Menschen beispielsweise die Möglichkeit, ihr oft knappes Geld für andere wichtige Lebensnotwendigkeiten zu verwenden.

Wien steht im Vergleich zu Städten wie München oder Berlin im internationalen Vergleich hervorragend da. Der Grund dafür sind eine Reihe von sozialen Leistungen für die Wienerinnen und Wiener.

Die türkis-blaue Bundesregierung hat bislang versucht, die Situation zum Beispiel für die Mieterinnen und Mieter eher zu verschlechtern, indem sie unter anderem die Lagezuschläge in einem neuen Mietrechtsgesetz verändern will, damit höhere Mieten verlangt werden können. Das kann im Altbau vergleichsweise teuer für die Mieter und Mieterinnen werden und einige tausend Euro mehr im Jahr ausmachen. Die „soziale Heimatpartei", die FPÖ, schaut zu und unterstützt so das Vorhaben.

Integration: Miteinander – inklusive Einhaltung der „Wiener Hausordnung"

Die türkis-blaue Bundesregierung schürt Ängste, was die Integration anlangt. Dabei werden Menschengruppen gegeneinander ausgespielt und das Brückenbauen für ein Miteinander vernachlässigt.

Für Michael Ludwig ist das „Miteinander" wichtig, allerdings auch mit Verpflichtungen verbunden. Eine „Wiener Hausordnung" bedeutet, die Pflicht zum gegenseitigen Respekt gilt für alle Gruppen – für jene, die schon länger hier in Wien sind, und genauso für jene, die kürzer da sind oder neu hinzukommen.

Zum Thema Integration hat Barbara Novak, die SPÖ-Geschäftsführerin an Michael Ludwigs Seite, in einem Artikel im „Kurier" Ende Juni 2018 ein bemerkenswertes Interview gegeben. Die Diskussion um das Kopftuch war dabei eine symbolhafte und geht weit darüber hinaus: Barbara Novak: „Die Debatte läuft, und das ist gut. In vielem sind wir uns einig, etwa, dass Deutschkenntnisse das Um und Auf sind. Sie helfen und sind notwendig, um in unserer Gesellschaft integriert zu sein und Beziehungen außerhalb der eigenen Community zu knüpfen. Wir wissen aus der wissenschaftlichen Forschung, dass Menschen Vielfalt von vornherein nicht automatisch und unbedingt als etwas Positives wahrnehmen. Vielfalt kann im ersten Reflex eher Unbehagen auslösen. Politisch gesprochen: Wenn man will, dass Vielfalt als positiv empfunden werden soll, muss man etwas dafür tun. Da kommen wir zum Kern, den patriarchalen religiösen Strukturen in manchen Zuwanderergruppen. Es geht nicht darum, gegen die individuelle Kopftuchträgerin vorzugehen, sondern um eine systemische Auseinandersetzung."

Diese Herausforderungen offen anzusprechen macht Sinn und wurde in der Vergangenheit mitunter vernachlässigt. Wir müssen auf die unterschiedlichen Kulturen, Religionen und patriarchalen Strukturen, die mit der Zuwanderung auch zu uns gekommen sind, reagieren. Hier gilt es anzusetzen und aufzuklären sowie das Entstehen von Parallelgesellschaften zu verhindern.

Barbara Novak lässt durchblicken, dass „wir uns zu lange nur an die Männer gewandt haben, an die Vereine, an die Moscheen, und dort haben in erster Linie Männer das Sagen. Ich sehe mich in der Tradition von Johanna Dohnal, den Staat auf den Plan zu rufen, um Frauen- und Kinderrechte durchzusetzen." Diese Überlegungen verdeutlichen die Notwendigkeit, genau hinzuschauen, wie das Michael Ludwig verlangt. Gerade bei diesem entscheidenden Thema der Integration bedeutet das, die Bedenken der Bevölkerung ernst zu nehmen.

Josef Kalina, der frühere SPÖ-Bundesgeschäftsführer und Kanzlersprecher und heute erfolgreiche Unternehmer im PR-Business, sieht es hinsichtlich der Positionierung der neuen Wiener SPÖ-Führung als wesentlich an, sich stärker an die Frauen zu wenden: „Ich glaube, dass der Ansatz, den die neue Wiener SPÖ-Führung hat, richtig ist, nämlich zu sagen, wir wenden uns bei der Integration stärker an die Frauen. Gerade im Bereich der Zuwandererinnen ist es entscheidend, sie verstärkt zu informieren und ihnen die Möglichkeiten der Kommunalpolitik näherzubringen. Ihnen klarzumachen, dass es für ihre Kinder gut ist, möglichst früh Deutsch zu lernen und Ausbildungschancen wahrzunehmen. Und damit die Jugendlichen für später fit zu machen."

Acht und vierzig Stunden Arbeit nicht genug?
Sparen bei den Menschen?

Barbara Novak reflektierte auch den Zwölf-Stunden-Tag in den Medien, als sie gefragt wurde: „Sie arbeiten doch sicher auch zwölf Stunden und oftmals sogar mehr. Was haben Sie gegen den Zwölf-Stunden-Tag in Ausnahmefällen?" Ihre Antwort. „Es geht nicht um Leitungsfunktionen, die länger arbeiten, sondern um all jene, die jetzt bereits sehr viel und fleißig arbeiten und die jetzt eine 60-Stunden-Woche von der Bundesregierung eingeführt bekommen haben. Wenn Arbeitnehmer 60 Stunden in einer Woche arbeiten müssen – wer kümmert sich dann um die Kinder? Haben dann auch die Kindergärten 60 Stunden offen? Und fahren dann noch öffentliche Verkehrsmittel zu den Randzeiten oder in die Randgebiete? In jenen Branchen und Betrieben, wo es jetzt schon flexible Arbeitszeiten gibt, sind sie stets von einem Maßnahmenpaket begleitet, von Betriebskindergärten und anderen Maßnahmen, die die Probleme mit den langen Arbeitszeiten abfangen. Sonst ist das familien- und frauenfeindlich." Die Verankerung der Freiwilligkeit beim Zwölf-Stunden-Tag kann Barbara Novak nicht nachvollziehen: „Das schaue ich mir an, dass die Leute zum Chef sagen, sie wollen heute nicht. Viele Menschen haben Angst um ihren Arbeitsplatz, sie gehen sogar krank arbeiten."

Der Zwölf-Stunden-Tag und die 60-Stunden-Woche polarisieren tatsächlich und dürften zu Diskussionen führen, die den Unterschied für die Arbeitnehmerinnen und Arbeitnehmer ausmachen. Zunehmend rücken diese Themen, wie auch die Reduzierung der Mindestsicherung oder das Sparen am Gesundheitssystem die Bunderegierung in die Defensive. Wenn mitten im Sommerloch 2018 die FP-Gesundheitsministerin behauptet, es sei möglich, von 150 Euro zu leben, wenn man eine Wohnung bezahlt bekommt, dann ist das mehr als zynisch.

Hinaus zu den Menschen und ihre Probleme ernst nehmen

Sehr entscheidend für die Wiener SPÖ ist „das Hinausgehen". Für Michael Ludwig ist das nichts Neues, geht er doch seit seinem Start in der Politik Anfang der 1980er-Jahre hinaus zu den Menschen. Das ist genau das, was er verinnerlicht hat, wodurch er glaubwürdig ist, und wo er viel Erfahrung hat. Die Menschen sollen erfahren, dass mit Michael Ludwig ein neuer Bürgermeisterstil nicht nur im Rathaus angekommen ist, sondern vor allem draußen in den Bezirken bei den Menschen. Wenn Michael Ludwig unterwegs ist, ist die gute Stimmung bei den Begegnungen mit den Wienerinnen und Wienern zu spüren und gleichzeitig viel Interesse an einem echten Dialog.

Auch wenn Wien eine Großstadt mit bald 1,9 Millionen Menschen sein wird, bleibt das Gleiche wesentlich wie in Mistelbach oder in Zell am See: der persönliche Kontakt – zu sprechen, sich zu kümmern und sich die eventuellen Sorgen der Wienerinnen und Wiener anzuhören. Kein Problem ist zu klein, um es nicht wichtig zu nehmen. Maß nimmt hier Michael Ludwig bei dem früheren Bürgermeister Helmut Zilk, der sich draußen bei den Leuten sehr wohlgefühlt hat. Er war ja schon vor seiner Zeit als Politiker legendär mit seinen „Stadtgesprächen" im ORF, wo er vor Ort Diskussionen abhielt, mitunter auch in der Baugrube. Später, nach seiner Zeit als Bürgermeister, hat er das als Ombudsmann in der „Krone" fortgesetzt. Die Leute spüren einfach, ob man Menschen mag, ob man sich für sie interessiert. Genau das personifiziert Michael Ludwig. Es geht dabei um das Feedback, das man bekommt. Genau wie die persönliche Face-to-Face-Kommunikation ist es wesentlich, auf der medialen Ebene in Print und TV und online präsent zu sein. Bürgermeister Michael Ludwig transportiert mit einer sehr guten Facebook-Seite interessanten Content über seine Auftritte, das ist heute ebenso ein wichtiges zeitgemäßes Feedback. In der Zukunft werden die Kontakte via soziale Medien immer entscheidender sein, weil man so in einer bald 1,9-Millionen-Stadt die Menschen gut erreichen kann. 1994 hatte Michael Häupl keine sozialen Medien zur Verfügung, das sieht heute anders aus: Sich dieser Kommunikation zu stellen, ist notwendig und muss offensiv betrieben werden. Allerdings immer nur in einem Ausmaß, das zu vertreten ist: Nicht mit zigtausend „eingekauften" Facebook-Clients aus dem Ausland oder irgendwo in Österreich, wie die FPÖ dies zum Teil macht, sondern mit tatsächlichen Facebook-Friends aus Wien.

Die eigentliche Volkspartei: SPÖ – Leistung mit einem sozialen Gesicht

Es ist evident, dass eine Volkspartei, die sich um den Mittelstand und an alle Arbeitnehmerinnen und Arbeitnehmer kümmert, gute Chancen bei den Wählerinnen und Wählern hat. Eine soziale Volkspartei wie die SPÖ spricht letztendlich in allen Zielgruppen und unterschiedlichen Bildungsschichten jene Menschen an, die einen hohen sozialen Standard für das tagtägliche Leben anstreben.

Michael Ludwig sieht ebenso den Leistungsgedanken als sehr entscheidend an, darauf angesprochen in der „Presse", dass die SPÖ zu wenig als Partei der Leistungsträger gesehen wird: „Wir sollten uns nicht als eine Partei definieren lassen, die sich mit der sozialen Hängematte beschäftigt, sondern die durch Leistung einen individuellen und kollektiven Aufstieg ermöglicht." So soll die SPÖ laut Ludwig wahrgenommen werden, „es liegt an uns, an diesem Image zu arbeiten". In diesem Zusammenhang kann auch Bruno Kreiskys Programm der 1970er-Jahre „Leistung. Aufstieg. Sicherheit" erwähnt werden, das als „Leistung mit einem sozialen Gesicht" bezeichnet werden kann. Und das ist jene Position, die es für die SPÖ einzunehmen gilt.

Klar ist in diesem Zusammenhang auch, wie SP-Bundesvorsitzender Christian Kern erwähnte, „wenn wir aufhören, Motor der Veränderung zu sein, hätten wir keine Existenzberechtigung". „Motor der Veränderung" ist das richtige Stichwort für Wien, hier wird viel dafür getan. Das heißt nicht immer nur Neues zu entwickeln, sondern auch das derzeitige hohe Niveau zu halten. Es geht darum, keine Einschränkungen im Gesundheitssystem oder in der Arbeitswelt hinzunehmen und viel für positive Signale am Arbeitsmarkt, für das Bildungs- und Gesundheitssystem oder die Weiterentwicklung der Wiener Infrastruktur zu werben und zu arbeiten.

Eine soziale Volkspartei wie die SPÖ kann und soll dabei durchaus auch Themen wie den Klimawandel und andere wichtige Bedürfnisse höherer Bildungsschichten in Wien ansprechen, weil diese wichtig sind. Nur entscheidend bleibt dabei – und das wurde ja auch in der Diskussion von SP-Bundesvorsitzenden Christian Kern und dem neuen SP-Burgenland-Vorsitzenden Hans Peter Doskozil deutlich –, dass solche Themen die Kernbereiche der Sozialdemokratie Arbeit, Bildung, Wohnen, Gesundheit nicht überlagern. So gesehen ist in der SPÖ, insbesondere in der Wiener Sozialdemokratie, viel Platz, um die besonders vielschichtigen Zielgruppen einer Großstadt anzusprechen. Nur eines hat sicherlich keinen Platz: Menschengruppen gegeneinander aufzuhetzen, Ängste zu schüren, eine hasserfüllte „Ausländer-raus-Debatte" zu akzeptieren oder dem Miteinander eine Absage zu erteilen, wie das die FPÖ tut.

Gleichzeitig ist es allerdings eine wesentliche Aufgabe der Sozialdemokratie, Antworten zu Migration, Zuzug und Integration zu haben. Laut Altbundeskanzler Franz Vranitzky ergeben sich durch Zuzug und Globalisierung neue Herausforderungen, die zu berücksichtigen sind: „Der humanitäre Aspekt ist schwer zu vertreten, wenn sich ein nicht zu kleiner Teil der Bevölkerung gegen Zuzug, Integration und die Auswirkungen der Globalisierung wehrt", sagte Vranitzky in einem „Kurier"-Interview im September 2018. Er sieht ebenso Versäumnisse in der Vergangenheit der Sozialdemokratie, die Bürger in diese neue Entwicklung mitzunehmen. Vranitzky: „Die Frage, was habe ich von der Globalisierung, ist für viele unbeantwortet geblieben." Und tatsächlich haben früher manche in der SPÖ zu wenig deutliche Antworten dazu gefunden.

Michael Ludwig ist hier schon im Jahr 2015 mit eindeutigen Aussagen zur geregelten Zuwanderung vorstellig geworden, weil er die Herausforderungen für die Bezirke in Wien sehr genau erkannt hat, die sich mit einer unverhältnismäßig starken Migration ergeben. Die Antworten dazu sind von ihm klar formuliert und werden auch umgesetzt. Eine gewisse schützende Hand legt Ludwig auch als Bürgermeister über die Menschen in Wien, die schon länger hier wohnen: „Ich habe eine Schutzfunktion für die hier lebende Bevölkerung", erklärte Ludwig, der diese Maßnahme mit einer Supermarktkasse vergleicht: Dort müsse man sich auch immer hinten anstellen.

BEMERKENSWERT

Die gute Stimmung, wie sie in Wien mit Michael Ludwig und seinem Team herrscht, ist spürbar. Dem neuen Bürgermeister ist es gelungen, mit seiner Stadtregierung und seinem Team Zeichen zu setzen, wie die gemeinsame Arbeit gut funktioniert. Nur so ist eine glaubwürdige und schlagkräftige Offensive in Richtung der nächsten Gemeinderatswahl umzusetzen. In allen Gesprächen mit den Stadträtinnen und Stadträten, mit der Wiener Geschäftsführerin, dem Klubobmann oder dem Präsidenten des Landtages war festzustellen, dass hier ist ein motiviertes und fachlich kompetentes Team am Werk ist. Bemerkenswert war der reibungslose Übergang von einer doch herausfordernden internen Zeit in der SPÖ Wien durch die Nachfolgedebatte hin zu einer neuen Phase des Miteinanders und sehr engagierten Arbeitens.

Ganz unabhängig davon, was die anderen Parteien tun, Michael Ludwig wird sich auf seine Arbeit mit seinem Team verlassen und weniger auf die anderen schauen. Was die Grünen mit oder nach ihrer eigenen Personaldiskussion im Herbst 2018 vorhaben, wird man sehen. Zusätzlich sind Aussagen der Wiener Neos, eine rechtskonservative Regierung mit einem „Experten" als Bürgermeister an der Spitze zu unterstützen, bemerkenswert. Damit wiedersprechen sie sich gleichzeitig, indem sie erklären, nicht mit der FPÖ zusammenarbeiten zu wollen. Was eine gestärkte türkise VP in Wien machen wird, ist ungeklärt, ebenso, wie sich der Wahlkampf der Wiener Freiheitlichen gestaltet. In der Regierungsverantwortung im Bund jedenfalls gelingt es der FP, mit einer Reihe von Hoppalas aufzufallen. Zusätzlich zeigen sie, mit der Opposition in der eigenen Regierung als Kritiker der EU in offiziellem Gleichklang mit Orbán, Salvini, und Kaczyński zu agieren, was bemerkenswert erscheint. Ein Miteinander in der Regierung sieht anders aus.

Und erste Anzeichen einer gewissen Orbánisierung der österreichischen Politik sind erkennbar: Passt ein derzeitiges politisches System nicht, organisiert die Bundesregierung um, indem zum Beispiel der Hauptverband der Sozialversicherungen entmachtet wird. Gerne lassen wir uns eines Besseren belehren, allerdings stehen die Zeichen weniger auf „Reden wir darüber", sondern mehr auf Sturm.

Auch die Frage des Zuzuges und der Integration bleibt ein bedeutendes Thema in der politischen Auseinandersetzung. Michael Ludwig macht seine Linie dazu nachvollziehbar deutlich. Er warnte schon früh, einen ungeprüften Zuzug zuzulassen, und sprach immer wieder von den erforderlichen Kontrollen an der Grenze, weil es notwendig ist zu wissen, wer zu uns kommt. Der Zuzug muss im Übrigen in einer europäischen Lösung in der EU geregelt sein, was immer wieder auf Schwierigkeiten bei einigen Ländern stößt.

Ebenso sind Michael Ludwig die Menschenrechte wichtig, die Berücksichtigung in der Asylstatusfrage haben müssen. Oder Ludwig weist darauf hin, dass Regeln für ein Miteinander aller Wienerinnen und Wiener eine große Rolle spielen, eine Hausordnung für alle eingehalten werden muss oder ein Wien-Bonus, für in Wien länger Lebende, in manchen zusätzlichen Bereichen eingeführt wird.

Ein wesentlicher Punkt der Integration ist das Einbinden in die Bildungsmaßnahmen, was Sprache und notwendige Fachausbildungen betrifft. Hier Deutschkurse streichen zu müssen, weil die Bundesregierung Budgets dazu kürzt, macht keinen Sinn. Integration jener Menschen, die schon hier bei uns sind, gilt es voranzutreiben, und das funktioniert nur, wenn es mittelfristig Arbeit für sie gibt. Gute Ausbildung ist der Schlüssel dazu.

Die neue Wiener Stadtregierung ist gut vorbereitet. Eine Reihe von Themen für 2019 geben die richtige Richtung vor: In Wien eine schwarze Null zu schreiben, die mit gesundem Sparen bis 2020 erreicht wird, eine Digitalisierungsoffensive für stadtinterne Anwendungen und in der Infrastruktur umzusetzen, Investitionen in Beschäftigung mit neuen Arbeitsplätzen und eine Strukturreform in der Verwaltung zu realisieren.

Ein besonderer Schwerpunkt ist die Ausbildungsinitiative für Arbeitslose, von denen in Wien circa 50 Prozent Pflichtschulabschluss haben, was großer Anstrengungen bedarf. Nur wenn es gelingt, mit Fachausbildungen diese Menschen fit für neue Aufgaben zu machen, können Arbeitsplätze besetzt werden. Arbeit zu haben, bleibt im Mittelpunkt aller Anstrengungen, sie gibt den Menschen nicht nur ein Einkommen, sondern auch eine Aufgabe, die Würde und Selbstbestimmung mit sich bringt. Michael Ludwig und sein Team haben es sich zum Ziel gesetzt, dass Wien zum zusätzlichen Jobmotor wird.

Bürgermeister Michael Ludwig ist ein guter, sehr kommunikativer Wahlkämpfer und sein Team in der Stadtregierung ist professionell arbeitend, gespickt mit Experten, Managern und erfahrenen Politikern. Das große Asset bleibt tatsächlich er selbst. Mit seiner gewinnenden Art geht er auf die Menschen zu, kennt ihre Probleme und Sorgen, ist lösungsorientiert und zukunftsgerichtet. Seine ruhige, besonnene Vorgangsweise, die gleichzeitig Leadership erkennen lässt, und seine politischen Inhalte sprechen für sich.

Die anschließenden „Stimmen zu Michael Ludwig" zeigen zusätzlich eine Reihe von Meinungen von Wegbegleiterinnen und Wegbegleitern auf.

STIMMEN ZU MICHAEL LUDWIG

Bei den Stimmen zu Michael Ludwig kommen Wegbegleiterinnen und Wegbegleiter zu Wort, die ihn die letzten Jahre wohlwollend, aktiv oder auch im Hintergrund unterstützt haben. Ebenso kommen einige Fraktionskollegen und -kolleginnen anderer Parteien zu Wort.

Durch die hohe Empathie ist es Michael Ludwig gelungen, in den letzten 30 Jahren in seiner Partei und weit über diese hinaus viele Menschen für sich zu gewinnen.

DI Wolfgang Hesoun, Präsident der Industriellenvereinigung Wien,
GD Siemens AG Österreich und CEE

„Für den Wirtschaftsstandort Wien wünschen wir uns eine gute Zusammenarbeit, auf die alte aufbauend. Wir haben über viele Jahre die Partnerschaft zwischen der Wiener Industriellenvereinigung und der Stadt Wien sehr gepflegt und vor allem mit den zuständigen Kolleginnen und Kollegen aus den Magistratsabteilungen und den Mitgliedern der Stadtregierung einen guten Kontakt aufgebaut. Das wollen wir natürlich fortsetzen.

Ich kenne Michael Ludwig über viele Jahre aus meiner früheren Tätigkeit in der Porr. Wir haben immer den Kontakt gepflegt, und die Zusammenarbeit funktioniert gut. Er ist ein sehr gescheiter und angenehmer Gesprächspartner.

Nicht von ungefähr findet sich das Attribut ‚lebenswert‘ ganz vorne bei den Soft Skills dieser Stadt, weil Wien gut funktioniert. Die Hard Facts sind soweit gut, allerdings gibt es hier noch Potenzial für weitere Verbesserungen. Unser Ziel ist es, in einer lebenswerten Stadt auch die Rahmenbedingungen und die Möglichkeiten zur Beschäftigung aufrechtzuerhalten, und das heißt im Industriegewerbe, in enger Abstimmung mit den Leitbetrieben und Zulieferbetrieben diese zu erhalten und auszubauen. Es hat sich in den letzten 20 Jahren viel geändert, auf diese Veränderungen müssen wir uns auch in der Zukunft einstellen.

Obwohl wir schon einen sehr guten Wirtschaftsstandort haben, sind weitere Verbesserungen möglich. Wien ist gewachsen, und das ist ein sehr gutes Zeichen. Insbesondere bei der Infrastruktur kann diese Stadt weiterentwickelt werden, hier sind wir auf einem guten Weg. Im österreichischen Vergleich kämpft Wien mit der Steiermark um Platz zwei, was die Stärke der Wirtschaftsregion anlangt, da ist noch Luft nach oben.

Mit zwei großen Herausforderungen werden wir am Unternehmensstandort Wien konfrontiert sein: dem Fachkräftemangel und der Digitalisierung. Sowohl die Bekämpfung des Fachkräftemangels als auch die erfolgreiche, digitale Transformation der Unternehmen bedürfen einer gemeinsamen Anstrengung von Wirtschaft und Politik."

Auf Michael Ludwig und den neuen Bürgermeister angesprochen: „Ich halte ihn für einen persönlich hochgradig angenehmen Gesprächspartner, der völlig unprätentiös an die Dinge herangeht. Er ist intellektuell und gleichzeitig in der Lage, diese Intellektualität in einer Form zu artikulieren, die ihm auch den Zugang zu den Menschen ermöglicht. Das halte ich für einen Bürgermeister von Wien für ein wichtiges Attribut. Er ist in seinen bisherigen Rollen immer wieder enorm in die fachliche Tiefe gegangen und das hilft in der Umsetzung. Ich schätze ihn als Menschen sehr, weil er viele tolle Eigenschaften hat."

Dr. Hannes Androsch, Vizekanzler und Finanzminister a. D., Industrieller

„Michael Ludwig ist jemand, der nicht vordergründig viel über sich selbst sagt, es ist wenig bekannt über ihn, er hält sich also privat bedeckt, was durchaus vernünftig ist.

Seine politische Laufbahn ist inhaltlich geprägt, beginnend mit einem Studium, wo Politikwissenschaften und Zeitgeschichte im Mittelpunkt standen. Seine Erfahrungen in der Bildung der SPÖ, auch als Erwachsenenbildner, zeichnen ihn als Schwergewicht auf diesem Gebiet aus. Wie ja bekannt ist, verfolge ich dieses Thema sehr genau und da freut es mich natürlich, dass jemand, der sich da auskennt, nun vorne steht. Er hat viel Erfahrung als Bezirksrat, Stadtrat und Vizebürgermeister gesammelt und ist ein realitäts- und wirtschaftsbezogener sowie sozial denkender Politiker und übt seine neue Hausherrn- und Gastgeberfunktion sehr gut aus. Bei seiner Rede anlässlich meines Geburtstagssymposiums konnten wir uns von seiner Eloquenz und profunden inhaltlichen Interpretation überzeugen.

Michael Ludwig als ‚langweilig und ohne Ecken und Kanten‘ wie im ‚Standard‘ zu bezeichnen, ist fehl am Platz. Er ist kein Macron-Typ, aber solide und er greift Probleme, die kleinen und die großen, ganz konkret an. Und er ist jemand, der dazu steht, was man mit ihm vereinbart hat, egal, ob es etwas eher Kleines wie der Karl-Waldbrunner-Platz vor der Consultatio war oder eine große Geschichte: Es ging um Gründe in der Nähe des AKH. Michael Ludwig setzte sich dafür ein und schaffte eine gute Lösung im Sinne der universitären Ausbildungsstätte. Ja, er hat eine sehr schnelle Auffassungsgabe und gute Umsetzungsstärke.

Und dann ist mir gestern noch etwas gefallen, seine Rede zum 1. Mai. Die ist nicht leicht, überhaupt, wenn da einige Genossen neben dir und hinter dir stehen, die nicht unbedingt deine Freunde sind. Er hat das meisterhaft gelöst: Du sollst kämpferisch sein, du sollst staatsmännisch sein, du musst integrativ sein, er hat Wirtschaft und Soziales verbunden, er war nicht untergriffig, also sehr gut. Ich habe ihm das auch anschließend gesagt.

Mit diesem herzeigbaren, attraktiven Team ist viel zu schaffen in dieser wachsenden Stadt, es ist eine lebenswerte Stadt, da hat der Michael Ludwig die Erdung, die bodenständige Haltung, Wien gut zu führen.

Und er weiß auch, dass für die Wirtschaft viel gemacht werden muss. Beispiel Wirtschaftsstandort: Die alten Floridsdorf-Betriebe wie SGP oder Elin usw. sind weg und es kommen nicht genug neue Betriebe nach. Viele studieren, aber oft gehen die Besten weg. Wir müssen über die Wiener Grenzen hinausdenken, Metropolen haben keine Grenzen, und hier eng mit den Nachbarn, Europa und der Welt zusammenarbeiten, aber das weiß er.

Für die Zukunft und für die nächste Wahl wird es wichtig sein, den Leuten das Gefühl zu geben, „Daham ist daham" und gleichzeitig Perspektiven zu eröffnen, neue Iden dazu zu entwickeln, Landesgrenzen überschreitende Lösungen zu finden und Kräfte zu bündeln. AIT hat zum Beispiel einen neuen Flagship-Standort für 850 Forscherinnen und Forscher im 21. Bezirk geschaffen, das ist der richtige Weg.

Die Migration angesprochen: Wien hat damit seit mehr als 100 Jahren Erfahrung, wir hatten schon immer viele Menschen mit multi-ethnischem Hintergrund bei uns, in der Donaumonarchie gab es 36 verschiedene anerkannte Glaubensgemeinschaften – viele ebenso tolerante, liberale Menschen, nicht zuletzt auch durch das jüdische Bürgertum. Zentrales Thema in der Migration, siehe Beispiel Schweiz, ist das Schulsystem, es spielt eine zentrale Rolle bei der Ausbildung der Zuwanderer und Zuwandererinnen. Das muss bewältigt werden, nur wer etwas lernt, hat mehr Chancen, und das gilt eben insbesondere auch für die Menschen, die aus anderen Ländern zu uns kommen. Unsere Aufgabe ist es, dazu die Basis zu schaffen, im Bildungsvolksbegehren habe ich dazu einige Vorschläge gemacht, hier ist noch viel zu tun.

Und bitte, was die internen Auseinandersetzungen in der eigenen Partei angeht, ich weiß, wovon ich spreche, damit ist jetzt endlich Schluss, und das ist gut so. Hier haben einige bewiesen, wie es nicht geht, darum heißt es jetzt zusammenzuarbeiten und mit ganzer Kraft gemeinsam nach vorne zu schauen. Eine Zeit lang konnte einiges überspielt werden, auch mit der Intellektualität und dem Fiaker-Sein des früheren Bürgermeisters, er hat einen guten Schmäh gehabt. Ein SMZ Ost zu bauen ging vor 25 Jahren und heute schaffen wir das nicht mehr? Bei der Bestellung des neuen Leiters gab es schon damals einige Bedenken. Er wurde es trotzdem, das Ergebnis kennen wir.

In der SPÖ Wien hat Michael Ludwig die notwendige Integrationskraft, und ich bin mir sicher, bei Bedarf kann er auch mit klärender Härte durchgreifen, da sollte man ihn nicht unterschätzen."

Dr. Heinz Fischer, Bundespräsident a. D.

„Michael Ludwig ist in meinen Blickpunkt geraten, als er Bildungs-funktionär in Floridsdorf war. Er hat sich immer sehr sorgfältig und gewissenhaft auf Veranstaltungen vorbereitet und er ist mir als guter

Diskutierter aufgefallen, der kluge Fragen auf den Tisch gelegt hat und ein angenehmer Gesprächspartner war.

Bildungsfragen haben mich immer sehr beschäftigt und interessiert. Als Wissenschaftsminister habe ich mich ja im Detail mit Bildung auseinandergesetzt. Michael Ludwig konnte ich auf vielen Bildungsveranstaltungen immer wieder treffen. Wir haben vieles gemeinsam bestritten, und als die Frau Fröhlich-Sandner als Präsidentin des Verbandes der Volkshochschulen zurücktrat, hat mich Michael Ludwig besucht. Ich war damals Präsident des Nationalrates in den 1990er-Jahren. Er hat mir dann vorgeschlagen, diese Funktion zu übernehmen, und ich habe dem zugestimmt. Wir haben dann sehr angenehm und erfolgreich im Verband der Volkshochschulen zusammengearbeitet. Michael Ludwig war die Seele und der Motor, vor allem der Wiener Volkshochschulen, aber er hat auch in die gesamte österreichische Volkshochschule Bewegung hineingebracht. Sehr erfreulich ist, dass in den Gremien der Volkhochschulen ein sehr gutes Arbeitsklima herrscht. Es gibt gemeinsame Bildungsziele und es ist ein Vergnügen, dort zu arbeiten. Michael hat in seiner verbindlichen Art wirklich einen großen Anteil an dieser erfreulichen Entwicklung.

Michael Ludwig weiß, dass Erwachsenenbildung und lebenslanges Lernen entscheidende Faktoren für das Bildungsniveau in einer Gesellschaft sind.

Darüber hinaus ist Michael Ludwig ideologisch auf gutem Boden verhaftet. Ideologisch gefestigt heißt für mich in diesem Zusammenhang, dass er sich mit den Grundanliegen und Grundwerten der Sozialdemokratie in Österreich und in Europa vertraut gemacht hat. Dass er viel gelesen hat und dass man erkennen kann, dass er ein gutes Urteil über politische und ideologische Strömungen hat und dass er mit den Grundbegriffen eines sozialdemokratischen Gesellschaftsbildes etwas anfangen kann. Dass er nicht nur irgendwelche angelesenen Formulierungen nacherzählt, sondern sich selbstständig Dinge überlegt. Das steht für mich außer Zweifel. Aber er ist auch ein Politiker, der die Gesinnung in der Realität anwenden kann und sich über Realitäten im Klaren ist. Er ist nicht nur ein Bildungspolitiker, sondern auch ein Kommunalpolitiker, insbesondere auch ein Wohnbaupolitiker und jetzt auch Bürgermeister. Er hat viele gute Voraussetzungen, um ein ausgezeichneter Wiener Bürgermeister zu werden.

‚Reden wir darüber', wie das in diesem Buch zum Ausdruck gebracht wird, ist eine typische Angelegenheit von Michael Ludwig. Er ist am Dialog im hohen Maße interessiert, was aber nicht heißt, dass er kein Pragmatiker ist. Ein Pragmatiker ist auch nicht jemand, der einem Gespräch ausweicht. ‚Pragma' ist griechisch und bedeutet Tat, und ein Pragmatiker ist ein Politiker, der etwas weiterbringen möchte und der konkrete Ziele verfolgen will, und das ist, so glaube ich, besonders charakteristisch für den neuen Bürgermeister.

Die Herausforderungen in Wien sind durchaus groß und ein SPÖ-Wien-Vorsitzender und Bürgermeister dieser Stadt hat aufzuzeigen, in welche Richtung Wien weiterentwickelt werden soll bzw. was für die Menschen in Wien am besten ist.

Wien hat seit 100 Jahren, soweit es freie Wahlen gegeben hat, also mit Ausnahme der Zeit des Austrofaschismus und des Nationalsozialismus, immer sozialdemokratische Bürgermeister gehabt. Wien hat sich, insbesondere auch in der Zweiten Republik, aber auch in der Pionierzeit der Ersten Republik trotz aller Probleme ausgezeichnet entwickelt. Ich bin immer stolz, wenn zum Beispiel wie kürzlich in der Schweiz bei einer Generalversammlung der Schweizer Gesellschaft für Außenpolitik, Wien erwähnt wird, als eine Stadt, die schon mehrfach als die lebenswerteste Stadt Europas bezeichnet wurde. So etwas geschieht ja nicht von selbst oder aus Zufall, sondern daran muss hart gearbeitet werden. Und ich traue es Michael Ludwig zu, dass er an diesem Konzept ‚Wien muss eine lebenswerte Stadt sein', ‚Wien muss eine soziale Stadt sein', ‚Wien muss eine Stadt der Kultur sein', ‚Wien muss eine gute Umweltqualität haben', ‚Wien muss eine integrative Stadt sein' usw. festhält und dass es sich hier um Richtlinien seiner Politik handelt. Das ist eine mehrheitsfähige Politik, obwohl die beiden Parteien, die auf Bundesebene derzeit eine Koalition bilden, natürlich liebend gerne auch Wien unter die Kontrolle dieser Rechtskoalition bringen würden.

Umso bedeutender ist es auch, den richtigen Weg in der Wirtschaft zu gehen. Das muss ein Weg sein, der an den Interessen der Menschen, am Gedanken der Humanität und der Menschenwürde und an einer offenen und ehrlichen Politik orientiert ist. Michael Ludwig ist kein Blender und auch kein Trickser. Er wird sich bemühen, dass sich Wien weiter auf höchstem Niveau entwickeln kann und dass Wien eine lebenswerte Stadt bleibt. Ich glaube, er hat alle Chancen, dieses Konzept zu realisieren und einen starken Rechtskurs zu verhindern.

Ich will, dass Wien eine moderne, soziale und international angesehene Stadt bleibt, und die Wiener Sozialdemokratie hat länger als jede andere Partei in Europa bewiesen, dass sie das kann.

Wien ist einmalig, was im Bildungssystem geleistet wird, was es an kinderfreundlichen Maßnahmen gibt, was das leistbare Wohnen betrifft oder was im Gesundheitsbereich getan wurde, alles das ist schon oft gewürdigt worden. Michael Ludwig ist mitten in diesen Bemühungen aufgewachsen und hat manchmal seine Jugend in Floridsdorf mit seiner schwer arbeiteten Mutter geschildert. Er kommt ja selber aus einfachen Verhältnissen und hat ja emotional einen sehr subjektiven Bezug zu diesen Zielsetzungen. Daher ist er auch glaubwürdig. Er ist ja nicht jemand, der irgendwo herausgepickt wurde und jetzt als ‚Vote getter‘ irgendwohin gestellt wird, sondern er ist herausgewachsen und aufgewachsen in dieser Stadt und kennt ihre Stärken und Probleme. Er wird das gut machen.

Auch wenn immer wieder gesagt wird, dass Michael Häupl ein besonderes kommunikatives Talent war, was ja auch stimmt, sein Nachfolger wird das auf seine ruhige und gute, persönliche wie auch inhaltliche Art und Weise bestens bewältigen.

Nach über 20 Jahren Michael Häupl war es logisch, als neuer Bürgermeister einige neue Mitarbeiter und Mitarbeiterinnen in die Wiener Landesregierung zu holen, es war geradezu selbstverständlich, aber auch keinen radikalen Bruch mit der Vergangenheit zu machen, sondern bewährte Kräfte von den Vorgängern zu übernehmen. Die Wahl des Bürgermeisters Michael Ludwig hat zu meiner freudigen Überraschung gezeigt, dass nicht nur alle Gemeinderäte von SPÖ und Grünen, sondern ein paar mehr ihn gewählt haben. Die Mehrheit war breiter, als die Papierform es erwarten ließ.

Jetzt ist längst der Zeitpunkt gekommen, wo man nicht mehr zurücksieht. Je fokussierter man auf die nächsten Aufgaben und auch auf die nächste Wiener Wahl blickt, mit umso größerer Geschlossenheit und umso größerer Zuversicht wird es möglich sein, diese erfolgreich zu schlagen."

Dr. Peter Bosek, Mitglied des Vorstandes Retail Banking, Erste Group Bank

„Ich habe Michael Ludwig vor mehreren Jahren auf einer Veranstaltung, dem ‚Vienna Night Run' kennengelernt. Soweit ich mich erinnern kann, ist Michael Ludwigs Frau mitgelaufen. Wir haben uns sehr schnell emotional gefunden, weil wir herumgescherzt haben, dass wir eigentlich beide mitlaufen wollten, aber beide nicht konnten, weil wir ‚übertrainiert' gewesen wären und daher ‚pausieren' hätten müssen. Wir haben uns die Zeit in der Lounge vertrieben, am Ende überreichten wir gemeinsam die Preise.

Was ich an Michael Ludwig sehr schätze, ist, dass er von Anfang an sehr offen war. Seine sehr breite Basis an Wissen zeigt das, und er hat eben nicht diesen Reflex zu sagen, das kennt er schon oder das hat er schon gehört usw. Das ist eines seiner Persönlichkeitsmerkmale, die ihn meines Erachtens am meisten auszeichnen.

Wir haben im Laufe der Jahre, in denen er als Wohnbaustadtrat tätig war, immer wieder miteinander zu tun gehabt. Er hat es immer mit großer Fassung ertragen, sich meine wohnungspolitischen Vorschläge anzuhören. Ich habe ihn, glaube ich, drei oder vier Jahre versucht davon zu überzeugen, dass es besser wäre, wenn die Stadt Wien wieder mehr Gemeindewohnungen bauen würde. Auf die starken demografischen Veränderungen müsse man hier reagieren.

Der neue Bürgermeister hat eine sehr gute Hand in Hinblick auf die Personalauswahl. Das ist immer wieder erkennbar. Michael Ludwig trifft überlegt sehr bewusste Entscheidungen, er bedenkt dabei viele Auswirkungen und agiert vorausschauend. Sein extrem gutes Gespür für Menschen erkennt man immer wieder auf Veranstaltungen. Er ist eher der Zuhörer als der Vielredner, was ihn als Mensch sehr angenehm macht.

Andererseits hat er auch einen durchaus zahlengetriebenen Zugang zu den Dingen. Seine Entscheidungen sind immer sehr sicher und sehr professionell getroffen.

Ich glaube, dass er in seiner neuen Funktion wieder in eine andere, neue Rolle schlüpft. Leadership zu übernehmen, traue ich ihm zu. Es ist ihm gelungen, ein sehr gutes Team zusammenzustellen, das wieder Aufbruchstimmung in der Stadt signalisiert. Jetzt nicht, weil die Stadt in einem schlechten Zustand war, ganz im Gegenteil, aber man kann sich auch nicht darauf ausruhen, dass Wien immer eine lebenswerte Stadt bleibt.

Die Offenheit gegenüber allen politischen Parteien zeichnet ihn ebenso aus. Michael Ludwig ist mit allen konstruktiv sprachfähig, was im Sinne eines demokratischen Bogens spannend und extrem positiv erscheint.

Sein neues Team hat wirklich sehr smarte Köpfe dabei. Es sind Kenner und Kennerinnen der Stadt auf allen Ebenen, Experten und Expertinnen, Politiker und Politikerinnen sind an den Schaltstellen. Ich glaube, dass dieses Team sehr viel Potenzial hat.

Als Michael Ludwig eine Ausschreibung für einen neuen Stadtteil gemacht hat, haben wir gemeinsam mit der Wiener Städtischen ein neues Fördermodell entwickelt, das auch in der Seestadt Aspern zum Tragen kam. Wir sind mit großer Leidenschaft dabei, alles, was möglich ist, in die Wirtschaft und diesbezügliche Projekte einzubringen. Ich glaube, das ist der positive Dreh- und Angelpunkt für die Zukunft der Stadt, dass jemand an der Spitze steht, der den Willen hat, etwas zu verändern. Wir sind zwar eine gut verwaltete Stadt, das heißt aber nicht, dass wir in der Entwicklung der Stadt nicht noch Luft nach oben haben. Deshalb ist es gut, Michael Ludwig an der Spitze zu haben."

DI Walter Ruck, Präsident der Wirtschaftskammer Wien

„Michael Ludwig ist wirtschaftspolitisch ein sehr pragmatischer Mensch. Vielleicht war die Zeit als Wohnbaustadtrat für ihn dahingehend prägend, als er gesehen hat, dass seine Arbeit nicht nur einen sozialen Effekt hat, sondern auch einen wirtschaftlichen. Die dadurch

angeregte Bautätigkeit ist natürlich dem Wirtschaftsstandort zugutege-
kommen. Viel Arbeit für die Unternehmen ist letztendlich viel Arbeit
für die Menschen.

Wien freut sich über viele erfolgreiche Wirtschaftszweige, einer davon ist ein besonders erfolgreicher, der ausgezeichnete Kongresstourismus in unserer Stadt. Dieser kann noch weiter beflügelt werden, ich
gehe davon aus, Michael Ludwig hier begeistern zu können, diesen weiter auszubauen. Es gibt mehrere Standorte, die für eine neue Kongress-
halle in Frage kommen würden, bald sind wir im Prüfungsstatus.

Auch weitere Aktivitäten sieht der neue Bürgermeister positiv, das
unterstreicht seinen offenen Zugang zu wirtschaftspolitischen Entwicklungen. Zum Beispiel beim Thema Gesundheitstourismus: Das Ziel ist
es, Heilungs- und Rehabilitationssuchende zu uns nach Wien einzu-
laden, hier gibt es genug Potential für private Patienten.

Ich habe in den Erstgesprächen mit Michael Ludwig gemerkt, dass
vieles bei ihm präsent ist. Überzeugungsarbeit per se war da nicht notwendig, denn da kam von ihm selbst auch eine Reihe ähnlicher Themen. Wir sind zum Beispiel nicht nur auf eine Landesgrenze begrenzt,
sondern denken in Räumen, in einer Region. Wir bemühen uns gemeinsam, den Breitspuranschluss aus der Ost-Slowakei von Košice in
Richtung Wien zu bringen. Parndorf im Burgenland wird derzeit als
Umschlagplatz und Ende der neuen Bahnstrecke von Peking gesehen.
Das würde viele neue Möglichkeiten, insbesondere für Wien, dem
Akkumulationspunkt in Mitteleuropa, bieten. Die Maßnahmen, die
gesetzt werden müssten, sind natürlich nicht auf das Wiener Stadtge-
biet begrenzt, sondern werden höchstwahrscheinlich auf niederösterreichischem und burgenländischem Gebiet stattfinden. Der Einfluss
dieser verkehrs- und wirtschaftspolitischen Aktivitäten strahlt allerdings
stark in den Wirtschaftsstandort Wien herein und hat darüber hinaus
Wirkung nach Eisenstadt, Niederösterreich und Bratislava. Hier gilt es,
gemeinsam vorzugehen und international zu agieren, das ist Michael
Ludwig vollkommen klar und er steht dahinter.

Ein nächstes Regionsthema, die „dritte Piste" auf dem Flughafen
Wien, ist auf niederösterreichischem Gebiet angesiedelt und hat ebenso eine große Bedeutung für Wien, zum Beispiel für den Tourismus.

Es geht darum, die großen Infrastrukturprojekte, die die Verbindung in die Welt, die Verbindung zur Außenwirtschaft verstärken, schneller nach Wien zu holen und die Entwicklung zu begünstigen.

Darüber hinaus haben wir in Wien eine Reihe von innovativen Projekten, die modernste energieeffiziente Umsetzungen sicherstellen, zum Beispiel die Smart City neu wachsen lassen. Die Seestadt Aspern ist eine Ausprägung davon und viele Wirtschaftszweige bringen sich hier ein.

Michael Ludwig hat sich des Öfteren in öffentlichen Ansprachen als Brückenbauer bezeichnet, was wahrscheinlich seinen Wurzeln als Bildungspolitiker und Wohnbaustadtrat entspricht. Ich persönlich finde, dass miteinander reden immer gescheiter ist, als sich verbal in irgendeiner Art und Weise anzugreifen. Wenn wir eine nachhaltige, lösungsorientierte Zusammenarbeit anstreben, dann geht das am besten, indem wir gemeinsame Interesse vertreten. Entscheidend dabei ist es, schon im Vorfeld bei der Lösungsfindung zu diskutieren, dann kann der Prozess der Diskussion sehr oft auch das Ergebnis bestimmen.

Michael Ludwig hat angekündigt, dass er mit periodischen Sozialpartnerschaftsgipfeln die gesellschaftspolitischen großen Themen ansprechen und diskutieren möchte. Wir nehmen diese Einladung sehr gerne an.

Der neue Bürgermeister und ich haben eine neue Zukunftsvereinbarung unterschrieben, die in den Bereichen Infrastruktur, Verkehr, Planung, Fachkräfte, Bildung und Digitalisierung sowie in der unternehmerischen Verwaltung von großer Bedeutung sind. Ich bin froh, dass wir gemeinsam dies vorantreiben werden.

Michael Ludwig zeichnet aus, dass er einen sehr partnerschaftlichen Weg geht und dass er seinem Gegenüber Respekt und Wertschätzung entgegenbringt, und dafür bedanke ich mich und freue mich auf eine gute Zusammenarbeit."

Dr. Josef Cap, früherer SP-Klubobmann im Nationalrat, Abgeordnetenlegende

„Seit Jahren wurde aufgrund der langen Häupl-Bürgermeisterzeit nicht mehr zwingend auf Themen gesetzt, die auch bei der Mehrheit der Bezirke entsprechend überzeugten. Das war ein Hauptgrund, warum ich für die Linie von Michael Ludwig eingetreten bin, weil ich sicher war, dass er weiß, was wir brauchen. Die entscheidende Frage war, wer schafft es, in dieser Zeit eine sanfte Überzeugungsarbeit zu leisten. Ich kann ein Beispiel aus meinem Bezirk nennen: Eine besondere Gabe des Michael Ludwig ist es, dass er sich hinstellt und vermittelt, dass er zuhören, aufnehmen und darauf eingehen kann, sich Zeit nimmt und auf jeden Einzelnen zugeht. Bei einer Veranstaltung bei uns im Bezirk war eine Sachfrage aufgetreten, wo die große Mehrheit anderer Meinung als Michael Ludwig war. Er hat dann argumentiert, wobei zu beobachten war, dass er bei seiner Position blieb, ein Teil hat das akzeptiert, ein Teil nicht. Die Kunst war allerdings, diejenigen, die nicht seiner Meinung waren, emotional einzubinden. Ein Teil in der Partei war ja damals von Michael Ludwig überzeugt, ein anderer nicht. Diese große Kunst, mit der Körpersprache, mit dem Inhalt und mit der Rhetorik zu argumentieren, finde ich, macht einen Bürgermeister aus.

Wir haben ein sehr großes Problem, und zwar: Dass alles für selbstverständlich genommen wird. Und das ist in einigen Ländern der Europäischen Union und in Österreich so, weil heute das Finanzieren einer so tollen Stadt mit diesen Angeboten einfach nicht selbstverständlich ist. Die große Frage wird sein, wie wir es mit Michael Ludwig in zwei Jahren schaffen werden, zu vermitteln, was das für eine große Aufgabe ist, damit das Selbstverständliche auch selbstverständlich bleibt. Natürlich müssen wir auch mit neuen Themen kommen, aber die Basics bleiben, wie leistbares Wohnen, Verkehr, Energie, Bildung, Gesundheit. Dazu kommt, dass manchmal in der Politik Handlungsspielräume beschrieben werden, die wir gar nicht haben, das kann mitunter zu Frust und Enttäuschung führen.

Michael Ludwig macht das nicht, er stellt dar, was machbar ist und was nicht, und trotzdem formuliert er Botschaften über die Stadt der Zukunft, wie Wien einmal sein wird, was zu steuern ist. Zum Beispiel die Zuwanderung, natürlich wird es eine geben, aber entscheidend bleibt, wie viel, wer und was machen wir daraus. Das muss auch europäisch gelöst werden und wir in Wien haben dabei unsere Hausaufgaben zu machen.

Michael Ludwig hat es drauf, Vertrauen zu schaffen. Es gibt Politiker, die sprechen von Reformen und die kommen dann nicht, da gibt es dann ein Problem mit dem Vertrauen, weil die wählen dich dann nicht mehr. Er kann das, weil er beides macht, er spricht über die Weiterentwicklung der Stadt und über die Zukunftsthemen.

Und er hat eine Rhetorik, die sowohl für die kleinen also auch für die großen Bezirke da ist, für Menschen mit geringerer Bildung und mit hoher genauso, und dabei ist er nicht populistisch oder opportunistisch, sondern schafft es, emotional rüberzukommen und inhaltlich, eine besondere rhetorische Fähigkeit. Er hat dabei ein breites Verständnis, er kann emotional rasch eine Beziehung aufbauen und er ist trotzdem nicht oberflächlich. Bei den Hearings ist das schon aufgefallen. Michael Ludwig ist wie ein potenzieller Bürgermeister aufgetreten und Schieder wie ein Klubobmann, weil er es einfach auch war. Das ist ja nichts Negatives, aber es war halt einfach so.

Wir müssen versuchen, in die gesellschaftliche Mitte vorzudringen. Und das, muss man sagen, gelingt Kurz immer wieder. Die Aufgabe heißt: Wie kann ich mich stärker in der gesellschaftlichen Mitte verankern? Wie kann ich in bestimmte Bereiche vordringen, ohne dass ich auf der anderen Seite verliere, ohne dass ich meine Grundsätze aufgebe? Es ist ein Balanceakt. Auch Grün-Rote-Wechselwähler wollen Sicherheit. Sowohl der Wechselwähler in Simmering oder Favoriten als auch der Wechselwähler in Döbling ist an Sicherheit interessiert. Das zieht sich durch. Sicherheit bleibt ein entscheidendes Thema. Der Zuzug muss geregelt sein, was 2015 passiert ist, als viele Menschen unkontrolliert zu uns gekommen sind, darf nicht mehr vorkommen.

Die Hauptthemen bleiben für die SPÖ: Leistung, Aufstieg und Sicherheit, es sind die drei wesentlichen Aufgaben, auf die wir uns konzentrieren müssen.“

Landeshauptmann Hans Niessl, Burgenland

„Ich kenne Michael Ludwig nun bereits seit vielen Jahren. Für mich ist er zweifelsfrei eine beeindruckende Persönlichkeit, die mit viel Einsatz, Wissen und Beharrlichkeit bereits jetzt Außerordentliches erreicht hat.

Michael Ludwig stammt, das hat er mir mehrmals in persönlichen Gesprächen erzählt und anvertraut, aus relativ einfachen Verhältnissen. Umso mehr ist es ihm heute anzurechnen, dass er trotz des großen Erfolgs immer bodenständig und wertschätzend geblieben ist. Er weiß, auch aufgrund seiner persönlichen Biografie, was es heißt, nicht immer zu den privilegiertesten Menschen zu gehören. Als langjährigen Stadtrat der Wiener Stadtregierung und als neuen Bürgermeister zeichnet ihn diese mit viel Wissen und Konsequenz gepaarte Bodenständigkeit aus.

Handschlagqualität und Ehrlichkeit sollten in allen gesellschaftlichen Bereichen normal, ja, selbstverständlich sein. Das ist aber leider nur zu selten der Fall. Bei Michael Ludwig sind es vor allem diese beiden Attribute, die niemand ernsthaft in Frage stellen kann. Er lebt sie im privaten wie auch im politischen Umfeld. Und genau das macht ein vorwärtsgewandtes Zusammenarbeiten mit ihm so einfach.

Das Wesen der Sozialdemokratie ist zu einem großen Teil davon getragen, wie man als hoher Mandatsträger mit den Wünschen und Bedürfnissen der Bevölkerung umgeht. Gerade hier sehe ich Michael Ludwig als Paradebeispiel für einen modernen und gleichzeitig pragmatischen Gestalter. So ist es ihm eindrucksvoll gelungen, die Bedeutung des sozialen Wohnbaus in einer Großstadt in den Mittelpunkt zu rücken. In kaum einer anderen europäischen Hauptstadt werden mehr leistbare Wohnungen durch die öffentliche Hand realisiert.

Die gut funktionierende Zusammenarbeit zwischen dem Burgenland, Niederösterreich und Wien ist einer der wesentlichen Gründe für die gute Entwicklung in allen Lebensbereichen in der Ostregion. Themen wie der öffentliche Verkehr, die Herausforderungen im Bildungsbereich, die Lösung von Integrationsfragen und auch die medizinische Versorgung werden wir nur gemeinsam positiv gestalten können. Daher bin ich sehr froh, dass Bürgermeister Michal Ludwig und Landeshauptfrau Johanna Mikl-Leitner mir zugesichert haben, dass die Zusammenarbeit zwischen den drei Bundesländern weiter intensiviert wird.

In diesem Sinne wünsche ich Michael Ludwig alles Gute für seine sehr herausfordernden Aufgaben. Ich stehe ihm jederzeit zur Seite und bin sehr froh und glücklich, ihn einen persönlichen Freund nennen zu dürfen."

Dkfm. Hans Schmid, Investor, Weingutbesitzer und Präsident Vienna Capitals

„Natürlich haben wir von der Seite der Wirtschaft großes Interesse, in Wien ein schlagkräftiges Regierungsteam zu haben, das zukunftsorientierte Umsetzungen in unserer Stadt forciert. Ich freue mich, dass Michael Ludwig als neuer Bürgermeister neue Akzente setzen möchte. Ich will nicht mit der Meinung hinter dem Berg halten, dass viele sich in der Wirtschaft in Wien freuen, dass nunmehr Entscheidungen fallen können, manchmal hatte man den Eindruck, dass durch die internen Reibungsverluste zu wenig weiterging.

Politisch gesehen gibt es viele Herausforderungen, ich habe schon in meiner GGK-Zeit eine Reihe von Werbekampagnen insbesondere für die SPÖ entwickelt und umgesetzt und bin gespannt, was nun kommt. In jedem Fall wollen die Wienerinnen und Wiener einen frischen Wind spürten, der von dem neuen und erfahrenen Team gestaltet wird. Der neue Bürgermeister hat mit der neuen Stadtregierung mit Peter Hanke, Peter Hacker, Katrin Gaál und der parteilosen Kulturstadträtin kompetente Persönlichkeiten präsentiert, die eine gute Mischung aus Managern und Experten darstellt. Zwei erfahrene Politiker bzw. Politikerinnen aus der Stadtregierung Häupl sind richtigerweise an Board geblieben.

Besonders erfreulich ist, dass wir mit Michael Ludwig einen Bürgermeister haben, der die Sprache der Menschen spricht, sehr engagiert ist und gut kommunizieren kann. Leadership wird ebenso wesentlich sein, weil die Menschen Lösungen sehen wollen, so wie das am Praterstern passiert ist.

Wichtig ist es, die Einheit der Partei herzustellen, wie es in Kärnten Landeshauptmann Peter Kaiser gelungen ist, der einen fulminanten Wahlsieg nach Hause gefahren hat. Ähnliches traue ich Michael Ludwig zu.

Keine Frage, es ist ein schmaler Weg zwischen ‚Wien zuerst' und mit der Zuwanderung gut umzugehen, das kann aber gelingen. Ebenso sind die Ankündigungen im Zusammenhang mit dem Lobautunnel, der dritten Piste und der Nordostumfahrung richtige Zeichen für die Zukunft. Leistbares Wohnen muss weiterhin gut funktionieren, ebenso macht die Sozialpartnerschaft bei wesentlichen Entscheidungen Sinn.

Wien ist eine Kulturhauptstadt mit großem Ansehen; eine Sportstadt, wenn ich mir etwas wünschen darf, benötigen wir genauso. Dazu ist eine gute Infrastruktur notwendig, damit im Winter Sport und andere Aktivitäten stattfinden können, zum Beispiel mit einer neuen Mehrzweckhalle."

Rudolf Kaske, früherer Arbeiterkammerpräsident und Gewerkschafter

„Michael Ludwig kenne ich lange, vor allem in seiner Zeit als Wiener Wohnbaustadtrat habe ich eng mit ihm zusammengearbeitet, ich war ja für die Hausbesorgerinnen und Hausbesorger zuständig, bei der Gewerkschaft Vida. Ein großes gemeinsames Anliegen war immer leistbares Wohnen. Mir hat Michael Ludwig immer imponiert, er ist ein waschechter Wiener, hat seine Wurzeln in Floridsdorf, er ist jemand, der zuhören kann, bei den Menschen draußen ist, und wenn man ihn charakterisieren möchte: Er ist ein bodenständiger Intellektueller, der Visionen für die Stadt hat und der mit allen Menschentypen dieser Stadt gut kann, vom einfachen Arbeiter bis zum Universitätsprofessor.

Was ich für einen Sozialdemokraten besonders wichtig finde, ist, dass er sich für Bildung einsetzt, das ist der Schlüssel für die Zukunft, und es schafft, dass die Menschen wettbewerbsfähig bleiben. Er steht zur Sozialpartnerschaft, das ist ja auch eine Wirtschaftspartnerschaft und Standortpartnerschaft, was ich sehr begrüße. Das derzeitige Drüberfahren der türkis-blauen Bundesregierung lehnt er wie ich ab.

Er erkennt Probleme, es zeichnet ihn aus, dass er nach Lösungen sucht, durch Aktivitäten, die man vorher anderen zugeschrieben hat, Stichwort Praterstern. Heimat und Sicherheit sind Themen, die nicht andere Parteien gepachtet haben, es geht um soziale Sicherheit, aber auch um die Sicherheit, dass sich die Menschen auf der Straße sicher fühlen.

Dass ich als einer der Ersten Michael Ludwig bei seiner Wahl zum Wiener SP-Vorsitzenden unterstützt habe, ist ja bekannt, weil ich überzeugt bin, dass er der beste Mann für diese Stadt ist, er ist jemand, der ausgezeichnet zu Wien passt. Er hatte im Vergleich zu seinem internen Gegenkandidaten die besseren Chancen bei der Gemeinderatswahl, er ist genug extrovertiert, geht auf die Leute zu, und er hat Handschlagqualität. Darüber hinaus ist er bienenfleißig, das sind ja nicht alle, und er ist jemand, der hält, was er verspricht, jemand, der die Anliegen ernst nimmt. Michael Ludwig kündigt nicht nur an, sondern er macht das dann auch, da gab es ja andere, die das nicht immer eingehalten haben.

Auch Michael Häupl war ein guter Bürgermeister, nur leider ist am Schluss die Übergabe nicht optimal gemanagt worden, als Nummer 1 muss man für die Zukunft Vorgaben machen. Dass Michael Ludwig gewinnen kann, war mir sehr bald bewusst, er hatte viele Bezirke hinter sich, die großen und auch andere, und die Gewerkschaft, da hatte er eine deutliche Mehrheit.

Jetzt geht es um eine neue Phase mit Michael Ludwig als Vorsitzendem und Bürgermeister, wichtige Themen wie zum Beispiel die Digitalisierung stehen an. Und in diesem Zusammenhang gilt es, die Zukunft der Arbeit und des Wirtschaftsstandortes Wien verstärkt zu positionieren. Schwerpunkte sind ebenso in der Bildung zu setzen, für Kinder, für Lehrlinge, damit alle die gleichen Chancen haben, auch beim Deutschlernen. Und nicht zuletzt bleibt ein wesentliches Thema das leistbare Wohnen, eine zentrale Aufgabe, die erhalten bleiben muss bzw. ausgebaut werden soll. Hier ist ja eine Mietrechtsgesetzänderung der türkis-blauen Regierung in Planung, die eine deutliche Verschlechterung für die Mieterinnen und Mieter bringen würde. Ja, das ist auch eine Aufgabe des neuen Bürgermeisters, auf die Wienerinnen und Wiener zu schauen und Wien gegen den Bund zu verteidigen, wenn versucht wird, den Menschen etwas wegzunehmen, Dinge zu verteuern usw. Wie hat der Michel Häupl schon gesagt: ,Mein Wien is net deppert'. "

Dr. Andreas Salcher, Bestsellerautor, Bildungsexperte und früherer
VP-Gemeinderat

„Meine Beziehung zu Michael Ludwig ist eine sehr klare. Ich war damals, wie es die große Koalition in Wien aus SPÖ und ÖVP mit Häupl/Görg gegeben hat, Vorsitzender des Kulturausschusses, die VP stellte mit Peter Marboe den Kulturstadtrat. Michael Ludwig war von Anfang an Mitglied des Kulturausschusses. Aus der Zeit kennen wir einander sehr gut. Er sagt manchmal im Spaß, dass er bei mir gelernt hat. Wir haben damals schon von Beginn an ein sehr vertrauensvolles, konstruktives und respektvolles Verhältnis gehabt. Das galt für die Zeit, als wir gemeinsam in der Regierung saßen, aber auch nachher, als ich Oppositionskultursprecher war.

Ich habe ihn als einen sachlichen Menschen kennengelernt, der ein Gespür für die Probleme und auch Handschlagqualität hat.

In der Politik ist es ja so, dass es in jeder Fraktion Leute gibt, die miteinander reden. Da ich Werner Faymann schon seit meiner Jugend kannte, war er immer meine Ansprechperson in der SPÖ. Michael Ludwig war das dann lustigerweise – nachdem er die Funktion als Wohnbaustadtrat geerbt hatte – auch. Wir haben bis heute ein sehr gutes Verhältnis miteinander. Er ist regelmäßig Besucher meiner Lesungen und hat alle meine Bücher gelesen.

Ich kenne Michael Ludwig eben mehr aus dem Kulturbereich, weniger als Vorsitzenden der Volkshochschulen. Schulpolitisch kann ich daher wenig zu ihm sagen, weil wir beide damals nicht Bildungssprecher waren. Ich weiß allerdings, dass ihm Bildung ein großes Anliegen ist.

Was ich einem Bürgermeister empfehlen würde, ist ganz klar: In erster Linie brauchen wir eine durchgehende, verschränkte Form der Ganztagsschule. Wenn wir diese durch- und umsetzen, müssen wir uns nicht mehr den Kopf darüber zerbrechen, wie es in Zukunft bei der Bildung bergaufgehen kann. Ich bin dafür, dass jedes Kind mit Talenten maximal gefördert wird; das betrifft die bildungsfernen genauso wie die hochbegabten. Ich habe mit Bernhard Görg damals vor circa 20 Jahren die Sir-Karl-Popper-Schule gegründet, die nach wie vor die einzige Schule für Hochbegabte in ganz Österreich ist. Damals hat uns von Anfang an Michael Häupl, vor allem aber Kurt Scholz unterstützt. Diese Schule ist noch dazu eine öffentliche Schule. Jedes Kind sollte nach seinen Möglichkeiten gefördert werden.

Das Zusammenarbeiten ist wichtig, nur so kommen wir über Parteigrenzen hinweg weiter."

Univ.-Prof. Dr. Thomas Szekeres, Ärztekammerpräsident Österreich und Wien

„Ich habe Michael Ludwig im Rahmen eines Projektes kennengelernt, wo die Ärztekammer gesagt hat, wir hätten gerne die Möglichkeit, behindertengerechte Ordinationen im Gemeindebau zu schaffen. Als Wohnbaustadtrat war er für die Gemeindebauten zuständig und er hat ganz schnell erkannt, dass das wichtig ist, und hat sich hier bereit erklärt, eine Schnittstelle zwischen den Ärzten und *Wiener Wohnen* zu schaffen. Damit wurde den Ärzten die Möglichkeit eröffnet, im Erdgeschoss in den Gemeindebauten Räumlichkeiten zu einem vernünftigen Preis anzumieten und dort ihre Ordinationen auch in einer größeren Dimension zu errichten. Im Rahmen dieser Kooperation, die sehr schnell und gut funktioniert hat, haben wir gemeinsam eine dieser Ordinationen besucht und stellten das Projekt ihm Rahmen einer Pressekonferenz vor. Dort wurde ich dann gefragt, wie ich zu ihm stünde, und da habe ich ganz klar gesagt, dass ich glaube, dass er für die Top-Position in Wien sehr gut geeignet sei.

Das war noch, bevor klar wurde, ob er Kandidat für das Amt des Bürgermeisters wird oder nicht. Ich habe das sehr professionell und sehr gut gefunden. So habe ich ihn das erste Mal kennengelernt.

Was mich ebenso beeindruckt hat, ist seine Lebensgeschichte, das ist eigentlich der österreichische Traum. Dass man vom Wiener Arbeiterkind, das sich alles selbst erarbeitet hat, Wiener Bürgermeister wird, ist ja nicht alltäglich. Er ist gleichzeitig auch sehr volksnah und unkompliziert.

Michael Ludwig ist ein sehr interessierter, intellektueller Mensch, der sehr belesen ist. Ich habe ihn jetzt erst bei einer Ausstellungseröffnung erlebt, wo er aus dem Stegreif eine halbe Stunde über die Architektur in Wien gesprochen hat und damit auch sehr beeindruckte.

Als Wiener Ärztekammerpräsident und Bewohner dieser Stadt habe ich natürlich auch die eine oder andere Erwartung an den neuen Bürgermeister. Ich glaube, dass Wien eine besonders lebenswerte, eine besonders sichere und eine gut funktionierende Stadt ist. Man erwartet sich, dass das so bleibt bzw. dass Michael Ludwig und sein Team die Stadt weiterentwickeln.

Die beste medizinische Versorgung ist unbedingt notwendig, was eine gewisse Erneuerung im Spitalsbereich bedingt. Das Krankenhaus Nord ist baulich so gut wie fertig. Es ist ein sehr modernes Spital mit Einbett- und Zweitbettzimmern. Ein Spital dieser Größenordnung in Betrieb zu nehmen, ist alleine schon aus technischer Sicht nicht ganz einfach.

Zu den Ärzten: Sowohl bei den niedergelassenen als auch bei den angestellten Ärzten müssen die Rahmenbedingungen verbessert werden. Mehr als die Hälfte der niedergelassenen Ärzte arbeiten in Gruppen. Das heißt, man teilt sich eine Ordination oder man hat eine Gruppenpraxis, die auch rechtlich als solche fungiert. Das funktioniert recht gut und macht auch Sinn. Die kurzen Wege von zu Hause bis zum nächsten Arzt sind wünschenswert. Man muss den Best-Point-on-Service finden und ausbauen.

Die Rahmenbedingungen haben sich verbessert, auch durch die Gehaltsreform. In den letzten Jahren sind von zehn Absolventen nur sechs in Österreich geblieben, das könnte zu einer schwierigen Herausforderung werden.

So ist genug zu tun und ich freue mich auf ein gutes Einvernehmen und eine gute Zusammenarbeit mit dem neuen Gesundheitsstadtrat Peter Hacker und dem neuen Bürgermeister Michael Ludwig."

Mag. Manfred Juraczka, Landtagsabgeordneter, früherer VP-Parteiobmann in Wien und Klubobmann im Wiener Gemeinderat

„Ich habe Michael Ludwig 2011 in meinen vier Jahren als Landesparteiobmann und in meiner Zeit als Klubobmann kennengelernt. Er ist durchaus ein Pragmatiker, besonders höflich und sehr eloquent, fast vereinnahmend und gleichzeitig kann er auch unverbindlich sein. Der neue Bürgermeister geht sehr bewusst seinen eigenen Weg, und das in verschiedener Hinsicht, gleichzeitig grenzt er sich auch stilistisch von seinem Vorgänger deutlich ab. Man darf gespannt sein, wie er jetzt als Nummer Eins der Stadt agieren wird.

Michael Ludwig hat das Wohnbauressort recht effektiv geleitet. Er hat sich alle zwei Jahre als Aufdecker bei den Nebenkosten generiert, die bei Wiener Wohnen entstanden sind. Es gab hier auch mutmaßlich Ungereimtheiten. Ludwig hat das alle zwei Jahre an die Oberfläche gebracht und gesagt, da muss eingegriffen werden, da muss aufgeklärt werden. Dann war zwei Jahre wieder Ruhe und dann kam er wieder als Aufdecker, sozusagen als Sheriff im eigenen Revier. Insgesamt hat er allerdings recht effektiv geführt. Man wird sehen, wie das auf die ganze Stadt übertragen wird.

Nur moderieren wird natürlich zu wenig sein. Und er hat nach wie vor eine inhaltlich unterschiedliche Truppe in seiner Partei. In einigen Bereichen, zum Beispiel im Sozial- oder Migrationsbereich. Hier wird er irgendwann Flagge zeigen müssen.

Michael Ludwig war immer ein kommunikativer Mensch, einer, der sich nie versteckt hat. Liefern muss er, das hat er in der Tagespolitik gegenüber den anderen Fraktionen aufgrund seines Status noch nicht so sehr gezeigt. Andere, wie eben Leute in der Wirtschaft, sagen, man kann sich auch auf ihn verlassen, was den Output betrifft. Da lassen wir uns noch überraschen.

Jeder Bürgermeister ist gut beraten, sich mit der Wirtschaft gemeinsam auf den Weg zu einigen. Die Wirtschaft wird auch ihre Interessen vertreten, gleichzeitig soll der Bürgermeister positiv im Gespräch bleiben.

In der Koalition unter der Führung von Michael Häupl wurde so agiert, dass jeder seine Bereiche hatte und man sich gegenseitig nicht hineinredete. Das hat zu einer sehr starken Grün-dominierten Verkehrspolitik geführt. Unseren Gefallen hat sie nicht gefunden und das ist, glaube ich, auch nachvollziehbar. Beispiele wie der Lobautunnel und die „dritte Piste" zeigen, dass es einige Projekte gibt, die für die Stadt sehr entscheidend sind.

Michael Ludwig hat sich in den ersten Wochen und Monaten seiner Amtszeit zu einer dezidierten Partnerschaft mit der Wirtschaft bekannt. Hier haben wir einiges zu tun. Wenn man sich anschaut, dass Wien von den neun Bundesländern die höchste Arbeitslosenquote etc. hat, sieht man, dass bei den Wirtschaftsaspekten noch viel Luft nach oben ist. Dass die Situation in Wien nicht optimal ist, hat mehrere Gründe und ist auch mit den Migrationsbewegungen zu erklären. Gleichzeitig erkennen wir bei einer Großstadt wie Wien eine Subfunktion am Arbeitsmarkt, die vielen Pendler zeigen es. In der Standortpolitik gibt es ebenso noch viel zu tun.

Die Seestadt Aspern ist zum Beispiel grundsätzlich ein gutes Projekt, denn wir brauchen Stadterweiterungen bzw. Stadterneuerungen. Was mir an der Seestadt von Anfang an gut gefallen hat, war, dass man von Beginn an eine öffentliche Verkehrsanbindung hatte. Noch vor der Seestadt Aspern war eine U-Bahn-Station dort.

Ein wichtiger Punkt ist die Sozialpartnerschaft: Ich glaube, sie hat diesem Land viel Positives gebracht und ist eine gute Errungenschaft, die über weite Zeit sozialen Frieden sicherte. Einzig was in diesem Zusammenhang nicht sein darf, ist eine Ersatzregierung.

Zur Schulentwicklung gibt es Folgendes zu sagen: Wir haben absolut nichts gegen ganztägige Schulformen, solange die Wahlfreiheit erhalten bleibt.

Das neue Team von Michael Ludwig sehe ich differenziert. Wo ich mir wirklich eine Verbesserung erhoffe, ist im Finanz- und Wirtschaftsbereich mit dem erfahrenen Peter Hanke. Hier gibt es einiges an Hausaufgaben zu machen. Beim Kollegen Hacker waren die ersten Auftritte eher durchwachsen, er hat viel Bisheriges verteidigt und noch nichts Neues zugelassen. Allerdings ist da ja noch viel Zeit, das zu ändern. Bei der Kollegin Sima durfte man aus Sicht des Beobachters eine gewisse politische Wendigkeit wahrnehmen. Stadtrat Czernohorszky haben wir bei seinem neuen Antreten einen Vertrauensvorsprung gegeben und haben ihn gewählt. Das würden wir aus heutiger Sicht nicht mehr machen.

Im Bereich Verkehrspolitik bleiben U-Bahn-Projekte wichtig, diese Angebote werden in der Regel gut genutzt, es müssen allerdings noch zusätzliche Angebote geschaffen werden. Wir wären ja auch nicht begeistert, wenn ein jeder mit dem Auto fahren würde, denn dann wäre der Stau vorprogrammiert. Trotzdem bleibt der Eindruck, ‚Auto raus' ist immer noch ein Thema, zum Beispiel wenn man alle paar Meter durch Ampeln gestoppt wird. Seit 2013 wird nichts mehr investiert, um den Verkehr flüssig zu halten. Auch das ist etwas, woran Michael Ludwig gemessen werden wird, dazu wünsche ich ihm alles Gute."

Dr. Peter Pelinka, Moderator und Mediencoach, früherer Chefredakteur News

„Man hat damals schon in der Partei über Michael Ludwig gesagt, dass er extrem belesen ist, auch in der alten klassischen Literatur, und an vielem interessiert. Als Literaturreferent der Partei in Floridsdorf kümmerte sich Ludwig auch um die ‚AZ', die er beworben hat. Da habe ich ihn kennengelernt. Viele in der SPÖ waren damals mit der Privatisierung nicht glücklich, doch er sah die Zielgruppe der SPÖ-Basis immer noch und ging mit der ‚AZ' nach außen. Man merkte früh, dass er diese Dinge sehr ernst nimmt. Das finde ich besonders sympathisch an ihm, dass er nicht wie andere Politiker schnell zu Geld kommen wollte, sondern den inhaltlichen Weg gesucht hat, um dann die eine oder andere Position zu erklimmen, ganz nach alter sozialdemokratischer Tradition. Er ist gut geerdet.

Sein Weg ist auch nicht über die Jugendorganisationen gelaufen. Es mag auch manches Misstrauen dort geherrscht haben, denn er war ja nicht einmal bei der SJ oder JG. Das war damals sehr ungewöhnlich, vor allem weil die Jungen, die so politisch interessiert und gebildet waren wie Michael Ludwig, sich meist über die Jugendorganisationen emporgearbeitet hatten. Für diese Organisationen konnte er sich einfach keine Zeit nehmen, weil er immer gearbeitet hat und zum Unterschied von anderen von Anfang an bei der Basis draußen im Bezirk, in der Sektion oder später in der Bildung war. Viele wollten diesen Weg von der Basis, der Sektionsarbeit, des Mitgliederbeiträge sammeln usw. gar nicht gehen wollen, Michael Ludwig ist daher alles andere als ein Quereinsteiger.

Ich habe es persönlich sehr skurril gefunden, dass man gerade ihm, der sehr inhaltlich und dogmatisch gefestigt ist, anhängen wollte, dass er zu den Rechten in der Partei gehört – absurd. Michael Ludwig ist meiner Meinung nach ein Pragmatiker, der allerdings auf solidem ideologischem Grund steht. Sein Netzwerk war von Beginn an in den Bezirken, also in der Partei selbst, wo er von ganz unten begann. Und dort hat er sich nach Jahren auch seine Mehrheiten geholt – eine konsequente Laufbahn.

In den letzten Wochen sind mir viele Schilderungen aus der Medienszene zu Ohren gekommen, alle hatten gemeinsam, dass er zum Unterschied von anderen nicht aufgesetzt ist und offen auf alle zugeht. Egal, ob es Moderatoren, Kameramänner, etc. sind, er geht freundlich auf sie zu, schüttelt ihnen die Hand und redet mit ihnen. Aber nicht wie es oft typisch für einen Politiker ist, sondern herzlich und ehrlich. Das ist seine starke Persönlichkeit.

Michael Ludwig ist ein wirklich guter Redner, nicht zuletzt auch deshalb, weil er viele Jahre selbst vorgetragen hat. Meine Frau, Brigitte Pelinka vom ÖGWG, einer Psychotherapiegesellschaft, initiierte eine Gedenktafel im neunten Bezirk im Friedgymnasium in der Glasergasse. Es ging um den 100. Todestag von Eugene Gendlin, der einer jüdischen Familie in Österreich entstammte, die 1938 aus Wien fliehen musste. In den USA entwickelte der erfolgreiche Psychotherapeut die ‚Focusing-Methode'. Michael Ludwig sagte zu, dass er selbst kommen und sprechen würde. Vor 120 Leuten hielt er eine Rede, blendend und inhaltlich völlig frei. Man hat gemerkt, das ist sein Thema, er war gut vorbereitet und hatte historisch sehr gut Bezug genommen und auch die Vertreter des Vereins exakt angesprochen. Er ist wahnsinnig genau und sehr glaubwürdig."

Mag. Johanna Mikl-Leitner, Landeshauptfrau Niederösterreich

„Man kann in der Politik nur erfolgreich sein, wenn man die Menschen mag und schätzt und die Gabe hat, auf sie und ihre Bedürfnisse einzugehen. Ich glaube, Michael Ludwig hat diese Gabe. Michael Häupl war volksnah und auch Michael Ludwig ist es, jedoch auf eine andere Art und Weise, und das ist auch gut so.

Ich schätze Michael Ludwig als Persönlichkeit mit Kompetenz und Handschlagqualität sehr. Das ist eine gute Basis für eine gute Zusammenarbeit. Die Zielsetzung, die uns verbindet, ist sicherlich, dass wir Politik eben in Räumen denken müssen und das Denken nicht an den Landesgrenzen aufhören darf. Das ist heute wichtiger denn je. Wir befinden uns in einer der am stärksten wachsenden Regionen Europas und da gilt es, mittel- und langfristig zu denken. Hier gibt es sicherlich einige Themenfelder, wo wir noch mehr und intensiver zusammenarbeiten müssen. Das Thema Mobility bzw. das Thema Verkehr ist eine Riesenherausforderung, der wir uns zu stellen haben. Ein weiteres Thema ist: Wie entwickelt sich raumordnungstechnisch Niederösterreich und Wien in der Ansiedlungspolitik? Und das dritte große Thema ist sicherlich der gesamte Gesundheitsbereich, wo es natürlich auch darum geht, sich abzustimmen.

Auf ein großes gemeinsames Projekt können wir schon heute verweisen, es ist die ‚Vienna Airport Region‘. Das funktioniert vorbildlich, und ich kann mir vorstellen, dass wir Schwerpunkte zukünftig in anderen Regionen in Richtung Weinviertel zum Beispiel ebenso gemeinsam entwickeln.

In Wien haben es offensichtlich noch nicht alle verstanden, dass man mit großen Infrastrukturprojekten zu einer Entlastung von Wien beitragen kann. Dazu gehören die ‚dritte Piste‘ am Flughafen Wien, der Lobautunnel und die Umfahrung in Richtung Wien-Schwechat, das hilft Wien und Niederösterreich. Ich freue mich, dass Michael Ludwig das auch so sieht. Wir sind jetzt so weit, dass wir in die Umsetzung gehen können oder zumindest die Umsetzung schon im Detail planen werden. Das sind schon sehr zentrale Aufgaben. Ein weiteres Projekt muss die ‚dritte Stammstrecke‘ für die Bahn durch Wien sein, weil Wien wird immer mehr zum Nadelöhr, wir bringen kaum mehr Kapazitäten weiter, die Pendler benötigen diese allerdings. Noch höher zu takten ist bald nicht mehr möglich. Jetzt müssen wir daran gehen, dass wir gemeinsam in der Diskussion klären, wann was und wie geplant wird.

Wenn die Zusammenarbeit mit der Bundesregierung angesprochen wird: Die Bundesregierung ist gewählt worden, um Reformen einzuleiten, und die aktuellen Umfragen zeigen auch, dass diese Reformfreudigkeit anerkannt und akzeptiert wird. Ich glaube, dass die Bundesregierung eine echte Chance verdient hat, wo wir Reformen auch gemeinsam durchführen. Man wird nicht in allen Positionen immer einer Meinung sein, aber hier geht es darum, auf dem Verhandlungstisch alles auszudiskutieren und eine gemeinsame Lösung zu finden. Was nicht sein kann, ist, dass Reformen auf Kosten der Länder gemacht werden, wo wir dann finanzielle Mehrlasten haben. Bis jetzt hat das allerdings gut funktioniert.

Bei der Sozialpartnerschaft sehe ich einen Bedarf der Neuorientierung, stehe aber grundsätzlich zur partnerschaftlichen Kooperation zwischen Arbeitnehmer- und Arbeitgeberseite. Die Sozialpartnerschaft ist sicherlich ein Markenzeichen der Republik und Sozialpartnerschaft kann sicherlich auch gut funktionieren. Sozialpartnerschaft heißt aber auch, dass man sich Veränderungen stellen muss. Ich wünsche mir weiterhin diesen bewährten Weg der Zusammenarbeit, den es seit Jahrzehnten gegeben hat. Es gilt, diesen erfolgreichen Weg einfach gemeinsam fortzusetzen. Ich bin guter Dinge, dass das auch gelingen wird. Der engen Zusammenarbeit mit Wien, aber auch mit dem Burgenland wird in den nächsten Jahren große Bedeutung zukommen.“

DDr. Anton Ofner, Vizepräsident der Wirtschaftskammer Wien, Präsident der AUVA

„Ich habe Michael Ludwig als überaus intelligenten Kopf kennengelernt, der auf die Menschen zugeht. Er ist ein empathischer Mensch und mit sehr hoher sozialer Kompetenz ausgestattet. Mein Eindruck ist, dass er durchaus für seine Überzeugung kämpft und unter Umständen nicht ganz populäre Maßnahmen unterstützt, wenn er der Überzeugung ist, dass der Standpunkt für die Menschen wichtig ist. Er ist erstaunlich gut im Thema Gesundheit bewandert, was man ja in Anbetracht seiner persönlichen Vita nicht vermutet.

Michael Ludwig ist ein überzeugter Sozialdemokrat, ihn, wie das manche versuchen, eher rechts einzuordnen, würde ich niemals sehen. Ich denke, er würde von seinen persönlichen Grundsätzen nicht abweichen Das Reden unterscheidet ihn von vielen seiner Kolleginnen und Kollegen. Er ist an Inhalten interessiert, kann allerdings ein durchaus harter Verhandler sein.

Michael Ludwig hat mich sofort angerufen, als die Turbulenzen in der AUVA begonnen haben, und mir versichert, dass wir seine Unterstützung haben. Es ist auch bemerkenswert, weil es dokumentiert, dass er den Standort und alle Menschen im Auge hat und hier Parteipolitik nicht im Vordergrund sieht, sondern die Menschen.

Gesundheit ist emotional ein enorm hochbewertetes Gut. Das ist für alle Menschen gleich wichtig. Und es ist für alle Menschen ganz unabhängig von ihrer Überzeugung entscheidend, dass sie die richtige Versorgung bekommen.

Wenn Michael Ludwig über die Menschen der AUVA spricht, die Mitarbeiter dort und die Patienten, spürt man, dass er etwas bewegen möchte in dieser Angelegenheit. Es ist für ihn wesentlich, die beste Gesundheitsversorgung in Wien zu bieten, gerade was die Rolle der AUVA in dieser Stadt betrifft, ist die ja nicht wegzudenken. Da geht es um Unfallkrankenhäuser und auch um Rehabilitation. Man muss immer mit den Anforderungen der Zeit gehen. Vor 30 Jahren hat ein Unfallchirurg alles behandelt. Das ist heute nicht mehr so. Das Gesundheitswesen ist hochspezialisiert und wir brauchen für die beste Traumaversorgung auch speziell geschulte Ärzte. Die müssen auf sehr kurzen Wegen verfügbar sein.

Überlegungen der Konsolidierung auf einem Standort sind ja nichts Neues. Diese Überlegungen hat man schon vor Jahren verfolgt. Nämlich auch aus qualitativen Gründen. Je schneller die speziell geschulten Ärzte verfügbar sind, desto besser sind die Chancen für den Patienten.

Für Bürgermeister Ludwig, so wie ich ihn kennengelernt habe, steht nicht der Standort allein im Mittelpunkt, sondern die Menschen. Ich bin der festen Überzeugung, dass er alle Konzepte unterstützen wird, die eine Absicherung, eine Verbesserung für die Menschen mit sich bringen. Letztendlich sollte, was die Finanzierung betrifft, ebenso eine Verantwortung eines Bundeslandes Berücksichtigung finden. Die AUVA wird zu 100 Prozent durch Arbeitgebergeld finanziert. Wir versorgen nicht nur Arbeitsunfälle, für die wir gesetzlich verpflichtet sind, sondern auch Freizeitunfälle."

Mag. Hans Peter Doskozil, Landesrat für Finanzen, Kultur und Infrastruktur

„Ich habe Michael Ludwig kennen und schätzen gelernt, als ich Verteidigungsminister in der Bundesregierung Faymann II wurde. Die gemeinsame Gesprächsbasis war sofort vorhanden – seit unserem ersten Treffen tauschen wir uns regelmäßig aus und es hat sich eine Freundschaft entwickelt. Die SPÖ Wien hat mit ihm an der Spitze absolut die richtige Wahl getroffen. Seine Art und Weise, wie er Politik macht, kann nur gut sein für die SPÖ, für Wien und die Ostregion insgesamt.

Wir wollen Probleme anpacken und nicht unter den Teppich kehren, sondern benennen und lösen – das verbindet uns im politischen Zugang, bei dem wir dem Grundsatz folgen: Auf die Menschen hören und auf die Menschen schauen. Dabei gilt es nicht zu spalten, sondern zu verbinden, aufeinander zuzugehen, das Gespräch zu suchen und Lösungen zu finden. Der Zusammenhalt und der soziale Frieden in unserer Gesellschaft sind uns beiden wichtig. Für dessen Erhalt treten wir mit unserer Politik ein. Der künftigen Zusammenarbeit mit Wien sehe ich daher sehr positiv entgegen.

Für Michael Ludwig spielen die Vernetzung und die gegenseitige Abstimmung in der Ostregion eine große Rolle. Gemeinsam wollen wir bei wesentlichen Herausforderungen wie Arbeit und Beschäftigung, Verkehr, Ökologie, Wirtschaft, Sicherheit und Digitalisierung noch stärker als bisher kooperieren. Wenn es uns gelingt, in Zukunftsbereichen wie der Digitalisierung Synergien zu nutzen, dann können wir die innovative Entwicklung vorantreiben und die Ostregion weiter zu einem dynamischen Wirtschaftsraum mit stetig steigender Beschäftigung in Europa ausbauen. Eine starke Zusammenarbeit Wien–Burgenland ist uns beiden ein wichtiges Anliegen."

DDr. Bernhard Görg, Krimiautor, Vizebürgermeister a. D., früherer VP-Wien-Obmann

„Ich war als Vizebürgermeister und Stadtrat von 1996 bis 2001 für Planung und Zukunft sowie Wissenschaft zuständig, eigentlich hat mich besonders die Wirtschaft interessiert, aus der ich ja kam. Nach und nach konnte ich sehr gut mit Michael Häupl, er ist ein intelligenter Mensch, was mir immer schon gefallen hat. Auch die Zusammenarbeit mit dem Wiener Wirtschaftskammerpräsidenten Walter Nettig war eine gute, der Walter und der Michel verstanden sich ja ausgezeichnet. Später, als wir in der Opposition waren, musste ich Walter Nettig immer sagen, bitte lass den Kuschelkurs mit dem Häupl, so kommen wir nicht weiter.

Michael Ludwig war ja zunächst Bundesrat, da habe ich mit ihm keinen Kontakt gehabt. Erst als er in den Gemeinderat kam, hatten wir Gelegenheit, uns auszutauschen. Das war, als wir aus der Koalition geflogen sind, weil Häupl die absolute Mehrheit gemacht hat. Ich muss ehrlich gestehen, ich hätte ihn damals nicht bemerkt, wenn er sich nicht für die Bildung interessiert hätte. Hier ist er mir als eine Ausnahme in Erinnerung, denn alle anderen sind an mir vorbeigegangen.

Michael Ludwig ist mir schon damals als ein besonders freundlicher und kommunikativer Mensch aufgefallen. Ich hatte nie eine Auseinandersetzung oder Debatte mit ihm, eher mit der Generation vor ihm, seine freundliche Art war schon damals fast vereinnahmend. Ich war dann relativ überrascht, dass er der Nachfolger von Faymann wurde, als Wohnbaustadtrat. Wenn, hätte ich ihn als Bildungsstadtrat im Visier gehabt.

Ich habe einige Bücher geschrieben und auch einige Theaterstücke auf die Bühne gebracht und Michael Ludwig war jemand, der, wenn es sich ausgegangen ist, immer gekommen ist. Das alles spricht für die kommunikative und persönliche Art des Michael Ludwigs.

Obwohl ich Stadtrat für Planung und Zukunft war, habe ich mich, wie gesagt, gerne der Wirtschaft zugewandt. Ein besonderes Anliegen war mir die Privatisierung der Bank Austria, was mit der SPÖ immer ein Streitthema war. Diese habe ich aber durchgesetzt, das war für mich vielleicht einer der größten Erfolge, wenn mich auch die Verlängerung der U-Bahn in Richtung Donaustadt und die Gründung der Sir-Karl-Popper-Schule für junge begabte Talente sehr gefreut haben.

Einen weiteren Kampf führte ich: In den fünf Jahren, in denen ich Vizebürgermeister war, hat es nicht einen einzigen neuen Gemeindebau gegeben, da war ich absolut dagegen. Na ja, wie wir wissen, hat sich das ja dann wieder geändert.

Ich war immer der Meinung, Michael Ludwig wird das Amt des Bürgermeisters sehr gut ausführen. Er wird es zwar anders machen als Häupl, aber gut. Häupl hat immer alles mit einer gewissen Ironie, also einem „Schmäh" gemacht, das habe ich bei Ludwig noch nicht gesehen. Michael Ludwig hat dafür keine Scheu vor Menschen im Gegensatz zu Häupl. Den habe ich eigentlich nicht so kennengelernt, dass er mit den Leuten da draußen so eine große Freude gehabt hätte.

Ich halte auch das neue Team von Bürgermeister Michael Ludwig für ein sehr gutes, es hat mich durchaus positiv überrascht, dass Manager und Experten sowie Politiker dort Platz gefunden haben. Handschlagqualität traue ich Ludwig auch zu, das würde zu ihm passen. In meiner Zeit war es der Hatzl aus Simmering, der war unglaublich, wenn man mit dem was ausgemacht hat, hat das gehalten. Sogar dann, wenn die eigenen Genossen darüber gewettert haben, er hat das durchgezogen.

Mein Wunsch wäre, dass Ludwig eine Koalition mit der ÖVP gelingt, alle anderen Konstellationen halte ich für schlecht und schon gar nicht praktikabel. Aber es ist ja nicht unbekannt, dass ich immer als Großkoalitionär und Verfechter der Sozialpartnerschaft gegolten habe."

Gemeinderätin Barbara Novak, BA, Landesparteisekretärin der SPÖ Wien, Bezirksvorsitzende Döbling

„Wir haben in Wien zunehmend unterschiedliche Lebenslagen der Menschen, mit unterschiedlichen Problemen. Ich bin jemand, der gut nachempfinden kann, wie das Spannungsverhältnis zwischen sozioökonomisch gut gestellten und gleichzeitig eher schlechter gestellten ist, wo die Bevölkerung ärmer ist, wo der Bildungsgrad geringer ist und wo die Gemeindebaustruktur eine hohe ist. Das ist in Döbling ja auch so, wo immerhin mehr als 30 000 Menschen in Gemeindewohnungen leben. Dann haben wir ebenso das Gegenteil mit einer sehr reichen, sozioökonomisch sehr gut ausgestatteten Bevölkerungsgruppe, und das führt zu Spannungen. Dieses Spannungsverhältnis gibt es auch in Wien, wenn man nicht ununterbrochen bemüht ist, durch politisches Handeln auszugleichen. Wenn man sich der Sache nicht annimmt, sich anstrengt, viel investiert und besonders Energie hineinsteckt, kann die Situation sehr schnell kippen. Das war auch in der Debatte der Wiener Partei stark spürbar, dass sich die Politik der Stadtregierung, vielleicht auch durch die Koalition mit den Grünen, sehr stark in Richtung Innerstädtisch, in Richtung Bürgerlich, intellektuell-alternatives Segment entwickelt hat.

Unsere Bezirksorganisation im 19. Bezirk hat sich sehr stark nach jemanden gesehnt, der auf Augenhöhe und mit absoluter Wertschätzung mit Menschen umgeht. Das ist mit Michael Ludwig zu 100 Prozent der Fall. Er ist in allem, was er tut, einer der wertschätzensten und respektvollsten Menschen.

Ich kenne Michael Ludwig ja schon sehr lange und habe schon Ende der 1990er-Jahre, als er noch Bildungssekretär war, in der Löwelstraße im Projektmanagement gearbeitet und Wahlkämpfe vorbereitet. Wir kennen uns aus dieser Zeit und haben da schon zusammengearbeitet.

Meine Großeltern und besonders meine Großmutter, die sich bei einer Selbsthilfegruppe für brustamputierte Frauen sehr engagierte, hat jeden Monat am Schwedenplatz einen Flohmarkt gemacht, wo sie Bücher verkaufte. Meine Oma ist jeden Monat zum Michael Ludwig gekommen und hat ganze Säcke mit Büchern abgeholt, um diese dort für den Verein zu verkaufen. Er war immer offen und hat sie unterstützt. Und gerade diese Eigenschaft, Menschen auf ihren Wegen zu unterstützen, sie zu begleiten, macht ihn so besonders. Es war auch hier im Haus so, dass er schon immer sehr beliebt war. Das zieht sich durch seine ganze Karriere.

Die ersten vier Monate meiner Tätigkeit als neue Landesparteisekretärin waren sehr herausfordernd und gleichzeitig extrem spannend. In der Stadtregierung hat dann langsam die eine oder der andere verkündet, nicht mehr dabei zu sein. Ab da hat es ein enges Zusammenarbeiten mit Michael gegeben. Mit ihm kann man viele neue innovative Sachen ausprobieren. Er ist für alles offen und versucht gerne Neues, jedoch muss man alles gut argumentieren können, um ihn zu überzeugen.

Ich sehe die neue Stadtregierung besonders gut gelungen. Er hat lange und gut überlegt, um wieder eine Balance herzustellen. Diese ist deutlich erkennbar – eine erste große Handschrift von Michael Ludwig.

Es gibt zwei Dinge, die ich besonders an ihm schätze. Er führt viele Gespräche und er hört gut zu. Er hat eine inhaltliche Bandbreite, die ist unglaublich.

Ich glaube, dass gute Politiker Menschen sind, die gut zuhören können, offen sind und einiges zulassen und dann eine Entscheidung treffen, die sie argumentieren und zu der sie stehen können. Es gibt ein Lied, das definiert, wie Politiker reagieren sollen: ‚Wenn du keine Meinung hast, musst du eine finden. Wenn du sie gefunden hast, musst du sie begründen. Wenn du sie begründen kannst, musst du zu ihr stehen. Wenn du zu deiner Meinung stehst, dann wird alles besser gehen.‘ Und genauso agiert Michael Ludwig. Das ist die Handschlagqualität, die er hat, und: Er ist eine Führungskraft.“

Dominik Nepp, MA, Vizebürgermeister, FPÖ

Hier gibt es keinen Beitrag von Dominik Nepp, da eine Woche vor dem ausgemachten Gesprächstermin, ein Parteisekretär anrief und formulierte: „Nach einer Strategiesitzung haben wir beschlossen, kein Interview zu geben, wir kommunizieren ohnehin laufend zu Michael Ludwig über die Medien.“

Christoph Wiederkehr, BA, Klubobmann Neos

„Für uns war klar, dass die SPÖ, wenn sie Erster wird, auch die Verantwortung trägt. Die erstplatzierte Partei muss eine Koalition zusammenstellen können. Für mich ist die Idee eines unabhängigen Bürgermeisters durchaus reizvoll, wenn man keine Koalition bilden kann. In der jetzigen Regierungsaufstellung gibt es ja auch jemanden von außerhalb, zum Beispiel Kaup-Hasler. Bei Hacker und Hanke weiß man, dass sie schon seit längerem in der SPÖ tätig sind. Ludwig hat ein starkes Parteiennetz, was ihm auch oft viele Vorteile bringt. Mit der rechten FPÖ gibt es mit uns keine Koalition.

Ich hatte mit Michael Ludwig bis jetzt noch wenig Kontakt. Ich habe ihn nur im Gemeinderat erlebt und ihn als einen sehr freundlichen Menschen kennengelernt, der sehr offen auf die Leute zugeht. Was für mich von Anfang an klar war, ist, dass er einen sehr starken Drang zur Macht hat. Michael Ludwig hat sich durchgesetzt in keinem leichten internen Wahlkampf. Was ihm sicher auch zum Sieg verholfen hat, war seine Zeit als Wohnbaustadtrat, wo er auch schon viele Beziehungen pflegen konnte. Diesen Zug zur Macht hat er schon dort bewiesen und sich in dieser Zeit schon gut vernetzt. Er ist ein sehr freundlicher Typ, wird aber sicher auch von vielen unterschätzt.

Was ich sehe, ist, dass er immer wieder rechts agiert, indem er versucht, die FPÖ-Wähler für sich zu gewinnen. Man muss auch sehr aufpassen bei dem Thema ‚Wien-Bonus‘ für Arbeitnehmer und Arbeitnehmerinnen, dass der Arbeitsmarkt nur noch für Wienerinnen und Wiener offenbleibt. Dies führt zu einer Diskriminierung der Nicht-Wiener und kann sehr gefährlich werden. Man muss daran denken, dass Wien auf diese Weise nicht mehr als weltoffen gelten könnte. Hier sehe ich Michael Ludwig kritisch.

Spielregeln braucht jeder, dass es Regeln in einem Zusammenleben braucht, ist klar, aber es kommt darauf an, wie tief diese gehen. Wie zum Beispiel das Essen in der U-Bahn. Natürlich stört das vielzitierte Kebap in der U-Bahn – aber deswegen gleich den Müsliriegel oder den Apfel zu verbieten, halte ich für überzogen.

Ich glaube auch, dass Michael Ludwig ein Politikertyp ist, der versucht zu verbinden. Meine Hoffnung ist, dass der Bürgermeister auch den Kontakt zu den Neos sucht. Wir arbeiten gerne punktuell zusammen.

Was das Thema Verfehlungen angeht, fallen mir zwei Themen ein: Wir sehen in der Stadt immer wieder Vorkommnisse, wie bei Wiener Wohnen, wo Unregelmäßigkeiten stattfinden und auch zur Untersuchung gebracht werden. Ein anderes Beispiel ist die Frau Brauner, die frühere Stadträtin, die einen Versorgungsjob zur ‚Daseinsvorsorge' bekommen hat, wo keiner wirklich weiß, was sie dort machen soll.

Alles in allem hoffen wir, dass wir eine Chance bekommen, mehr mitzuarbeiten, und dass Michael Ludwig die richtigen Entscheidungen treffen wird."

KR Prof. Stefan Hawla, MBA, MAS, GF Fonds temporäres Wohnen, GProk. Arwag

„Ich habe Michael Ludwig 1993 als Pressereferent der SPÖ Wien kennengelernt, er war Bildungssekretär in der SPÖ Bildung. Ich kann mich erinnern, er hat damals gerade seine Dissertation geschrieben, die er dann erfolgreich abschloss. Gerade in der Zeit als Wohnbaustadtrat hatte ich Gelegenheit, ihn das eine oder andere Mal zu unterstützen.

Was ich besonders an ihm schätze, sind seine Geradlinigkeit und Ehrlichkeit, ebenso seine strategischen Fähigkeiten, er ist in der Lage, sein Wissen und seine Fähigkeiten sehr gut einzubringen.

Was ich an Michael Ludwig ebenso sehr positiv sehe, sind seine politischen Leitlinien und sein neues Team, mit allen Stadträtinnen und Stadträten, die jetzt im Amt sind. Hier hat er eine besonders gute Zusammensetzung gewählt, auch wenn man nach so kurzer Zeit noch nicht alles beurteilen kann. Michael Ludwig hat schon in seiner Zeit als Wohnbaustadtrat eine deutliche Handschrift hinterlassen. Zum Beispiel indem er die Gehaltsgrenze für künftige Mieter im sozialen kommunalen Wohnraum erhöhte, um so die soziale Durchmischung zu gewährleisten. Dadurch konnte vermieden werden, dass nicht wie in anderen Städten, siehe Paris oder London, Wohngegenden entstehen, die sich zu einer No-Go-Area entwickeln. In Wien gibt es diese nicht, und das hat er frühzeitig erkannt, das ist sein Verdienst.

Seine politischen Talente liegen eindeutig beim Reden mit den Menschen, ebenso ist das Zuhören seine Gabe. Er kann mit einem einfachen Menschen genauso angeregt reden wie mit einem Universitätsprofessor. Das ist eine besondere Form der Empathie. Gerade weil wir wissen, dass wir in nicht ganz einfachen Zeiten leben, beruhigt es, jemanden an der Spitze unserer Stadt zu wissen, der ruhig und konsequent die Probleme und Herausforderungen meistert.

Wo ich kann, werde ich etwas dazu beitragen. Michael Ludwig ist mein ‚Fürst', und das weiß er. Wenn ich gerufen werde, komme ich. Er weiß, dass ich, wenn er mich braucht, für ihn da bin. Und wenn er mich nicht braucht, bin ich auch froh, weil ich dann weiß, dass er keine Probleme hat."

Dr. Andreas Mailath-Pokorny, Rektor der Musik und Kunst Privatuniversität der Stadt Wien (MUK), Wiener Stadtrat für Kultur, Wissenschaft und Sport a. D.

„Ich war immer ein Mensch, der die Fraktionierungen in einer Partei nie codiert hat. Ich muss ehrlich sagen, ich komme nicht aus den Jugendorganisationen der Partei, sondern kam erst später dazu. Als ich meine Berufskarriere im Außenministerium 1986 begann, bin ich im zarten Alter von 26 Jahren der SPÖ beigetreten. Damals und heute waren wir eine absolute Minderheitsfraktion im Außenministerium. Ich bin dann aus kritischer Eigenüberlegung Parteimitglied geworden, also es wurde mir nicht in die Wiege gelegt.

Was die Wiener Wahl zum Vorsitzenden anlangt – ich hatte aus fester Überzeugung gegen keinen der beiden Kandidaten etwas einzuwenden. Ich kannte beide gut, insbesondere Michael Ludwig, mit dem mich schon sehr lange eine berufliche und persönliche Freundschaft verbindet. Insbesondere natürlich über die Bildungs- und Kulturorganisationen der Partei, wo ich dann eigentlich die meiste Zeit meiner politischen Arbeit verbrachte. 1988 war ich beim damaligen Bundeskanzler Vranitzky als Kulturberater tätig. Ich kenne kaum jemanden wie Michael Ludwig, der die Kultur und die Bildungsbewegung und den Antifaschismus in der Partei repräsentiert und lebt, so wie er es tut. Ich habe Michael kennengelernt als einen Menschen, der ein tiefes Geschichtsbewusstsein hat, mit einem umfassenden, historischen Wissen, und aus diesem heraus seine politische Verankerung lebt. Und von solchen Menschen gibt es nicht viele, besonders nicht mehr in der jüngeren Generation. Man muss zumindest wissen, woher man kommt, damit man weiß, wohin man geht. Und das trifft bei ihm definitiv zu. Michael Ludwig hat ein sehr unprätentiöses Kulturverständnis. Es ist unglaublich, was er sich alles im Kunst- und Kulturbereich angeschaut hat bzw. wo er überall war, ohne es an die große Glocke zu hängen – sehr oft haben wir ihn bei Aufführungen getroffen. Und das halte ich für einen Bürgermeister als essentiell. Das ist eine wesentliche Grundlage eines Wiener Bürgermeisters, sowohl das Kultur- als auch das Wissenschaftsleben dieser Stadt zu schätzen.

Was bei Michael Ludwig zutrifft: Er ist immer für ein Gespräch bereit. Er hat eine hohe Empathie, merkt sich persönliche Begebenheiten und ist auch immer bereit zu helfen und andere zu unterstützen. Polarisiert hat er nie, ein guter Politiker muss ausgleichend sein.

Die Haltung Michael Ludwigs ist geprägt von den Grundwerten der Sozialdemokratie – Freiheit, Gleichheit, Gerechtigkeit und Solidarität, die allerdings auch Grundregeln mit sich bringen, an die sich ein jeder zu halten hat. Genauso benötigt eine Großstadt wie Wien ein hohes Maß an Toleranz. Gerade Großstädte sind Kumulationspunkte für unterschiedliche Kulturen, Sprachen und Religionen. Schulpflicht, Kindergartenpflicht und vieles mehr gehören ebenso zu den Regeln. Eine Großstadt braucht Offenheit, damit so etwas funktionieren kann. Wir sollten uns nicht auf Themen locken lassen, die gar nicht unsere sind. Unsere Themen sind soziale Gerechtigkeit, Gesundheitsversorgung, Bildung, Wohnen etc. Die wahre kulturelle Leistung von Wien ist es, dass über 60 Prozent der Bewohnerinnen und Bewohner im geförderten sozialen Wohnbau leben.

Ich versuche es gerade im BSA mit dem Begriff des Öffentlichen zu erklären. Ich glaube, wenn man den Menschen klarmachen kann, dass nicht das Unmittelbare, Individuelle, Persönliche Vorteile hat, was es natürlich auch geben muss, sondern dass wir gewinnen, indem wir uns gemeinsam anstrengen und wenn es allen besser geht, wenn wir ein gut funktionierendes, kostenschlankes, aber ebenfalls öffentliches Gesundheitswesen, Bildungswesen, Infrastruktur, Wohnen etc. haben. Das ist für eine gerechte Gesellschaft unerlässlich.

Wien sehe ich mit großer Freude unverändert und eigentlich sehe ich in erster Linie positive Entwicklungen. Keine Frage, an der einen oder anderen Stelle muss nachjustiert werden, damit im Rahmen unserer Grundwerte eben auch Grundregeln eingehalten werden. Das, was aufgebaut worden ist, soll ja erhalten bleiben. Michael Ludwig wird es gelingen, dieses Vorzeigebeispiel eines lebenswerten Wiens weiterzuentwickeln, aufrechtzuerhalten und nicht zerstören zu lassen. Für den Bund wünsche ich mir, dass dieser ein österreichisches System der Zusammenarbeit weiterentwickelt zu einer weiterhin gut gelebten Sozialpartnerschaft. Wo man miteinander redet und Dinge miteinander weiterentwickelt und optimiert und wo man Dinge nicht mutwillig zerstört, die gut funktionieren."

Dr. Peter Marboe, Wiener Kulturstadtrat a. D.

„Ich erinnere mich gut an meine erste Begegnung mit Michael Ludwig, das war kurz nachdem er in den Gemeinderat gewechselt ist. Ich bin 1996 angelobt worden. Die Sozialdemokratie war zu diesem Zeitpunkt etwas verunsichert und wurde kritisiert, weil sie das Kulturressort abgegeben hatte. Erfreulicherweise hatte das nichts mit meiner Person zu tun. Mit Michael Häupl war das Einvernehmen immer sehr gut und er wusste stets, worum es ging.

Ich glaube, dass Michael Ludwig sehr stark in die Richtung des Michael Häupl tendiert. Ich habe ihn so kennengelernt. Er kam zu mir, hat sich als neuer Gemeinderat vorgestellt und war sehr affin, was Kultur betrifft. Es ist mir wohltuend aufgefallen, dass er ein Pragmatiker ist und ein spürbares Koalitionsbewusstsein hatte. Das heißt, dass ihm klar war, dass es für eine funktionierende Koalition ein Grundvertrauen braucht. Es ist mir aufgefallen, dass er sehr paktfähig ist und man offen über alles mit ihm reden konnte. Michael Ludwig hält auch, was er verspricht. Mich hat es gefreut, dass er so mutig war und ein sehr gutes Team als Bürgermeister aufgestellt hat.

Auffallend ist, dass der Umgang miteinander, die Gespräche mit ihm sehr menschlich und trotzdem professionell sind. Ich kenne von ihm auch nur Kompetenz- und Sachreden. Erfreulich ist, dass man ihn auch regelmäßig im Theater antrifft. Es ist schön zu wissen, dass der Bürgermeister die Leidenschaft für Kultur teilt.

Die Chancen einer guten Arbeit für die neue Kulturstadträtin stehen gut, Ähnliches gilt auch für das neue Team. Das Wichtigste in solchen Funktionen sind Kompetenz und Leidenschaft. Wenn man das mitbringt, ist alles andere schon fast sekundär. Beides bringt Frau Kaup-Hasler in hohem Ausmaß mit. Sie ist ja auch nicht vom Himmel gefallen, sondern seit Jahrzehnten in diesem Geschäft erfolgreich, in Deutschland und in Österreich. Die Entscheidung war daher sehr erfreulich, dass man nicht zuerst auf die Parteizugehörigkeit geschaut, sondern gesagt hat: ‚Wir wollen eine hochqualifizierte Person bei uns haben, haben eine gefunden und das passt.‘ Mich hat es sehr gefreut, dass das so akzeptiert wurde.

Es wird vieles in der Politik möglich, wenn man eine Hausmacht besitzt. Wenn das nicht der Fall ist, muss man ein hohes Maß an Kompetenz und ein hohes Maß an Akzeptanz in der Szene haben, und beides hat Kaup-Hasler. Das ist eine Basis, auf der man aufbauen kann. Freilich muss sie auch darauf schauen, bei Problemen die Unterstützung wichtiger Verbündeter zu haben. Das ist in erster Linie der Bürgermeister, wo sehr gut ausschaut, und in zweiter Linie das Finanzressort, wo es ebenso gut aussieht.

Gut erinnern kann ich mich, als Ludwig in meiner Zeit als Intendant des Mozartjahres behilflich war, die Volkshochschulen und die Häuser der Begegnung zu öffnen. Das war ein tolles, erfolgreiches Projekt und wir konnten mit seiner Hilfe Mozart in alle Bezirke bringen.

Wien ist eine wirklich bedeutende Stadt. 1998 hatte Österreich zum ersten Mal den Vorsitz in der EU. Ich habe die Kulturverantwortlichen der großen europäischen Städte nach Wien eingeladen. Es schien mir wichtig, Wien wieder verstärkt als internationale Kulturhauptstadt Europas zu positionieren und somit alle Städte als Partner zu sehen und mit ihnen eng zusammenzuarbeiten. Kunst und Kultur kennen keine Grenzen.“

„Michael Ludwig war der logische Nachfolger von Michael Häupl. Dass beide mit dem Doktortitel und dem gleichen Vornamen ausgestattet sind, war eher ein Zufall. Dass beide politische Ausnahmetalente sind, wenn auch in teilweise konträrster Ausprägung, ist evident. Die in der Politik selten gewordenen Tugenden, die ich an Michael Häupl sehr geschätzt habe, hat Michael Ludwig auch. Er ist ein nachdenklicher, besonnener, durch und durch intellektuell geprägter Mensch, sehr belesen, aber er findet sich auch außerhalb des Elfenbeinturms Rathaus ganz gut zurecht. Wie Häupl hat Ludwig ein ‚G'spür und ein G'fühl für Wien'. Und, auch kein Nachteil: Er kennt sich in dem, was er macht, aus.

Ich habe den jungen Michael Ludwig als Mann der Bildung in der Partei kennen und schätzen gelernt. Ich mag dieses Ruhige, Unaufgeregte. Das ist eine sympathische Alternative zu den hysterischen Populisten, die sich tagtäglich in die Schlagzeilen pressen. Und ich halte seine Wahl für eine der – nicht allzu häufigen – geglückten Personalentscheidungen der SPÖ. Ich habe ihm daher auch sehr viel zugetraut. Dennoch war ich überrascht, dass er die Nachfolgefragen in SPÖ und Wiener Stadtregierung so elegant gelöst hat. Das war eine Meisterleistung. Ich kenne niemanden, der im Frühjahr 2018 nicht mit gröberen Turbulenzen gerechnet hat. Ludwig hat uns alle eines Besseren belehrt. Er hat ein fachlich exzellentes Team zusammengestellt, in dem ich eigentlich keinen Schwachpunkt sehe.

Michael Ludwig war mit einiger Sicherheit auch der Einzige, der in der hochexplosiven Lage vor und nach dem Landesparteitag der SPÖ in der Lage war, die unterschiedlichen Lager zu befrieden und weitgehend unter einen Hut zu bekommen. Diese Integrationsfähigkeit war ja schon das Erfolgsgeheimnis von Michael Häupl, der zwei bis drei Strömungen über viele Jahre – zumindest in wesentlichen Fragen – in eine Richtung lenken konnte. In der jüngsten Vergangenheit ist das nicht mehr so gut gelungen – und die Probleme sind dadurch nicht kleiner geworden.

Michael Ludwig kann und wird daraus seine Lehren ziehen. Er hat hautnah erlebt, wie die Luft im Laufe einer politischen Karriere immer dünner wird. Wie Politiker an der Front dazu neigen, sich abzuschotten. Nach 20, 30 Jahren lässt die Leidenschaft hinauszugehen nach, viele Berater, Wegbegleiter fallen aus rein biologischen oder anderen Gründen weg. Irgendwann spürt man vermutlich, dass vieles nicht mehr konstruktiv lösbar ist, und dann nimmt halt alles seinen Lauf. Hier muss man aber in der Analyse auch fair sein: Ex post ist vieles leichter zu beurteilen. Und vom Spielfeldrand ist es leichter, gute Tipps zu geben, als mittendrin, unter massivem täglichen Entscheidungsdruck.

Noch eine Erkenntnis: Wer heute in der Spitzenpolitik nicht ein Teamspieler ist oder zumindest ein professionelles Team um sich hat, ist, ganz unabhängig von inhaltlichen Konzepten, zum Scheitern verurteilt. Politik ist ein Teamsport geworden. Natürlich gibt es auch auf dem Spielfeld Politik einen Kapitän, aber die Zeit der Einzelkämpfer ist definitiv vorbei."

Ing. Christian Meidlinger, Landesabgeordneter, Vorsitzender der Gewerkschaft der Gemeindebediensteten

„Nach der Kandidatur wurden Gespräche mit beiden Kandidaten geführt, es hat sich danach ein deutliches Ergebnis für Michael Ludwig ergeben, damit bin ich am 8. Jänner hinausgegangen. Nach der Wahl zum SP-Vorsitzenden war das Ergebnis dann noch eindeutiger.

Ich schätze an Michael Ludwig sehr, dass es immer wieder Kontakt bzw. einen Austausch mit ihm gibt. Wenn Fragen auftauchen, die die Gewerkschaftsarbeit betreffen, telefonieren wir miteinander, es gibt immer wieder Rücksprachen und er besucht die Gewerkschaftsveranstaltungen regelmäßig. Nachdem er zum Bürgermeister gewählt worden ist, war er gleich kurz darauf bei der FSG Wien, ein klares Zeichen, dass ihm das wichtig ist, und er hat sich dort auch nochmals dem Landesvorstand gestellt. Das war eine sehr gute Diskussion. Es gibt eine sehr hohe Zustimmung zu Michael Ludwig als Wiener Bürgermeister.

Für uns als Arbeitnehmervertreter ist es auch wichtig, dass er die Linien, wie sie Michael Häupl schon vorgegeben hat, weiterverfolgt, das ist die Frage der Sonntagsöffnung, die Frage der Tourismuszonen usw. Michel Ludwig hat auch immer gesagt, einigt euch in der Sozialpartnerschaft, dann werde ich dem zustimmen, was ihr euch ausgemacht habt. Ein Drüberfahren gibt es von seiner Seite sicherlich nicht. Man erkennt bei Michael Ludwig, dass ihm der Stellenwert der Sozialpartnerschaft sehr wichtig ist und dass Wien hier sicherlich einen anderen Weg gehen wird als der Bund. Er sucht eben das Gespräch nicht über die Menschen, sondern mit ihnen, mit den Betroffenen, und das ist besonders anzuerkennen. Es gibt ein Standortpapier Wirtschaft und eines für die Arbeitnehmer, im Herbst gibt es einen Sozialpartnerschaftsgipfel, wo wir Näheres besprechen werden.

Mit Michael Ludwig sind wir hier in jedem Fall gut vertreten, er versteht unsere Forderungen und hat auch deutlich gemacht, diese gegen den Bund und die Bundesregierung zu verteidigen. Ein Beispiel war die große Demonstration gegen den Zwölf-Stunden-Tag, gegen die 60-Stunden-Woche, wo er teilgenommen hat und damit signalisierte, mit uns Seite an Seite zu kämpfen.

Keine Frage, auch die Sozialpartnerschaft ist nicht mehr die gleiche, wie sie sich 1945 gegründet hat, hier gibt es immer wieder Veränderungen, und das ist auch gut so.

Neue große Herausforderungen wie die Digitalisierung stehen vor der Tür bzw. wir befinden uns mittendrin. Sicher wird die Digitalisierung in Zukunft zunächst den einen oder andern Arbeitsplatz kosten, insgesamt gilt es allerdings, das Bildungssystem weiter zu verbessern, damit die jungen Menschen besser ausgebildet werden. Leider ist der höchste Abschluss in den meisten Fällen nur noch ein Hauptschulabschluss. Hier ist es notwendig, den Arbeitnehmerförderungsfonds als Instrument zu benutzen, um Weiterbildungsmaßahmen von Jugendlichen gezielt zu fördern. Das ist eine Riesenherausforderung, dieser müssen wir uns stellen.

In Richtung 2020 und Gemeinderatswahlen bin ich persönlich sehr optimistisch, dass wir mit Michael Ludwig und seinem hervorragenden Team ein gutes Ergebnis erzielen werden. Die Bundesregierung wird versuchen, Wien schlechtzumachen, hier müssen wir entsprechend gegensteuern. Wir werden auf der Straße, bei Hausbesuchen und besonders in den Betrieben stark auftreten und mit viel Einsatz zeigen, was für die Arbeitnehmerinnen und Arbeitnehmern wichtig ist. Die Betriebsräte werden dabei eine große Verantwortung tragen, sie sind sich dieser aber auch bewusst und überzeugt, die Aufgabe gut zu meistern."

Christoph Chorherr, Gemeinderat der Wiener Grünen, früher Klubobmann und nicht-amtsführender Stadtrat

„Da ich erstmals 1991 in den Wiener Gemeinderat gewählt wurde und da übrigens gleich in die Wiener Stadtregierung, kenne ich Michael Ludwig schon sehr lange. Was auf den ersten Blick hervorsticht: Seine ausgesuchte Höflichkeit, die dem immer verrohteren ‚politischen Diskurs' ausnehmend positiv entgegenwirkt, sowie sein ausgeprägtes Interesse für Kultur und da wiederum speziell jenes für Bücher.

Politisch besser kennengelernt habe ich Michael Ludwig in seinen langen Jahren als Stadtrat für Wohnbau. Zwei aus meiner Sicht richtungsweisende Novellen der Wiener Bauordnung durfte ich mit ihm ausverhandeln. Diese setzen einerseits im ökologischen Bereich wesentliche Impulse, indem bei Neubauten weitestgehend die fossile Beheizung zurückgedrängt wird. Andererseits wagt Wien mit der neuen Widmungskategorie ‚geförderter Wohnbau' scharfe Schritte gegen die Grundstücksspekulation und wird tausende zusätzliche, preislich gedeckelte Mietwohnungen auf den Markt bringen.

Michael Ludwig erlebte ich als sehr ernsthaften, an Sachlösungen interessierten Verhandlungspartner. Trotzdem blieb unser Verhältnis über die Jahrzehnte persönlich distanziert. Dies ist nicht negativ gemeint. Selbst an einem sehr langen Abend in einem von ihm gewählten Heurigen in Floridsdorf blieb das Gespräch intellektuell hochstehend, aber immer sehr beherrscht. Michael Ludwig scheint mir ein Mensch zu sein, der sich nicht leicht öffnet. Hier sehe ich einen großen Unterschied zu seinem Vorgänger, Michael Häupl.

Was ihm wirklich, wirklich wichtig ist, wie das Wien aussieht, das ihm vorschwebt, abseits von Selbstverständlichkeiten, blieb mir bis heute unklar.

Sein Zug zur Macht, ebenso wie eine damit verbundene politische Härte, beides absolut notwendig, um ‚ganz oben‘ anzukommen und noch viel mehr, um ‚ganz oben‘ zu bleiben, ringen mir Respekt ab.“

Doris Bures, Zweite Präsidentin des Nationalrates, Vorsitzende SPÖ Liesing

„Was Michael Ludwig und mich schon früher verbunden hat, ist unsere politische Verantwortung für zwei große Außenbezirke. Das hat dazu geführt, dass wir immer wieder darüber diskutiert haben, was in Wien wichtig wäre. Heute ist Michael Ludwig Bürgermeister und versteht aus seiner langjährigen Tätigkeit im Bezirk und als Wohnbauressortverantwortlicher der Stadt, wo der Schuh drückt.

Ich glaube, dass Michael Ludwig mit seiner Persönlichkeitsstruktur genau auf diese Herausforderungen, die eine Stadt wie Wien mit sich bringt, vorbereitet ist. Er hält nichts davon, Schwarz-Weiß-Bilder zu malen, sondern kennt auch die Grautöne einer Stadt. In Wien gibt es vieles, um das Zusammenleben zu fördern. Hier braucht man analytisches Denken und die soziale Verwurzelung. Und genau das bringt Michael mit. Ich glaube, er ist genau dafür die richtige Persönlichkeit.

2015 standen wir, Österreich bzw. Europa, vor einer außergewöhnlichen Situation. Wir hatten noch die Folgen der Wirtschaftskrise zu verdauen und darüber hinaus mussten wir 2015 mit einer noch nie dagewesenen Flüchtlingsbewegung zurechtkommen. Ich habe auf Bundesebene sehr daran gearbeitet, mit allen, die hier Verantwortung getragen haben, dieses Prinzip der Menschlichkeit und Ordnung in Einklang zu bringen. Die Folge war dann auch die Diskussion, die wir dabei geführt haben. Diese beschäftigt uns zum Teil auch heute noch, und es ist wichtig, die richtigen Antworten darauf zu finden.

Was in Zukunft für Wien entscheidend sein wird, ist, dass man alles unternimmt, um die Gesellschaft nicht zu spalten. Heute ist Wien die jüngste Stadt Österreichs. Ich wünsche mir, dass wir in dieser jungen, pulsierenden Stadt alles fördern, was zu Wohlstand, zur Beschäftigung und zur Internationalität der Stadt führt. Und gleichzeitig darauf schauen, dass niemand auf der Strecke bleibt. Wichtig ist, dass man sich auf die Solidarität der Gesellschaft verlassen kann. Dazu gehören allerdings ebenso Regeln, deren Einhaltung für das Zusammenleben wesentlich sind."

Dr. Günter Geyer, Generaldirektor Wiener Städtische Versicherungsverein, Aufsichtsratsvorsitzender der VIG und der Wiener Städtischen Versicherung

„Ich kenne Michael Ludwig schon seit mehreren Jahren, insbesondere aus der Zusammenarbeit mit unserer Gruppe, der VIG, die im Wohnbereich sehr aktiv ist. Wir haben gemeinsam mit der Erste Group die Initiative Aspern gemacht. Ich glaube, es ist ein Vorzeigeprojekt. Es ist uns gelungen, mit privaten Wohnbaufinanzierungen auch Mietpreise anzubieten, die leistbar sind. Das war eine sehr gute Zusammenarbeit.

Ich glaube, dass Michael Ludwig in seiner Funktion als Bürgermeister diesen Trend für Wien, für diese wunderbare Stadt fortsetzen wird.

Ich schätze an Michael Ludwig seine Offenheit, seine Direktheit, seine Handschlagqualität und sein immenses Know-how. Seine Nähe zur Wirtschaft ist sehr gut und auch sein Verhältnis zur Wirtschaftskammer. Dies ist eine wichtige Säule, da Wien eine Stadt ist, die stetig wächst. Entscheidend bleibt, dass die Bürokratie im Zusammenhang mit den Errichtungen von Wohnbauten weiter gesenkt wird. Ein weiteres Thema wird die Fortsetzung der Maßnahmen sein, damit das Wohlfühlgefühl in dieser Stadt stabil bleibt. Ein eventuelles Gefühl, in der Stadt nicht sicher zu sein, muss beseitigt werden. Die große soziale Einstellung Michael Ludwigs ist ein wichtiger Punkt, um die Ordnung in der Stadt beizubehalten."

Dr. Michael Häupl, Wiener Bürgermeister a. D.

Angesprochen auf die letzten Jahre der internen Diskussionen und der Wahlauseinandersetzung, sieht das der Wiener Langzeit-Bürgermeister so: „Die Zeit war schon sehr emotional. Ich habe mich mit Michael Ludwig immer gut verstanden. Ich habe ihn als Gemeinderat kennengelernt und ihn sehr bewusst eingeladen, Nachfolger von Werner Faymann als Wohnbaustadtrat zu werden. Oder habe ihn gefragt, ob er nicht eine Periode lang Vizebürgermeister sein möchte. Dass man dann die Stelle als Vizebürgermeister abgeben musste, war auch kein Streitthema. Auch in der Zeit, wo es eher turbulenter zugegangen ist, sind unsere Gesprächskontakte nie abgerissen und es ist nie ein böses Wort gefallen.

Die Zeit, wo es auch in der Wiener SPÖ starke Kritik gegeben hat, war eine sehr schwierige, weil es ziemlich hart durch die Wiener Partei gegangen ist, in erster Linie emotional. Wir haben viele Gespräche und Diskussionen geführt und es ist uns am Ende des Tages immer gelungen, zu einer gemeinsamen Entscheidung zu kommen. Es war in hohem Ausmaß eine sehr emotionale Auseinandersetzung, die mit dem unrühmlichen 1. Mai und dem Auspfeifen des Bundesvorsitzenden einen Höhepunkt erreichte. Es ist eine offene Wunde, die bis heute noch nicht geheilt ist. Es trafen dann bei der Wahl zwei sehr starke Persönlichkeiten aufeinander, die beide den Parteivorsitz und in der Folge auch das Amt des Bürgermeisters übernehmen wollten. Ich finde, dieser Konflikt wurde am Ende sehr gut aufgelöst. Wichtig ist, dass die Stadt Wien weiterhin ordentlich, demokratisch und sozial geführt wird."

Zu den Außenbezirken: „Es gibt keine geografische Politik. Michael Ludwig ist als Bürgermeister dafür da, sich eine Meinung zu bilden und dazu dann Stellung zu nehmen, und das betrifft auch die Außenbezirke. Ich habe den Bezirksvorsitzenden des zehnten Bezirks auch ein Angebot gemacht, gerade beim Thema Infrastruktur. Es gibt in jedem Bereich grundsätzlich Kritikpunkte, was die Außenbezirke anlangt, kann ich nicht recht geben. Ich habe auch Vertreter der Außenbezirke ins Präsidium eingeladen, um sie an den Gesprächen zu beteiligen."

Was das neue Team betrifft: „Das Team war eine sehr gute Entscheidung. Eine Top-Leistung von Michael Ludwig. Es ist eine extrem geglückte Mischung. Und es ist ihm auch eine Überraschung mit der Kulturstadträtin geglückt. Das ist auch für 2020 gut, weil auch das Team eine wichtige Rolle spielt. Ein großes Thema wird die Inbetriebnahme des Krankenhauses Nord sein. Keine Frage, hier hätte man einiges besser machen können, aber wenn das Spital in Betrieb geht, wird vieles der Diskussionen keine Bedeutung mehr haben.

Wie einige Themen gut oder eher weniger gut kommuniziert werden, zeigen zum Beispiel die MA 48 inklusive der dahinterstehenden Personen, sie haben uns vorgemacht, wie das funktioniert. Da stimmt die Arbeitsleistung, aber auch die genialen Kampagnen. Auch die Wasserwerke vermarkten sich sehr gut. Bei der Gesundheit ist das nicht ganz so, und die öffentlichen Verkehrsmittel sind nach außen viel geschickter als die Energieversorger."

Zur Infrastruktur: „Den Lobautunnel habe ich mit dem damaligen FP-Verkehrsminister ausgehandelt. Er wollte mir damals eine Brücke schönreden, aber wenn man ehrlich ist, war der Tunnel die bessere Option. Das Einzige, was richtig ist, ist, dass der Tunnel teurer ist als die Brücke. Die Argumentation der Freiheitlichen ist daher für mich nicht ganz verständlich. Ich halte das für eine wichtige Infrastrukturmaßnahme, genauso wie die dritte Piste. Der Flughafen hat natürlich eine wichtige Bedeutung für uns."

Was ist entscheidend für die Wahl 2020 in Wien?

„Wenn die SPÖ optimistisch, fröhlich, aber absolut entschlossen in diese Wahl geht, dann brauchen wir uns keine Sorgen zu machen, wir werden gewinnen. Wenn das also gelingt, dann bin ich sehr zuversichtlich. Man muss den Menschen die Angst nehmen. Wenn man hier das Miteinander hernimmt oder das Thema Nachbarschaft, das sind gute Voraussetzungen, um etwas zu ändern. Wir sind diejenigen, die sich um die Menschen kümmern und niemanden gegeneinander aufhetzen."

Was schätzt Michael Häupl an Michael Ludwig besonders?

„Michael Ludwig zeichnet bestimmt ein hohes Maß an Geduld aus, er ist viel geduldiger als ich. Er ist ein guter Rhetoriker. Er ist auch ein sehr geduldiger Diskutierer, der einem Menschen die Angst gut nehmen kann. Er kann sowohl mit der älteren Generation, aber auch mit der jüngeren gut. Michael Ludwig kümmert sich einfach um die Menschen bzw. schätzt sie und das zeichnet ihn aus."

Renate Anderl, Arbeiterkammer-Präsidentin

„Es gibt ja einige Parallelen zwischen Michi Ludwig und mir: Wir kommen beide aus einfachen Verhältnissen, sind beide in einem Gemeindebau aufgewachsen und hatten beide Mütter, die sich für die Familie abgerackert haben. Wir beide haben nie die Bodenhaftung verloren und kennen die Sorgen und Nöte der ‚kleinen Leute'. Mir fällt beim Michi immer auf, wie herzlich und offen er auf die Menschen zugeht. Kein Problem ist ihm zu klein, um es sich anzuhören und Unterstützung anzubieten.

Ich habe den Eindruck, dass er den Kompromiss einem offenen Konflikt vorzieht. Das wird ihm oft als Schwäche ausgelegt. Ich sehe das nicht so, ich denke, dass ein Bürgermeister, der sich als Stadtoberhaupt aller Wienerinnen und Wiener begreift, immer den Konsens suchen sollte – und Michael Ludwig tut das, ohne dabei opportunistisch zu sein. Das ist ein Zugang, den ich wirklich sehr schätze.

In Wien funktioniert die Sozialpartnerschaft ja auf vielen Ebenen – zum Beispiel durch gemeinsame Unternehmungen wie den WAFF oder das TOP-Gütesiegel für Lehrbetriebe. Die Stärke der Sozialpartnerschaft ist die besondere Gesprächs- und Verhandlungskultur, mit dem Ziel, gemeinsame gesamtgesellschaftliche Interessen zu finden, zu vertreten und durchzusetzen. Wien war und ist ein Beispiel für die gelebte Kooperation und Zusammenarbeit zwischen Stadtregierung, Kammern und Gewerkschaften. Durch die intensive Einbindung der Sozialpartner in zentrale Fragen der Stadtentwicklung, des Arbeitsmarktes und der sozialen Sicherheit hat Wien einen weltweit geschätzten Standortvorteil und zählt zu den lebenswertesten Städten der Welt. Diese Stadt weiterhin leistbar und fair für alle zu gestalten, gute Arbeitsplätze zu schaffen und zu sichern, gute Bildungschancen und leistbares Wohnen für alle sicherzustellen und in der wachsenden Stadt auch weiterhin leistbare und umweltverträgliche Mobilität zu sichern – das sind nur einige der Herausforderungen, an deren Erfüllung wir gemeinsam arbeiten wollen. Ich denke, hier hat die AK mit Michael Ludwig einen Mitstreiter, der diese Anliegen ebenso engagiert vertritt und der sich mit Herzblut dafür einsetzen wird, dass Wien eine so sichere, lebenswerte und weltoffene Stadt bleibt."

LEBENSLAUF DR. MICHAEL LUDWIG

geboren am 3. April 1961

Bildungsweg

* AHS
* Handelsakademie (Matura)
* Studium der Politikwissenschaften und Geschichte an der Universität Wien (Dr. phil.)

Beruflicher Werdegang

* 1984–1986 Kurs- und Projektleiter in der Erwachsenenbildung
* 1986–1991 Pädagogischer Leiter der Volkshochschule Wien-Nord
* 1991–2007 Landesstellenleiter des Dr. Karl-Renner-Instituts Wien

Aktuelle + ehemalige politische Funktionen

* 1994–1995 Bezirksrat in Floridsdorf
* 1996–1999 Mitglied des Bundesrats
* 1999–2007 Abgeordneter zum Wiener Landtag und Mitglied des Gemeinderats
* 2007–2018 Amtsführender Stadtrat für Wohnen, Wohnbau und Stadterneuerung in Wien
* Vizebürgermeister und Landeshauptmann-Stellvertreter von Wien (2009-2010)
* Präsident des wohnfonds_wiens
* Vizepräsident der Wiener Wirtschaftsagentur
* Vorsitzender des Aufsichtsrats des Verbandes der Wiener Volkshochschulen

- Vorsitzender des Vorstandes österreichischer Volkshochschulen
- Vorsitzender des Kreisky-Archivs
- Vorsitzender der SPÖ Floridsdorf bis 14. Mai 2018, jetzt stellvertretender Vorsitzender
- stellvertretender Vorsitzender der Wiener SPÖ bis 27. Jänner 2018
- Mitglied des Bundesparteivorstandes der SPÖ
- SPÖ-Bundesbildungsvorsitzender
- Mitglied des Bundesvorstandes Sozialdemokratischer Freiheitskämpfer/innen, Opfer des Faschismus und aktiver Antifaschist/inn/en
- seit 27. Jänner 2018 Vorsitzender der Wiener SPÖ
- seit 24. Mai 2018 Bürgermeister und Landeshauptmann von Wien

Bildnachweis

privat: 65, 66, 67

Christian Jobst/PID: 71 oben, 72 oben, 153 unten, 155, 156, 157, 158 oben, 159, 160

Alexandra Kromus/PID: 153 oben

Katharina Schiffl: 71 unten, 154SPÖ Wiener Bildung: 68, 69, 70

SPÖ Wien: 158 unten

Martin Votava: 72 unten

Der Verlag hat sich bemüht, alle Inhaber von Bildrechten ausfindig zu machen. Sollten berechtigte Ansprüche übersehen worden sein, werden die Rechteinhaber gebeten, sich mit dem Verlag in Verbindung zu setzen.